격동하는 동북아 지형

한반도의 미래를 묻다

나남
nanam

나남신서 1940

격동하는 동북아 지형
한반도의 미래를 묻다

2018년 1월 5일 발행
2018년 1월 5일 1쇄

지은이   金原培
발행자   趙相浩
발행처   (주) 나남
주소   10881 경기도 파주시 회동길 193
전화   (031) 955-4601 (代)
FAX   (031) 955-4555
등록   제 1-71호 (1979. 5. 12)
홈페이지 www.nanam.net
전자우편 post@nanam.net

ISBN 978-89-300-8940-1
ISBN 978-89-300-8655-4 (세트)

나남신서 1940

격동하는 동북아 지형

한반도의 미래를 묻다

김원배 지음

나남
nanam

Northeast Asia's Shaking Strategic Landscape

Searching for the Future of the Korean Peninsula

by

Kim, Won Bae

nanam

아내,
그리고 동행들에게

이 책은 다음과 같은 이유에서 널리 읽혔으면 한다. 첫째, 유익하다. 북한 핵무장 시도의 정치·경제적 배경, 중국의 발전 노정 및 동북아협력의 궤적 등을 폭넓게 볼 수 있다. 둘째, 유용하다. 국제질서와 동북아전략 지형의 변화 가능성이 커지는 상황에서, 이 책은 우리로 하여금 한반도 전략을 그려 볼 수 있게 해 준다. 마지막으로 놀랍다. 경제학자인 저자가 펼치는 담론은 폭과 깊이에 있어서 국제정치학 전공자들의 커다란 관심을 끌기에도 충분하여, 학제 간 연구의 가치를 음미케 해 준다.

— 이동휘 한국외교협회 부회장

30년 동안 동북아문제에 천착해 온 저자가 학자로서의 열정과 학문적 성취를 보여 주는 뛰어난 글이다. 동북아 지역의 협력증진과 평화번영을 바라면서 어렵게 연구하고 있는 후학들에게 너무나도 소중하고 생생한 지침서가 될 것이다.

— 임강택 통일연구원 선임연구위원

낙관과 비관, 기대와 실망이 교차해 온 동북아의 어제와 오늘. 한반도를 넘어 동북아의 평화와 상생이라는 미래의 희망을 포기하지 않고 달려 온 필자의 고민이 예사롭지 않다. 30여 년 동북아협력에 관한 정책 생산의 일선에서 활동하며 풍부한 이론과 실천으로 무장한 노학자, 그의 예리하고 균형 잡힌 회고와 진단에서 동북아 미래의 새로운 비전을 발견한다.

— 원동욱 동아대학교 중국일본학부 교수

21세기 동아시아, 특히 동북아의 세력 재편은 중국의 굴기에서 비롯된 만큼, 중국의 굴기에 따른 동아시아의 역학 관계가 우선 미·중 관계, 그리고 중국과 주변국 간의 양자 관계에 어떤 변화를 몰고 왔는지를 검토하고, 향후 동북아의 세력구도를 전망해 보았다. 동북아의 세력구도 재편과 신질서 형성의 핵인 중국은 과연 무엇을 꿈꾸며 어디를 지향하는지를 예상해 보았다. 지정학의 부활이 논의되고 있는 동북아에서 한반도의 전략적 가치와 주변국의 이해관계는 무엇이며, 한국의 동북아 전략적 선택지는 무엇이어야 하는지를 제시했다.

또한 당면한 북핵문제를 두고 국내외에서 백가쟁명식의 해결방안이 나오는 지금의 상황에서, 과연 효과적인 북핵 대응방안은 있는가? 대화론과 압박론의 허실을 북한의 가능한 미래와 함께 짚어 보고, 한국이 택해야 할 대북 전략을 제시했다. 해방 이후 한반도와 동북아의 균열을 초래한 북한의 존재는 달리 보면 동북아 통합의 매개일 수도 있다는 점에 착안하여, 비핵화 과정에서의 동북아 안보와 경제협력의 가능성과 실현 가능한 경로와 방안을 검토했다.

마지막 장에서는, 비록 한국이 주변 4강에 둘러싸인 중소국이지만 '돈'과 '힘'으로 밀어붙이는 중국, 자성 능력을 부분 상실한 일본, 영향력 확대에 부심하는 러시아, 최근 도덕적 권위를 실추한 미국 사이에 분명 한국의 역할이 있을 것이고, 이를 위한 전략이 무엇인지를 살펴보았다. 한반도의 미래 비전을 바로 세우고 이를 실천할 한국의 전략을 제시하는 것은 헛된 일이 아니라고 믿는다. 노자의 상반상성(相反相成), 물극필반(物極必反)의 원리가 동북아에도 작동하고 있기 때문이다.

이 책은 필자가 지난 30년 동북아 여러 나라 현지를 다녀 보고 전문가들과의 대화를 통해서 체득한 바를 국제관계, 경제협력, 지역개발 관련이론들을 섭렵하면서 나름대로 균형 잡힌 시각에서 동북아의 문제를 진단하고 진로를 제시한 것이다. 부족한 점이 한두 가지가 아니지만, 필자의 동북아 미래에 대한 고민과 모색이 독자들에게 전달되고 동북아의 새로운 미래를 개척하는 계기가 되었으면 좋겠다.

필자가 하와이 동서문화센터 재직 시 동북아 연구의 계기를 마련해 주신 전 동서문화센터 조이제 박사님, 동북아 국제관계의 시각을 잡아 주신 고 로버트 스칼라피노(Robert Scalapino) 교수님, 동북아 경제협력의 논리를 깨우쳐 주신 동서문화센터의 고 번햄 캠벨(Burnham O. Campbell) 박사님에게 감사드린다. 20년 가까이 필자가 조직한 동북아 지역개발 관련 국제회의에 번번이 참석하여 동북아의 큰 흐름을 짚어 주고 이 책의 2장 영문 초안에 비판적 논평을 해 준 길버트 로즈만(Gilbert Rozman) 교수와 '동북아 경제협력' 부분을 읽고 조언해 준 KDI 초빙연구위원 이창재 박사에게 심심한 감사를 표한다. 필자의 국토연구원 재직 시, 동북아 연구에 공감하고 지원을 아끼지 않았던 홍철, 이정식 두 전임 원장, 그리고 한반도와 동북아를 미래를 두고 같이 고민했던 동료들과 후배들에게도 감사드린다. 일일이 열거할 수 없지만 통일연구원의 임강택 박사, 대외경제정책연구원의 정형곤 박사, 동아대의 원동욱 교수, 한국개발연구원의 이석 박사, 그리고 포럼 간사를 맡았던 현 국토연구원 부원장 이상준 박사에게 감사드린다. 이 책 원고 전부를 일괄하면서, 전체 흐름과 장 구성 및 부족한 부분에 대한 조언을 아끼지 않았던 한국외교협회 부회장 이동휘 박사에게 특별한 고마움을 표한다.

마지막으로 나남출판을 주선해 주신 김형국 서울대 명예교수, 이 책이 나올 수 있도록 흔쾌히 도와주신 나남출판의 조상호 대표, 고승철 사장, 방순영 이사, 그리고 편집과 교정에 힘써 준 박채연 편집부원에게 감사드린다.

2017년 10월

김 원 배

격동하는 동북아 지형
한반도의 미래를 묻다

차 례

미국 주도의 질서는 도전받기 시작했고, 현재 미·중 양강의 분점 구조 형태로 변하고 있다. 과연 21세기는 중국 천하가 될 것인가, 아니면 미국 주도의 질서가 유지될 것인가? 동(북)아시아의 다자질서 형성은 전혀 가능성이 없는 것일까? 동북아 세력 재편의 결정적 요인이 될 수도 있는 북한문제는 해결 불가능한가?

중국은 미국과의 지정학적 경쟁에서 북한을 완충지대로 남겨 두길 원하는 것은 자명해 보인다. 북한이 과연 중국에게 있어 전략적 자산이 아니라 부채로 전환되는 시점은 언제일지 모르지만, 변곡점에 다다르고 있다는 신호는 감지되고 있다.

중국의 급속한 경제성장은 동북아와 아시아의 세력 재편의 근본이다. '중화민족의 위대한 부흥'을 꿈꾸며 일대일로(一帶一路) 구상을 거침없이 밀어붙이는 중국이 지향하는 바는 무엇인가? 그들의 주장대로 아시아 운명공동체의 형성인가? 돈과 힘의 논리로 공동운명체 형성이 가능할까? 과거 유교 전통을 부정했던 공산당 정권이 관(官) 주도의 유교적 가치 선양을 통해 돈과 힘 이외에 도덕적 권위를 덧칠하면 중화주의(中華主義)를 바로 세울 수 있을 것인가? 과도한 민족주의와 애국주의를 부추기는 행태를 보이는 중국 정부가 아시아 공동체 또는 지역주의 형성에 기여할 것이라고 기대하는 것은 시기상조다.

역사문제는 주로 한·일, 중·일 간의 갈등인데, 과거사에 대한 일본의 철저한 반성과 사과 없이는 근본적인 해결이 어렵다. 물론 역사문제로 경제협력이 중단되거나 외교관계가 단절되는 사태는 발생하지 않겠지만, 단순한 동북아의 경제협력이나 통합을 벗어나

지역공동체 구축을 가능케 하기 위해서는 보다 획기적인 과거 청산의 계기가 한·일, 중·일 간에 필요하다.

한편 영토문제는 각국의 자존심을 드러내는 일종의 창구로 협상의 여지가 크지 않지만, 직접적인 무력충돌로 비화하지 않는 한 안보나 경제협력에 심대한 영향을 미치지는 않을 것으로 보인다. 2016년 12월 러·일 간 정상회담에서도 이른바 '북방 4개 도서(島嶼)' 관련 논의가 큰 성과 없이 끝난 것을 보면, 동북아에서 단기에 영토문제 해결을 기대하는 것은 무리이다. 향후 동북아 역내 경제협력이 증대되고 안보위협이 감소하면, 보다 합리적인 논의가 한·일, 중·일, 러·일 간에 진행될 수 있을 것이다.

이러한 안보, 역사, 영토, 그리고 가치의 차이라는 장애에도 불구하고 지난 30여 년 사이 동북아의 무역, 투자, 인적 교류의 증가는 괄목할 만한 수준에 이르렀음은 긍정적으로 새겨 볼 대목이다. 물론 북한과 주변국 간의 교류는 미미하거나 매우 느리게 진행되었지만, 한·중·일 간의 교류 확대는 안보, 영토, 역사 등에서의 갈등에도 불구하고 확대되어 온 것이 사실이다. 경제문제가 3국 모두의 핵심 관심사안임을 증명하는 것이다. 경제협력의 제도화는 아직도 갈 길이 요원하지만, 적어도 아세안+3[1)]에서 파생된 한·중·일 정상회담은 나름대로의 의미를 지닌다. 3국 간 신뢰가 충분히 쌓인다면, 경제협력이라는 주제를 벗어나 정치와 안보 영역까지 확대될 수 있는 가능성을 시사한다.

반면 북핵을 둘러싼 상이한 이해관계와 동북아 신질서 형성에서

---

1) '아세안+3'이란 아세안 국가들과 한·중·일 3국 간의 협력을 의미한다.

의 미·중 세력 다툼 등 안보·군사적 측면의 장애요인 이외에도 동북아 협력에 대한 한·중·일 3국의 역사, 영토, 정체성 등에 대한 각국 내부의 정치사회적 합의 결여는 경제와 안보를 포괄하는 지역화 과정의 큰 걸림돌로 작용하고 있다.

경제와 안보의 동학

현 시점에서 동북아의 과거를 잠시 돌아보면 안보문제를 우회한 기능적 접근의 한계가 분명해 보인다. 미·소 냉전 이후 동북아에서 평화와 협력의 기대가 컸던 시기가 있었으나, 번번이 안보, 역사, 영토라는 세 가지 벽에 부딪혀 좌절을 겪었다. 일부 경제전문가는 동북아의 기본적 경제협력 동인(動因)에 착안하여, 안보, 역사, 영토 문제를 우회한 기능적 접근을 제시했고 아직도 이러한 주장은 되풀이되고 있다. 그러나 논쟁의 여지가 큰 안보 위험을 애써 외면하면서 기반시설 및 에너지 공동 개발, 금융협력, 환경협력 등 기능적 분야에서의 협력을 강조하는 것은 한계가 있을 수밖에 없었다.

지난 20여 년 넘게 전개된 남북관계만 보더라도, 북한의 핵·미사일 개발 및 도발과 별개로 진행된 경제협력이 개성공단 중단이라는 상징적 사건으로 결국은 파국을 맞게 된 현실은 안보를 도외시한 기능적 접근의 취약성을 일깨워 준다. 이러한 안보문제는 북핵문제 이외에도 중국의 군비 증강이나 일본의 재무장 등이 미·중 간 견제와 협력이라는 힘겨루기 속에서 어떻게 전개되느냐에 따라 동북아 협력에 미치는 부정적 영향과 심각성이 더해지거나 덜해질 것이다.

동북아의 경제적 상호의존성 증대에도 불구하고 안보 불안이 해소되지 않는 이른바 '(동북)아시아 역설'[2]은 과연 극복 가능할 것인가? 경제교류의 증대에도 불구하고, 역내 국가 간 적대관계의 지속, 패권주의와 배타적 민족주의 발흥과 같은 정치 안보적 갈등요소로 평화공존의 틀이 정착되지 못한 것이 사실이다(이종석, 2013).

경제와 안보 간 관계에는 다양한 견해가 존재하지만, 안보와 경제를 단선적 관계로 치환하는 것은 가능하지도, 바람직하지도 않다. 경제의 상호의존 증대가 반드시 안보와 평화를 촉진할 것으로 보는 자유주의자들의 견해나, 경제협력은 군사적 목적의 하위수단에 불과하다는 현실주의자들의 견해 모두 이론의 여지가 다분하다. 안보 위주의 시각이나 경제 위주의 시각만으로 동북아 세력균형을 다룰 수 없다는 펨펠의 지적은 타당하다(Pempel, 2014a).

동서냉전 이후 동북아 지도자들에게 지정학적 고려나 안보가 여전히 중요한 관심사항이긴 하나, 북한을 포함한 다수의 동북아 지도자들에게는 경제안보가 아직도 중요한 사항인 동시에 그들의 정치적 정당성 확보에 필수적임은 부인할 수 없다.[3]

물론 동북아에서 국가 간 군비경쟁도 존재하지만 가장 지속적인 관심사항은 경제적 경쟁이며 국가의 정책은 자국의 경제발전을 최

---

2) '동북아시아 역설'(*Northeast Asian paradox*)이란 경제교류와 협력의 확대에도 불구하고 안보상황이 개선되지 않고 오히려 안보나 정치적 이슈가 경제통합을 저해하는 것을 의미한다.
3) 동북아의 안보위기를 최대한으로 끌어올리고 있는 북한도 분명히 핵·경제 병진노선을 채택하고 있다. 그들에게도 경제발전은 중요한 국가 목표이다.

우선으로 한다. 특히 '중국의 꿈'을 달성시키려는 중국의 입장에서
는 더욱 그러하다. 이런 측면에서 동북아에서는 지난 수십 년 동안
경제와 안보가 상호연계되면서 상호반발 및 상호의존하는 형태로
진화되었다고 할 수 있다.[4] 보기에 따라서는 경쟁구도일 수도 있
고, 협력구도일 수도 있다는 의미다.

　대체적으로 안보상황은 경쟁구도로, 경제상황은 협력구도로 진
행되었다고 해도 무방할 것이다(Pempel, 2014b). 그러나 중국의 본
격적 세력과시가 시작된 2010년 이후 동북아 정세는 가파르게 안보
위주의 국면으로 전개되고 있는 것이 사실이다.

　그렇다면 동북아는 경제와 안보 측면에서 어느 정도의 진전을 이
루었는가? 동북아 국가들이 관여하는 지역기구는 대부분 경제 또는
안보로 분리되어 있다. 그 이유는 도전의 성격이 상이하기 때문이
다. 경제기구는 외부 세력의 압력에 대응하기 위해 만들어졌으며,
대표적으로 1997년 아시아 금융위기 이후 생겨난 치앙마이 이니셔
티브(Chiang Mai Initiative)를 들 수 있다. 반면 군사적 위협은 대부
분 지역 내 상호 간 두려움에서 발생하기 때문에 외부 위협에 대한
공통의 비전이 결여될 경우 집단적 대응이 어려운 것이 현실이다
(Pempel, 2014b).

　동남아 5개국이 외부 위협에 대비하여 아세안(ASEAN)을 창설하
고 경제발전을 도모했으나, 동북아에서는 이러한 안보기구 구축의
움직임이 없었다. 고작 북핵문제 해결을 위한 6자회담이 있을 뿐이

---

4) 이는 동양의 음양론과 노자의 상반상성(相反相成)의 원리에 잘 녹아 있다.

다. 물론 미·중 간의 동아시아 질서에 대한 상이한 비전과 미국의 양자동맹 고수 정책도 다자안보 체제 형성에 제약요인으로 작용해 온 것이 사실이다.[5]

경제 측면에서 보면, 동북아 및 동아시아 경제의 지역화는 국가 간 부존자원의 상호의존성에 따라 기업 중심으로 진행되었고, 중국 등 다수의 개발지향 국가들이 이를 적극 수용하면서 결과적으로 기업의 초국경 생산활동이 전개될 수 있었다. 지역적 경제기구가 태동한 것은 1997년 아시아 경제위기 때문이었다. 경제세계화에 대응하는 지역 자체의 능력을 갖추기 위해, 비교적 제도화가 진전된 아세안 국가들이 주도했다. 여기에 편승하여 한·중·일 3국 간 정상회담이 제도화되었고 첫 회담이 2008년에 열렸다. 아세안은 다자 자유무역협정(FTA, Free Trade Agreement)을 갖추었지만, 한·중·일 3국은 한·중 간 자유무역협정만 체결되었고 한·중·일 3자 간 협정은 논의만 무성할 뿐 아직 이렇다 할 결과가 없다.

한편 안보 분야에서는 제도화가 매우 더디게 진행되었다. 기본적으로 한·미, 미·일 동맹과 중·북 동맹, 중·러 전략적 협력, 그리고 러·북 협력 등 양자 중심의 구조이다. 한·중·일 3국은 아

---

5) 미국 중심의 양자동맹 구조가 제2차 세계대전 이후 동아시아의 안정과 번영에 기여했고, 당분간 지속될 것으로 보는 아이켄베리의 견해에도 불구하고, 이러한 양자동맹이 주변국에 대한 중국의 잠재적 위협을 억제하는 효과는 있지만 동아시아 및 아태지역의 내구성 있는 경제안보협력 아키텍처를 건설하는 데 기여하지는 못한다는 점도 인정할 필요가 있다(Ikenberry, 2004). 데이비드 강은 지난 수십 년간 미국이 동북아 다자기구 구축에 소극적이었고, 동시에 동아시아국가들의 다자기구 구축 노력을 무시하는 경향을 보여 왔다고 주장한다(Kang, 2007).

세안 안보포럼을 통하여 부분적으로 안보갈등 해소를 시도했지만 커다란 성과를 내지 못하고 있다. 한편 중국은 중앙아시아 및 러시아와의 협력을 위한 상하이 협력기구(SCO, Shanghai Cooperation Organization)를 탄생시켰고, 이외에도 중앙아시아 등과의 안보·경제협력기구를 만들었다. 북핵문제 해결이라는 제한적 목적을 가진 6자회담이 2002년 시작되었으나, 연이은 북한의 핵실험과 이에 대한 각국의 입장차이로 현재 공전 상태에 있다. 또한 소(小) 다자주의라고 불릴 수 있는 한·중·일 정상회담은 2008년부터 다섯 차례 회담 이후 과거사 문제 등으로 중단되었다가 2015년 가까스로 6차 회담이 열린 바 있다. 그 의제도 안보를 제외한 경제 분야가 주였다. 그러나 3국 간 얽히고설킨 문제와 더불어, 미·중 간 경쟁 심화에 따른 각국의 눈치 보기 및 3국 간 불신으로 추동력 상실 위기에 처해 있다.

최근의 북한의 핵·미사일 도발은 미·중뿐만 아니라 동북아 각국 간에도 균열을 자아냈다. 과연 북한발 위기를 미국, 중국, 한국, 일본, 러시아 5자 간의 안보협력으로 극복할 수 있을 것인가?

동북아에서의 경제협력의 제도화는, 제한적이긴 하나 대화를 통한 신뢰 구축과 갈등 해소에 어느 정도 긍정적으로 기여했다고 평가할 수 있다. 동북아의 경제적 상호의존 증대와 지역화는 미·중, 중·일, 한·중 간의 정치적 갈등 완화로 작용한 것이 사실이다. 동시에 동아시아에 확산된 글로벌 생산체제는 역내 상호의존적 교역관계와 더불어 역내 국가들의 갈등이 군사행동으로 비화하지 못하게 하는 중요한 억지력을 발휘했고 앞으로도 그러할 것으로 보인다. 이런 측면에서, 동북아 경제와 안보 결합의 미래는 낙관과 비관이 교차한다는 펨펠의 주장이 타당하다. 일부 전문가들은 동북아의 제도화가 진전된 과정과 향후 진전을 예상하면서 낙관적 견해를 제시한다. 그 이유는 경제적 상호의존성의 증대와 더불어 다자기구의 증가와 강화는 지역 지도자들이 대화를 통해 차이를 좁히고 보다 평화적이고 협력적인 방법을 찾을 수 있는 기회와 유인을 제공하기 때문이다. 물론 이러한 합목적적 사고가 반드시 옳다거나 용이하게 실천 가능하다고 할 수는 없지만 말이다.

또 다른 전문가 집단에서는 동북아 세력경쟁이 불가피한 상황에서 경제와 안보의 불행한 결합이 발생할 수도 있음을 경고한다. 이러한 조짐은 이미 한·미의 고고도미사일 방어체계(THAAD, 이하 사드) 배치 계획에 대해 중국이 보복성 경제 조치를 취하고, 이에 대해 한국이 한·미 동맹 강화를 시도하는 데에서 엿볼 수 있다. 북한발 위기는 경제와 안보의 관계를 전혀 다른 구도로 전환시킬 가능성도 배제할 수는 없다.

한반도와 북핵문제

동북아의 전략적 요충지로 불리는 한반도는 그 내재적 가치를 주동적으로 발휘해 본 경험이 거의 없다. 한반도의 전략적 가치란 대륙이나 해양에서 발흥한 세력에게 해양 진출이나 대륙 진출의 교두보라는 의미였으며, 동북아의 세력변동이 발생했을 때 그 가치는 더 부각되었다. 한반도의 지리적 입지에서 오는 '저주'를 '축복'으로 바

꿀 방안은 없는가?

상대적 국력쇠퇴를 경험 중인 미국, 도덕적 권위를 갖추지 못하고 돈과 힘에만 의존하는 중국, 서구도 아시아도 아닌 정체성 혼란에 빠진 일본, 동북아와 아태(亞太)지역 질서 재편에 한 발 담그겠다는 러시아를 두고 볼 때, 한국과 한반도의 역할은 분명히 존재한다. 동북아의 대결적 세력균형에서 협력적 다자질서가 형성될 수 있도록 길을 닦아 나가는 것이 한반도의 진정한 반도성(半島性) 회복이 아닐까?

동북아의 상생과 협력에 이르는 길은 한반도 문제를 비켜갈 수 없다. 특히 한국의 입장에서 당면한 북핵문제를 해결하지 못하면, 동북아의 안정과 평화는 구두선(口頭禪)에 지나지 않는다. 중국이나 러시아의 한반도 안정이 동북아 안정과 평화에 긴요하다는 원론적 입장은 우리에게 큰 울림으로 다가오지 않는다. 북핵 불용의 원칙과 미·중 세력경쟁의 완충지로서 북한의 필요성 사이에서 '인내'하는 중국의 입장은 현상 유지가 최선이라는 말로 들린다. 북한 카드를 극동지역 개발 및 아태지역 진출의 한 가지 방안으로 활용하려는 러시아의 의도는 한반도의 지경학적 가치 증진이라는 우리의 이해와 부분적으로 일치하지만, 북핵문제와 일정 거리를 유지하려는 태도를 보면 러시아를 6자회담의 책임 있는 참여국이라고 보기에는 미흡하다. 북핵 폐기 필수, 한반도 평화통일 지지를 천명해 온 미국은 오바마 행정부의 '전략적 인내'를 거쳐 어디로 갈지 아직은 미지수다. 새롭게 들어선 트럼프 행정부가 북한의 핵과 탄도미사일 능력 강화에 강한 부정을 표시하고는 있지만, 실질적인 대응 또는 제어 수단이 마땅치 않다. 아직 대외 정책의 윤곽은 잡히지 않았지만, 트럼프 행정부가 힘을 앞세운 일방주의 외교 또는 실리만 쫓는 자국 우선주의 외교를 펼칠 가능성도 없지 않다.

이렇게 된다면 미국과 중국의 대립은 심화될 것이고, 이에 따라 한·미·일 삼각협력을 강화하자는 목소리가 커질 것이다. 따라서 북핵에 대응하는 중국과의 공조는 기대하기 어려울 것이다. 북핵을 머리 위에 얹고 사는 한국은 국가 생존과 국민의 안위를 위해 안보를 강조할 수밖에 없고, 1980년대 말 이후 추진해 온 한반도 구상과 동북아 경제협력은 뒤로 밀릴 수밖에 없다. 미드(Walter R. Mead)가 주장한 '지정학의 부활'이 반갑지 않게 우리 앞에 다가왔다.

2016년 두 차례와 2017년 9월의 6차 북한 핵실험, 그리고 수차례의 중장거리 탄도미사일 발사에 따른 유엔(UN) 안보리의 제재 강화에 반발하는 북한 정권, 2016년 12월 대통령 탄핵 소추에 이은 2017년 3월 탄핵과 5월 문재인 정부의 탄생, 그리고 2017년 1월 미국이 세운 국제 규범이나 외교 전통과 동떨어진 트럼프 정부의 등장 이후 한반도와 동북아시아는 예측하기 힘든 상황을 맞이했다.

이 책은 기대에 찼던 동북아와 한반도의 1990년대를 되짚어 보고, 암운이 덮인 동북아와 한반도의 현재를 차분히 들여다보면서, 먹구름 사이로 가끔 비치는 햇살을 따라 미래를 조망해 보고자 하는 필자의 조그마한 노력이다.

제 2장에서는 한반도가 처한 좌표를 동북아를 포함한 동아시아의 지정·지경학적 질서 변천이라는 긴 역사적 흐름에서 짚어 보고,

장래 동아시아의 지정·지경학적 추세를 가늠해 보고자 한다. 조공체계로 대표되는 14세기에서 19세기 중반까지의 팍스 시니카(Pax Sinica, 중화질서), 20세기 초 일본 제국주의가 동아시아 대부분을 지배했던 팍스 니포니카(Pax Nipponica)와 대동아공영권, 제2차 세계대전 이후 현재까지 유지되는 팍스 아메리카나(Pax Americana)라는 큰 흐름 속에서 동아시아는 통합과 분절의 역사를 거쳐 왔다. 그러나 1990년대 이후 미국 주도의 동아시아 해양질서는 중국의 부상으로 도전을 받고 있다. 이른바 미·중 분점구조의 등장이다. 이러한 추세는 2000년대 이후 중국의 공세적 외교와 '일대일로'(一帶一路) 전략의 추진으로 또 다시 대륙적 질서로의 회귀 가능성을 시사하고 있다.

21세기 동아시아에서 미국 중심의 바퀴살(hub and spoke) 체제가 유지될지, 과거 중화질서의 동심원 모형으로 되돌아갈지, 혹은 다자주의를 기반으로 하는 네트워크 체제로 진화할 것인지는 동아시아 모든 나라의 지대한 관심사가 아닐 수 없다. 중국의 경제적 중심성 강화는 한국을 비롯한 중국 주변부에 위치한 동아시아 국가들에게 많은 도전과 과제를 던져 주고 있다.

제3장은 동북아 공동체 건설이 현실적으로 가능한 미래인지를 짚어 본다. 동북아 상생과 협력의 길이 반드시 동북아 공동체 건설을 의미하지는 않는다. 공동체 건설은 동북아에서 요원한 꿈인가? 아마도 그럴 것이다. 미·중 간의 지정학적 경쟁구도를 논외로 하더라도, 한·중·일 간에는 공유할 수 있는 공동체의 비전이 없기 때문이다. 더욱이 정치, 경제, 문화를 아우르는 진정한 공동체의

형성은 금세기에는 불가능할지 모른다. 동북아에 존재하는 안보, 역사·영토, 정체성이라고 하는 세 가지 단층선을 메꾸는 것이 지난하기 때문이다. 그렇다면 동북아 안보·경제협력의 지향점은 어디인가, 그리고 그 시작점은 어디인가를 1980년대 말 이후 제시된 동북아 여러 나라의 구상과 제안을 살펴보고, 실현 가능한 경로와 한국의 역할을 점검한다.

제 4장에서는 최근 시기, 특히 중국의 본격적 부상 이후 전개된 동북아의 지각변동을 상세하게 짚어 보고 이러한 변화의 의미가 무엇인지 살펴본다. 중국의 부상이 가져 온 지각변동은 크게는 아태지역 전반, 작게는 동북아에 이른다. 최근 한반도를 비롯한 동아시아의 잠재적 열점(熱點)을 둘러싼 미·중 간 경쟁과 대립은 미·일 해양세력과 중·러 대륙세력 간의 충돌 가능성을 포함하는 비관적 미래와 미·중 간 협력 및 타협에 따른 낙관적 미래 모두가 가능함을 알려 준다. 중요한 것은 동아시아, 특히 동북아에서의 중국의 부상에 따른 지각변동은 동북아 역내 질서를 진영 구도로 고착화시키거나, 반대로 그 질서를 매우 유동적으로 만들 수도 있다는 점이다. 불안정성의 증대는 강대국이나 중소국 모두 전략적 선택의 어려움을 가중시키는 결과를 가져왔다.

중국의 부상에 따른 미·중 간의 복잡한 셈법에 더하여 만만치 않은 문제를 제기하는 중국과 한국, 일본, 러시아 사이의 양자 관계도 이 장에서 살펴본다. 물론 동북아의 새로운 질서 형성에서 한국과 같은 중견국의 독자적 역할이 제한적인 것은 사실이지만, 세력구도의 틀을 다시 짜는 데 일정 부분 역할을 할 수 있을 것이다. 동북아

추진하는 것이다. 결정적 계기는 북한의 비핵화 과정이 될 것이고, 안보·경제협력의 순서는 아마도 동북아 안보협력에서 기반시설 개발협력을 거쳐 경제협력으로 나아갈 것이다. 기존의 한·중·일 경제협력도 새로운 탄력을 받을 것이고, 나아가서 한반도 북방지역, 이 책에서 명명한 '동북아 프론티어' 지역에서의 기반시설을 중심으로 한 개발협력이 본격 추진될 수 있을 것이다.

만약 신냉전 구도로 퇴행한다면 한국 정부는 무엇을 할 수 있나? 국지적 차원에서의 양자협력 이외에는 달리 역할이 없을 수도 있다. 과연 중국이 동북아 프론티어를 독자적으로 관리할 수 있는가?

제10장에서는 북한의 핵을 둘러싼 두 가지 시나리오를 상정하고, 각각의 경우 또는 포괄적으로 한반도의 비전과 한국의 전략이 무엇인지를 다룬다. 혹자는 한반도의 위기상황에서 미래 비전과 전략 논의가 한가한 논의라고 반박할 수 있다. 그러나 미래에 대한 뚜렷한 비전과 전략이 없다면, 분열된 한국의 정치판에서 국민은 헤맬 수밖에 없다. 주변 4강의 꿈이 대부분 과거지향적이라면, 한국의 꿈은 미래지향적이어야 한다. 한반도의 비전에 대해서는 많은 논의가 있었다. 축약하면 '동북아의 가교(架橋)'다. 문제는 이러한 비전을 어떤 전략으로 실현할 것인가이다.

이 장에서는 동북아의 낙관적 미래 전망에서 비전과 전략이 헛구호가 되지 않고 실천력을 담보하기 위해, 비관적 미래 전망에서도 안보 이해를 고려하면서 가교 역할을 수행할 수 있는 최소한의 기반을 조성하는 방안이 무엇인가를 살핀다.

이 책은 위에서 제기한 질문들을 과거, 현재와 미래, 그리고 국내외 다양한 견해를 아우르는 균형 잡힌 시각에서 새롭게 규명하고 한국의 동북아와 한반도에 대한 미래 전략을 제시하는 데 목적이 있다.

제 2 장
동아시아 질서의 역사적 전개*

동아시아의 지역구도

한반도의 긴장, 중·일과 미·중 간 갈등으로 협력보다는 대립 시나리오가 빈번하게 논의되는 동북아를 두고 미드의 '지정학의 부활'(Mead, 2014)을 인용하는 경우가 많다. 그러나 지정학의 부활로 동북아를 설명하기에는 충분치 않다.[1] 특히 동북아에서 경제와 안보를 별개로 또는 단순조합으로 해석하기에는 무리가 많다. 이 장에서는 이러한 점을 염두에 두면서, 동북아를 포괄하는 동아시아의

---

 * 이 장의 초안은 중국과학원 산하 지리과학자원연구소 초청으로 2016년 베이징에서 열린 제34회 국제지리학 총회에서 발표한 바 있다. 지리과학자원연구소의 진펑진(金風君) 박사의 초청과 환대에 감사드린다.
1) 그러나 세계적인 차원에서 지정학의 부활이 자유주의적 질서를 대체하지 못한다고 보는 아이켄베리의 견해도 있다(Ikenberry, 2014).

지정·지경학적 전개과정을 보다 긴 역사적 관점에서 조명하기로 한다. 당연히 초점은 향후 동(북)아시아의 지정·지경학적 공간의 전개 전망과 이에 따른 정책적 함의가 될 것이다.

동아시아 지역구도의 역사는 3시기로 구분할 수 있다.

제 1시기는 대략 14세기에서 19세기 전반까지의 중화질서(*Pax Sinica*)로 불리는 시기로 중국 중심의 조공(朝貢) 체계가 이를 대변한다. 제 2시기는 청(淸) 멸망 이후 혼란과 분열을 거친 후 일본이 지배했던 제 2차 세계대전 이전까지이다. 이 시기의 일부를 '팍스 니포니카'(*Pax Nipponica*)라고 부를 수 있다. 20세기 전반 일본 중심의 지정·지경학적 공간구도로는 실패로 돌아간 대동아공영권을 들 수 있다. 제 3시기는 '팍스 아메리카나'(*Pax Americana*)로 볼 수 있는 제 2차 세계대전 이후이다. 이 시기는 제 2차 세계대전 이후 1990년대까지 미국 중심의 질서가 유지되면서 일본이 새롭게 동아시아의 경제 리더로 부상했던 시기, 그리고 1990년대 후반 이후 중국의 부상으로 미·중 간 분절적 지역질서가 자리 잡는 시기로 세분해 볼 수 있다(Kang, 2007; Seldon, 2009).

이러한 시기 구분에 대한 이견이 있을 수 있지만, 기본적인 흐름은 19세기 중반까지의 중국 중심의 동아시아 질서에서 19세기 후반 이후 20세기 후반까지의 일본과 미국 중심의 질서, 그리고 21세기의 중국의 부상에 따른 동아시아 분절적 지역질서의 태동이라고 할 수 있다.

(近衛) 내각(1937. 6~1939. 1)은 이 개념을 지역정치 블록으로서의 '동아시아의 새로운 질서'라는 개념으로 치환시켰다.

일본은 우선 유교 전통이라는 동질적 문화 전통을 활용하여 주변국을 끌어들이기 위해 노력했고, 차후에는 동남아 국가들을 유인하기 위해 서구 지배를 배척한다는 공동의 이익을 내세웠다.[5] 그러나 서구 식민주의 지배를 벗어나 동아시아 나라들 간에 평화와 공동 번영을 구가하겠다는 슬로건은 일본의 침략을 정당화하기 위한 구실에 불과했다.

대동아공영권 구축의 근본 이유는 경제다(Gordon, 2000). 일본의 입장에서 보면, 대동아공영권 형성의 배경과 제2차 세계대전 시 미국과의 전쟁을 일으킨 이유는 동일하게 시장과 자원의 확보에 있었다. 20세기 초 일본은 제조업과 군수산업을 유지하기 위해 동아시아의 원유나 고무와 같은 원료를 필요로 했다. 미국의 대일본 원유 및 철강 수출 금지조치와 서구 제국의 기타 원료 수출 제한조치 등이 일본이 대동아공영권 구축을 내건 가장 직접적인 이유였다. 동시에 동아시아를 일본 제조업 생산품의 수출시장으로 활용하고, 일본의 잉여인구를 송출할 수 있는 토지를 확보하기 위한 목적도 있었다. 대동아공영권에서 타이완, 한반도, 만주는 반주변부로, 동남아는 주변부로 상정되었다(〈그림 2-2〉).

중심 - 반주변 - 주변으로 구성된 지역질서에서 또 하나 중요한 개념은 '생활권'(living sphere, 독일에서 일컫던 Lebensraum을 차용)인데,

---

5) 마크 비슨은 동아시아를 특정하여 하나의 독립된 지역으로 인식했다는 점에서 공영권 개념의 중요성을 인식한 바 있다(Beeson, 2000).

<그림 2-2> 대동아공영권

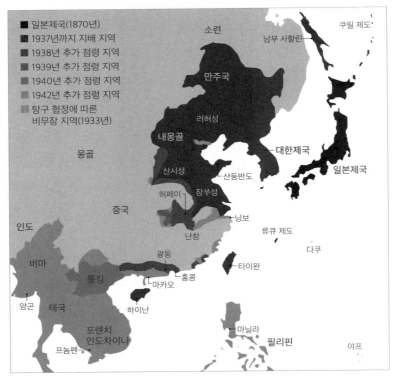

■ 일본제국(1870년)
■ 1937년까지 지배 지역
■ 1938년 추가 점령 지역
■ 1939년 추가 점령 지역
■ 1940년 추가 점령 지역
■ 1942년 추가 점령 지역
▨ 탕구 협정에 따른
   비무장 지역(1933년)

소련
쿠릴 제도
남부 사할린
만주국
러허성
내몽골
몽골
대한제국
산시성
산둥반도
허페이
장쑤성
중국
닝보
인도
난창
류큐 제도
다쿠
광둥
버마
통킹
타이완
홍콩
마카오
양곤
태국
하이난
프렌치
인도차이나
프놈펜
마닐라
필리핀
야프
일본제국

자료: Mimura(2011), p. 2 재구성.

이는 동아시아 대륙과 태평양 해양 공간을 확보하여, 일본이 아태
지역에서 유리한 지(地)전략적 입지를 확보하겠다는 의도를 드러
낸 것이다(Mimura, 2011).

대동아공영권이 최근의 동아시아 지역주의 및 동아시아 협력과
상이한 점은 그 식민지 사관(史觀)에 있다. 일본의 인종적 우월주
의에 입각한 대동아공영권 구상은 결국 공영권 구축의 실패요인이

었으며 동시에 치명적 약점이었다.6) 일본이 동아시아 여러 나라의 공영을 외쳤지만, 실제로는 일본의 이익을 위한 것일 뿐이었다.7) 대동아공영권은 이념적 취약성뿐만 아니라 공존과 공영이라는 구호에도 불구하고 실제로는 지배-종속관계를 강화하기 위한 것이었음을 주목할 필요가 있다(한석정, 1999).

이러한 일본의 대동아공영권 구상과 실천에서 드러난 의도는 20세기 후반 이후 일본 주도의 동아시아 공동체 구축에 커다란 장애요인으로 작용했고, 21세기 동(북)아시아 질서 구축에서 일본의 역할을 제한하는 요인이 되고 있다. 최근 일본 내 우파 보수주의자의 대동아공영권을 정당화시키려는 주장에도 불구하고, 대동아공영권은 잘못된 개념이며 실패한 구상임을 제대로 인식하는 것은 동아시아 미래를 새롭게 여는 데 매우 중요하다.8)

팍스 아메리카나와 일본 경제의 부흥

세 번째 시기는 지정·지경학적 관점에 따라 시기 구분이 다소 달라질 수 있다. 제2차 세계대전 이후 냉전이 끝난 1980년대 말까지

---

6) 일본의 인종적 우월주의의 흔적은 19세기 후반 후쿠자와 유키치의 "일본의 아시아 미션"이라는 글에서도 드러난다(Matsmoto, 2007).

7) 당시 시게노리 토고 일본 외무상에 의하면 일본의 공영권 구축 성공은 곧 일본이 동아시아의 맹주가 된다는 것을 의미했다고 한다.

8) 더스는 대동아공영권이라는 꿈에 대한 향수가 일본에서 지속되고 전쟁에 대한 애매모호한 공적 기억이 계속되는 한 주변국과의 관계는 어려울 수밖에 없다고 지적했다(Duus, 2008).

와 그 이후의 탈냉전 시기로 구분할 수 있지만, 기본적으로는 1945
년 종전 이후 1990년대 후반까지 미국 주도의 질서가 동아시아를
지배했다. 제2차 세계대전은 일본제국을 멸망시키고 미국이 초강
대국으로 부상할 수 있는 기회를 제공했다. 동시에 한국전쟁과 베
트남전쟁은 미·소 갈등 속에 전개되면서 동아시아를 분열시켰고,
미국 또는 소련이라는 양 강대국 진영으로 편입시켰다. 탈식민주의
이후 아시아는 진영논리로 인해 다자주의와 아시아 역내 연결이 전
무하였고, 두 강대국과 동아시아 국가 간 관계의 중요성은 커진 반
면 동아시아 국가 간 수평적 연결은 부재하였다.

한편 일본경제는 미국의 안보우산 아래 한국전쟁과 베트남전쟁
덕으로 괄목할 만한 성장을 이루었고, 1980년대 말에는 드디어 세
계 제2 경제대국이 되었다. 일본은 상승한 경제력으로 아시아 신
흥공업국과 동남아, 그리고 중국에 투자를 확대하기 시작했고, 이
러한 일본의 해외투자와 생산네트워크 구축으로 이른바 동아시아
에서 '기러기편대 모형'이라는 것이 출현했다.

그러나 동아시아 산업전이를 설명하는 이 모형의 기술적 적실성
에 대한 의문과 더불어, 선두 기러기 일본을 따라가는 위계구조는
동아시아 경제공동체 구축과는 상반된다는 반론을 불러일으켰다.
실제 일본은 항상 선두 기러기였고, 뒤에서 쫓아가는 후발 기러기
들은 일본의 인색한 기술이전으로 일본을 따라잡지 못하는 결과를
낳았다(Terry, 2002).

기러기편대 모형이 일본의 제국주의 시절의 산물이라는 점에서
대동아공영권 구상과 같이 일본 중심적 시각이라는 한계를 벗어나
지 못한다. 아카마쓰(赤松要)의 원래 모형은 1937년 만들어진 것으

(Denny, 2012; Tang, 2011).

일차적 요인은 중국의 급속한 경제성장에 따른 영향력 증대이다. 중국의 개혁·개방이 본격화된 1990년대 이후 동아시아의 사정을 보면, 중국의 부상으로 인해 일본의 상대적 위상 저하가 두드러진다. 과거 일본 중심이었던 동아시아 경제질서는 중국의 부상으로 커다란 전기를 맞이했고, 동아시아 경제지형도 커다란 변화를 겪게 되었다. 중국 경제의 구심력 강화와 일본 경제의 원심력 약화가 동시 진행된 결과는 간략하게 일본과 중국의 경제 규모의 순위 변화로 요약된다.15) 중국 경제의 규모 증대와 함께 동아시아 교역관계도 미·일 중심에서 중국 중심의 무역네트워크로 변화하였다.

1990년대 이전 동아시아 4룡과 아세안의 주요 무역상대국은 미국과 일본이었으나, 2000년대 이후에는 중국이 최대 무역상대국으로 부상하였다. 이러한 무역에서의 의존도는 지리적 거리에 따라 체감되는 현상을 보이며, 특히 한국과 타이완, 일본의 대중국 수출의존도가 아세안 국가보다 높다. 그러나 최근 캄보디아나 베트남 등에서 중국에 대한 수입의존도가 급격히 증가하여 거리축소 현상도 일부 관찰된다.

동아시아 경제 대부분의 높은 무역의존도를 감안하면, 중국의 경제적 영향력은 무시하기 어렵다. 경제 규모가 가장 큰 중국의 국내총생산 대비 무역의 비중은 40%를 초과하고, 그 다음 규모인 일본의 경우도 거의 40%에 육박한다. 상대적으로 경제 규모가 작은 한

---

15) 이러한 변화과정은 펨펠의 글(Pempel, 2005)과 매킨타이어와 노턴의 글 (MacIntyre & Naughton, 2005)에 잘 묘사되어 있다.

〈표 2-1〉 동아시아 국가들의 경제지표 변화 1990, 2000, 2015년

연도	국내총생산(GDP) (10억 달러)			인구 (백만 명)			GDP/인구 (달러)			무역/GDP (%)		
	1990	2000	2015	1990	2000	2015	1990	2000	2015	1990	2000	2015
중국	359.0	1205.3	11007.7	1135.2	1262.6	1364.3	316	955	8,028	30	39	41
중국 연해부	170.7	687.3	6065.2	418.4	483.5	559.9	408	1,422	10,833	45	62	53
홍콩	76.9	171.7	309.2	5.7	6.7	7.3	13,486	25,757	42,328	253	279	401
마카오	3.0	6.1	46.2	0.4	0.4	0.6	8,312	14,128	78,586	194	165	115
타이완	166.6	331.5	525.2	20.3	22.2	23.5	8,216	14,941	22,384	73	87	99
한국	284.8	561.6	1377.9	42.9	47.0	50.6	6,642	11,948	27,221	53	68	85
일본	3103.7	4731.2	4383.1	123.5	126.8	127.1	25,124	37,300	34,524	35	44	36
브루나이	3.5	6.0	12.9	0.3	0.3	0.4	13,702	18,155	30,555	99	103	85
캄보디아		3.7	18.0	9.0	12.2	15.6		300	1,159	0	112	128
인도네시아	114.4	165.0	861.9	181.4	211.5	258.0	631	780	3,346	49	71	42
라오스	0.9	1.7	12.4	4.2	5.3	6.8	204	324	1,818	36	74	87
말레이시아	44.0	93.8	296.3	18.2	23.4	30.3	2,417	4,005	9,768	147	220	134
미얀마			62.6	42.0	47.7	53.9			1,161	6	1	47
필리핀	44.3	81.0	292.5	61.9	77.9	101.0	715	1,040	2,904	61	105	63
싱가포르	36.2	95.8	292.7	3.0	4.0	5.5	11,865	23,793	52,889	344	366	326
태국	85.3	126.4	395.2	56.6	62.7	68.0	1,508	2,016	5,815	76	121	127
베트남	6.5	33.6	193.6	66.0	77.6	91.7	98	433	2,111	81	103	179

주: 중국 연해부의 국내총생산은 〈중국통계연감〉의 연해부 비중을 적용.
자료: World Bank; World Development Indicators; Taiwan Statistical, Bureau of Foreign Trade.

국의 경우 거의 90%에 육박하고, 인도네시아를 제외한 나머지 대부분의 국가들도 무역의존도가 매우 높다(〈표 2-1〉).

여기에서 주목할 사실은 동아시아 교역에서 중국의 중심성이 강화되고 있다는 점이다. 중화권(中華圈)에 속하는 홍콩, 마카오, 타이완을 제외하고서라도, 중국이 동아시아 국가들의 수출, 수입에서 차지하는 위상은 상당하다. 한국의 경우 중국은 수출, 수입에서 모두 1위 대상국이며, 일본의 경우에도 수출 2위, 수입 1위 대상국이다(〈표 2-2〉). 동남아 국가들의 수출입에서 차지하는 중국의 위

〈표 2-2〉 동아시아 교역에서의 중국의 중심성

국가	수출		수입	
	비중(순위)	비중(순위)	비중(순위)	비중(순위)
	2005	2015	2005	2015
중화권				
홍콩	44.6(1)	56.3(1)	45.0(1)	46.7(1)
마카오	13.9(3)	12.6(2)	44.4(1)	15.0(2)
타이완	21.6(1)	25.4(1)	11.0(3)	19.3(1)
아세안				
브루나이				10.4(4)
캄보디아			16.5(2)	36.8(1)
인도네시아		10.0(2)	10.1(3)	17.2(1)
말레이시아	6.7(5)	13.9(2)	9.9(5)	18.9(1)
미얀마		6.2(4)		27.1(1)
필리핀	9.9(4)	10.9(4)		16.4(1)
싱가포르		13.8(1)	10.3(4)	14.2(1)
태국	8.3(4)	11.1(2)	11.0(3)	20.3(1)
베트남	9.3(4)	9.9(3)	12.4(1)	14.7(1)
한국	21.8(1)	25.4(1)	14.8(2)	17.1(1)
일본	13.5(3)	17.5(2)	21.0(1)	25.7(1)

주: 빈칸은 상위 5개 상대국에 들지 못하는 경우. 인도네시아와 미얀마는 2014년도 수치.
자료: World Trade Organization, Trade Profile(2005, 2015).

상도 대부분 1, 2위다.

이러한 무역의존도의 증대에서 주목할 점은 무역에서의 비대칭성이 정치적 문제를 야기할 수 있는 전략적 의존성으로까지 심화되었다는 것이다(Denney, 2012; Kim, 2011). 예를 들면, 한국의 대중국 수출입 의존도는 매우 높지만, 중국의 대한국 수출입 의존도는 높지 않다는 것이다. 일본과 달리 상대적으로 경제 규모가 작고 중국에 대한 무역 의존도가 높은 한국이나 타이완, 아세안 국가의 경우 중국이 경제 외적인 목적으로 교역에서의 영향력을 행사할 경우, 이들 국가에게는 정치, 안보 등에도 영향을 끼치는 중대한 사안이 될 수밖에 없다.16) 실제 한·중 간, 중·일 간에서 중국의 경제적 압력 행사를 목도한 바 있고, 또 현재 한국의 사드 배치에 대한 보복과 같이 중국이 비관세 장벽이나 비공식적 방법으로 압력을 가할 경우 우리로서는 대중국 경제의존도 증대를 우려할 수밖에 없는 상황이다.

경제는 중국에, 안보는 미국에 의존하는 이른바 '안미경중'이 과연 지속 가능한지에 대한 의문이 들 수밖에 없다.

그러나 중국 경제가 이미 동아시아 지역경제에 깊숙이 편입된 현재, 중국의 국제규범을 어기는 정치적 목적의 경제 보복은 주변국뿐만 아니라 중국 스스로에게도 해가 될 수 있다. 그 이유는 기업 주도의 시장질서가 이미 동아시아에 뿌리내리고 있기 때문이다. 1980년대 이후 동아시아의 지경학적 공간 전개는 안보와 경제의 이

---

16) 데니는 허쉬만의 강요와 유인 전략을 인용하면서 중·한 간의 마늘 전쟁, 중·일 간의 버섯 전쟁을 강요 전략의 사례로 든다(Denney, 2012).

조공무역체계나 일본의 대동아공영권과 비교하면 확연히 다른 모습을 보인다. 최근 중국, 일본, 한국, 홍콩, 싱가포르, 타이완의 교역과 투자가 동남아 등으로 급속하게 확대되면서 일종의 네트워크 형태로 발전하고 있다는 점을 들 수 있다. 이는 조공체계에서의 단일 중심 동심원적 경제관계나 일본 제국주의 시절 지배국과 식민지 간의 양자 경제의존 관계로만 이루어졌던 것과 대비된다. 또한 일본 제국주의 시절 동아시아의 자급적 질서와 달리 1970년대 이후의 동아시아는 세계무역, 금융, 투자망에 완전히 편입된 열린 네트워크라는 점에서 차이가 있다.

동아시아 연해 중심의 교역·투자체계의 대두는 전통지정학의 입장에서 보면, 중국의 중심성 회복인 동시에 일본, 한국, 타이완, 홍콩 등 반도, 도서 국가와 동아시아 연해도시들의 주변부화라고 간주할 수 있다. 그러나 경제교류를 통하여 재현되는 동아시아 경제 회랑(回廊)의 발전이라는 이미지에서 보면 오히려 중심과 주변의 지위가 매우 유동적인 네트워크를 형성해 간다고 볼 수 있다. 즉, 중국을 불변의 중심으로 간주하는 고정된 중심-주변의 틀에서 벗어나 대륙-해양 간의 무게중심 이동과 결부하여 유동적 중심-주변의 틀로 새롭게 파악할 수가 있다.

해양중국의 외연이 동아시아의 공간적 변용을 유도하고, 반대로 해양아시아는 중국의 공간적 변용을 유도한다는 양방향적 관계의 형성이 더욱 현실에 적합한 해석이 된다. 해양중국의 원심력이 '동아시아 지중해'에서 다수의 초국경적 공간을 창출하고 이들 중 일부는 하마시타가 과거 중국의 조공체계에서 밝힌 소해양권역을 중심으로 국지적 경제권을 형성하게 된다는 결론을 얻을 수 있다

(Hamashita, 1990). [19) 이를 두고 중국 주변 연못에 포진한 크고 작은 수련(水蓮)으로 비유한 이도 있다. [20) 이러한 소해양권역 중심의 초국경 지역 형성은 폐쇄적 체제가 아니라 개방 체제로서 다층적 구조하에서 핵심경제권을 중심으로 형성되고 있다. 아시아개발은행이나 일본 총합연구개발기구(NIRA)의 연구결과에 따르면 동아시아 발전회랑은 연해부를 중심으로 다수의 국지적 경제권이 형성되고 있다고 한다(〈그림 2-3〉).

과거 중국의 조공체계로 상징되는 대륙적 질서와 달리 해양아시아의 질서는 지중해(地中海)라는 개념이 함의하는 네트워크 모형에 가깝다고 볼 수 있다. 대륙 중심의 아시아 질서가 국가 중심, 영토 패러다임, 민족주의, 위계로 표현될 수 있다면, 네트워크 모형은 다중심, 무역확산, 다양한 관행의 공존, 이질적 경제사회 체제의 융합으로 특징지을 수 있다(이철호, 2007).

이와 같은 경제공간의 재구조화는 다극체제의 맥락에서 다면적으로 발전하며, 헤트네(Hettne, 1999)가 언급한 신지역주의에 부합하는, 보다 자발적이고 내부와 아래로부터 시작된다는 특징이 있다. 따라서 중국의 주변을 에워싼 동아시아 경제의 과제는 중국 경제에 흡수당하지 않으면서 상생할 수 있는 다방면의 네트워크를 여하히 구축하느냐에 달려 있다. 도시나 지역 차원에서도 경쟁과 협력을 병행하면서, 일방적 의존 관계가 아닌 상호의존 관계를 수립하는 것이 관건이 될 것이다.

---

19) 동아시아 지중해 개념은 지푸루의 논문(Gipouloux, 1998)과 오가와 유헤이의 책(小川雄平, 2004)에 쓰인 바 있다.
20) 박번순은 이를 수련 또는 포도 모형이라고 부른 바 있다(박번순, 2004).

〈그림 2-3〉 동아시아의 회랑과 소권역

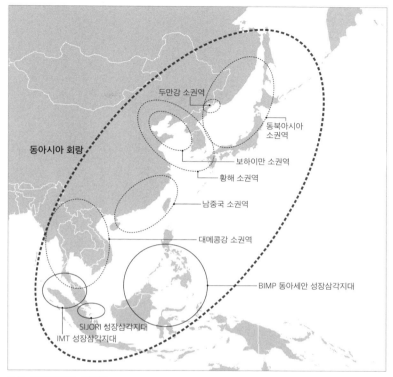

두만강 소권역

동북아시아
소권역

동아시아 회랑

보하이만 소권역

황해 소권역

남중국 소권역

대메콩강 소권역

BIMP 동아세안 성장삼각지대

SIJORI 성장삼각지대
IMT 성장삼각지대

자료: NIRA(2008) 재구성.

결과적으로 동아시아 교역과 투자, 그리고 지역생산 네트워크는
주로 중국 연해부와 주변의 동아시아 국가들 간에 이루어지고 있다
는 사실을 알 수 있다. 앞에서 언급한 '해양아시아'와 '대륙아시아'
라는 구도에서 보면, 적어도 현재까지의 동아시아 경제협력 추세는
주로 중국 연해부와 그 주변의 국가들로 이루어진 해양아시아에 집
중되어 있다고 하겠다. 시진핑 정부 출범 이후 시작된 중국의 일대
일로(一帶一路) 전략이 이러한 동아시아 해양 네트워크를 어떻게

변화시킬 것인지, 그리고 이에 따른 지역경제 질서가 어떻게 형성
될 것인지는 지켜보아야 할 것이다.

중국판 '대동아공영권' 또는 새로운 유라시아 질서

미국 중심의 동아시아 해양질서는 중국의 원심력과 구심력, 그리고
이에 맞서는 미국의 원심력과 구심력의 상호작용의 결과에 따라 변
동할 것이다. 장기적으로 보면 미국의 국력 약화로 미국이 주도하
는 해양 중심의 질서가 일대일로와 같은 중국 주도의 전략으로 다
시 대륙 중심의 질서로 재편될 가능성을 배제할 수는 없다. 중국이
현재 동중국해와 남중국해에서 보이는 바와 같이 보다 공세적으로
해양공간의 확보를 추구한다면, 미국 중심의 동아시아 해양질서는
도전받을 수밖에 없고 안보와 경제 간의 괴리 확대, 그리고 지정학
과 지경학의 모순적 상호작용에 따라 동아시아는 분열적 공간 전개
를 보일 가능성도 배제할 수 없다. 이미 일각에서는 중국의 부상으
로 일본의 대동아공영권과 비교되는 '중국판 대동아공영권'의 출현
을 우려하는 목소리도 존재한다(Rozman, 2004).
　시진핑 주석은 2015년 보아오포럼에서 '아시아 운명공동체'(亞洲
命運共同體)를 제안하면서 상호존중, 공영과 협력을 통해 공동의
이익을 강조했다. 구체적으로는 중국과 아세안의 자유무역협정,
중국, 아세안, 한국, 일본으로 구성된 동아시아 경제공동체, 역내
포괄적 동반자협정, 궁극적으로 아태 자유무역 지역 결성을 강조하
고, 아시아 전체의 공동발전을 위한 연계성 강화를 중점적으로 제

시했다. 이미 작동하기 시작한 일대일로와 이를 뒷받침하기 위한 '아시아 인프라투자은행'(AIIB)을 출범시켰다.

안보 측면에서도 공동의, 종합적, 협력적, 지속 가능한 안보를 주장하면서 역내 모든 나라가 동등하게 참여하는 지역안보 체제를 내세우고 있다. 주변국의 중국 영향력 확대에 대한 의혹을 불식시키기 위해, '평화'와 '조화'를 유난히 강조하면서 중국은 독자적 평화외교, 평화발전의 길, 공영(共贏)의 개방 전략, 공동이익을 추구하되 정의를 지키는 접근을 할 것이라고 밝혔다. 또한 공영의 신형대국(新型大國) 관계를 추진할 것이라고 했다.[21]

중국의 '아시아 운명공동체' 구상은 시작단계이긴 하지만, 일부에서는 그 실현 가능성에 몇 가지 의문을 제기하고 있다.

첫째, 중국이 공영의 길을 주장하지만 암암리에 조직적으로 무역과 투자를 통해 주변국을 평정하면서 서서히 영향력을 확대한다는 점이다(Blackwill & Tellis, 2015).

둘째, 아시아투자은행이나 일대일로와 같은 새로운 정책제안이 비록 주변국과의 공영을 위한 개발임을 강조하지만, 실제로는 중국의 발전을 위한 방책일 수도 있다는 점이다. 지난 20여 년을 돌아보면, 중국과 개발도상국 간의 관계가 중국과 해당국의 발전을 균등하게 담보한다는 보장을 찾기 어렵다는 점이다(Ferchen, 2016).

셋째, 무엇보다 중요한 것은 동북아 지역주의 실패의 원인에서도 드러나듯이, 아시아 운명공동체의 관건은 아시아 지역의 정체성을 찾을 수 있는가에 달려 있다. 역사적, 문화적, 정치적 다양성을 가

---

21) 신형대국 관계란 중국과 미국이 대응한 관계를 의미한다(Xi, 2015. 3. 28).

진 아시아가 단순한 경제적 이해관계를 벗어나 공동의 운명을 개척한다는 것은 동일한 사회경제적 변환과정을 거치면서 공유할 수 있는 가치를 만들어낼 때만 가능한 것이다. 1990년대 아시아적 가치 논쟁에서 드러났듯이, 근면, 가족중시, 사회조화 등 최소공배수로 축소된 아시아적 가치는 권위주의의 토대는 제공할 수 있겠지만, 아시아 주민들의 미래를 보장한다고 보기는 어렵다.[22]

이미 세계화된 공간에서 인류보편적 가치와 결합되지 않는 한 아시아적 가치의 유지와 존속은 어렵다. 과연 정치안정과 경제발전을 최대의 가치로 삼는 중국이 보편적 가치를 수용하거나 대체할 만한 새로운 아시아적 가치를 만들어 내고, 이를 주변국들이 흔쾌히 수용할 수 있을 것인지는 현 시점에서 매우 의문스럽다.

한편 중국이 추진하는 일대일로(一帶一路) 정책은 그 지정·지경학의 범위가 동아시아를 초월한다. 만약 중국의 구상대로 일대일로 정책이 실현된다면, 대륙과 해양의 동학(動學)은 또 한번 변곡점을 맞게 될 것이다. 2000년대 이후 중국의 서부개발, 그리고 최근 남중국해 진출과 일대일로 구상의 본격 추진은 대륙과 해양아시아라는 구도를 통째로 뒤흔드는 새로운 지정·지경학적 구도의 출현을 예고한다.

실제 이러한 변화는 2000년대 중반 이후 가시화되고 있다. 예를 들면 중국 연해부의 경제적 비중이 조금씩 줄어들고 내륙부의 비중

---

22) 리콴유(李光耀)의 아시아적 가치(Zakaria, 1994)에 대한 논박으로 김대중 (Kim, 1994)을 참조. 공유가치의 연장선에서 중국의 아시아 운명공동체 개념에 대한 비평기사는 브라운(Brown, 2015. 4. 2) 참조.

제 3 장
동북아 공동체의 희망과 좌절

동아시아 질서가 중국, 일본, 미국 지배의 시기를 거쳐 미·중 간 세력경쟁이라는 변동의 시기에 접어들었음을 앞 장에서 논의했다. 최근 시기의 동북아로 시야를 좁혀 보면, 미·소 냉전체제가 종식되고 동구권이 몰락한 1980년대 말 이후부터 2000년대 후반 중국의 본격적인 굴기 이전까지 동북아에는, 일국 지배가 아닌 지역주의의 가능성을 안겨 준 희망의 시기였다. 묘하게도 이 시기는 일본경제와 북한경제의 침체가 겹친 때이며, 한국이 중국이나 러시아와 대등한 입장에서 경제협력을 이끌어냈던 때이기도 했다. 그러나 이러한 희망의 시기는 중국의 굴기와 이로 인한 지정학의 부활로 짧게 끝났으며, 동북아는 다시 갈등의 시기로 접어들고 말았다.

이 장에서는 희망의 시기에 논의되었던 다양한 공동체 구상과 제안들의 내용을 살펴보고, 그 실패의 이유와 향후 지역주의의 향배를 짚어 본다.

중국의 굴기 이전 동북아 공동체 구상과 제안들

1990년대 이후 다양한 동북아 공동체 구상과 제안이 있었다. 크게
두 가지 유형으로, 하나는 국가중심적 야망에서 출발한 것이었고,
다른 하나는 이상주의적 희구였다(Rozman, 2010). 일본이 1990년
대 전반 추구했던 동아시아 지역주의나 중국이 2000년대 전반 추진
했던 동아시아 지역주의가 전자에 해당된다. 김대중 정부에서 제안
한 동아시아 공동체는 후자에 해당된다.

   기타 동북아 협력 및 통합에 대한 논의는 동북아의 과거사, 영
토, 안보 등의 문제를 회피한 기능주의적 접근이 1990년대 이후 주
를 이룬 것이 사실이다. 또한 동북아 지역을 우회한 동아시아 또는
아태지역 경제공동체 논의가 활발했지만, 동아시아의 핵을 이루는
한·중·일 협력을 건너뛰는 동아시아 경제공동체 건설은 상상에
불과했다.

1990년대 일본의 동북아 공동체 담론

20세기 초 대동아공영권의 야망을 가졌던 일본에서는 1990년대 동
북아 지역주의에 대한 논의가 활발했는데, 첫째는 두만강 지역개발
을 시작으로 일어난 환(環)동해 경제권 논의였고, 둘째는 고이즈미
준이치로(小泉純一郎)의 방북으로 발생한 동북아 안보 중심의 이른
바 '동북아 공동의 집'이라는 이상주의적 논의였으며, 셋째는 동아
시아 경제통합에서 파생된 한·중·일 경제협력 논의였다.

   한·중·일 경제협력이나 환동해 경제권 논의는 구체성을 띤 경

제 중심의 기능적 접근이었으나, '동북아 공동의 집'은 추상적인 내용으로 와다 하루키(和田春樹)와 강상중이 제시한 동북아 공동체 비전이다(Haruki, 2008). 강상중은 인종이나 국가가 아닌 공공성에 의한 정체성을 강조하면서, 미·중·일·러의 보장하에 동북아 집단 안전보장 체제를 만들고 한반도를 영구 중립화시켜 동북아의 평화를 만들자고 주장했다(姜尙中, 2001). 하루키와 강상중 모두 한반도가 동북아 안보의 핵심이며, 재외 한인 네트워크가 공동체 형성에 접착제 역할을 할 수 있다고 주장했다.

그러나 이들의 '동북아 공동의 집'은 구체적인 실천방안을 결여한 담론 수준의 논의에 그치고 말았다. 그나마 하토야마 유키오(鳩山由紀夫) 정부(2009~2010. 6) 이후 일본은 동북아 지역주의에 대한 흥미를 상실했고, 미국과의 양자 관계 중심으로 대아시아 정책을 수립하면서 동북아에 대한 관심은 줄어들었다(Sahashi, 2016. 2. 23). 보다 근본적인 문제는 과연 일본이 동북아 공동체를 통해 국민국가의 경계를 벗어날 수 있는가인데, 근대화 이후 일본의 특수성과 아시아에 대한 우월성 및 서구화의 혼합과정에서 보여 준 일본인 정체성의 문제로 인해 동북아 공동체 형성에 가장 큰 어려움을 겪을 수도 있다는 주장도 있다(McCormack, 2005).

두만강 개발 계획

동북아에서 유일하게, 비록 모든 관련국은 아니지만 중국, 한국, 북한(2009년 탈퇴), 몽골, 러시아 다섯 나라가 참여하는 지역개발 계획은 두만강 개발계획으로, 1991년에 시작되었고 2005년에 대상

지역범위를 두만강 지역에서 중국 동북지역, 러시아 극동지역, 몽골 동부지역, 한반도의 동해안 지역으로 확대하였다.[1] 25년 넘게 지속된 두만강 개발의 역사는 동북아 협력의 난관과 제약을 투영하는 축소판이다. 무엇보다 두만강을 둘러싼 소 지역에서의 공동의 비전과 정체성 결여는 '자연적 경제지역'[2]을 국가를 초월한 공동의 비전으로 승화시키지 못한 가장 중요한 요인이었다. 여기에 덧붙여 북한발 안보 불안은 이 지역에서의 지방 차원의 경제협력을 위한 강한 열의를 수렴하지 못한 또 하나의 요인이었다(Abrahamian, 2015; Rozman, 2004).

요약하면 동북아 지역주의의 결여로 두만강 일대에서 경제적 상호보완성에 기초한 지역화의 과정을 제대로 살려내는 데 실패했다고 볼 수 있다(Hughes, 2000). 지역화의 동력은 존재했지만 국가 간 정치적 불신에 따라 지역주의 형성은 어려웠다. 기본적으로 중·북·러 3국 간의 발전 수준, 개방 수준 및 속도의 차이도 지역주의 형성에 난관으로 작용했다. 또한 중앙과 지방 간의 초국경 경제협력과 연계에 대한 상이한 입장도 한 몫을 했다.

얼핏 보면 두만강 지역개발이나 최근에 나온 중·몽·러 경제회랑 건설에서 중국, 몽골, 러시아, 북한 간에 입장이 일치하는 듯 보이지만, 이해관계는 서로 다르다. 또한 중앙과 지방의 시각에 엄연한 차이가 있고, 매번 중앙의 정치적 또는 전략적 판단에 좌우되는

---

1) 두만강 개발계획에 대한 상세 설명은 9장을 참조.
2) '자연적 경제지역'(*natural economic territories*)은 동북아문제 전문가 로버트 스칼라피노(Robert Scalapino)가 처음 사용한 용어이다.

<그림 3-1> 동북아 거대 환상대

자료: 澤井安勇(2005), p. 15 재구성.

권역에서의 지방 간 교류협력을 활성화시키도록 한다는 구상도 포함했다(北東アジア・グランドデザイン研究會, 2003).

일본 총합연구개발기구의 그랜드 디자인은 1990년대 이후 지금까지 한・중・일에서 제시된 동북아 경제공동체 구상 중 가장 포괄적이고, 구체적인 안이라고 평가된다. 일본 총합연구개발기구는 동북아 비전의 공유를 위한 후속 연구에서 한국의 국토연구원과 중국의 국토계획・지역경제연구소와 공동연구를 수행한 바 있다. 물론 3국 기관의 의견이 일치한 것은 아니지만, 한・중・일 3국 간 연구협력을 통해 공동의 비전을 도출하고자 했다는 점에서 의의가 있으며, 이러한 공동연구는 앞으로 더욱 확대 추진할 필요가 있다.

러시아의 동방 정책과 동북아 연계 구상

러시아의 동방 정책은 기본적으로 러시아 내부, 즉 동서 간의 통합이 첫째 목적이며, 아태지역과의 연계가 둘째이다. 아직도 막강한 군사력을 가진 러시아는 동북아에서 지정·지경학적 영향력을 확보하려 한다. 러시아의 에너지 자원과 유라시아에 걸친 수송로가 동북아에서 영향력 확보를 위해 활용할 수 있는 핵심 자산이다.[6] 러시아가 이 자산을 활용하여 동북아 경제협력에 참여하겠다는 것은 러시아 극동지역의 경제발전과 동북아에서 중국 일변도의 경제협력 판도를 견제하겠다는 의미다.

사실 1990년 이후 러시아 극동 시베리아 지역의 원유와 천연가스 파이프라인은 에너지 부족국가인 중국, 일본, 한국에게 충분한 지경학적 유인으로 작용해 왔으며, 러시아와 중국 간에는 원유 및 천연가스 공급 협정이 체결되어 이미 송유관이 운영되고 있다.[7] 비록 실현되지는 않았지만 한국과는 수차례 북한 경유 천연가스 파이프라인을 협의한 바 있으며, 일본과도 원유 파이프라인 협의를 진행한 바 있다. 러시아는 원유 및 천연가스 공급과 관련하여, 러시아 국익을 우선하는 입장에서 동북아로 연결하는 파이프라인 구상을 발표

---

6) 에너지 자원과 대륙수송로가 러시아의 동북아 및 아태지역 경제 참여에서 핵심 자산이라는 사실은 러시아 내부의 공통된 의견이다. 여기에 덧붙여 시베리아·극동지역의 곡물 생산 잠재력을 활용해야 한다는 주장도 제기된 바 있다 (Bordachev & Kanayev, 2014. 9. 23).

7) 러시아와 중국 간에는 2011년부터 스코보로디노-다칭(大慶) 간 원유 수송이 이루어졌고, 제2의 원유라인과 천연가스도 2018년부터 공급될 것으로 알려져 있다(Reuters, 2017. 5. 12).

<그림 3-2> 러시아 동부 가스 계획

자료: Henderson & Mitrova(2015), p. 23 재구성.

한 바 있다. 에너지 자원이 갖는 안보상의 중요성과 자국이익 우선
논리로 인해 동북아에서 에너지 공동체를 형성하는 것은 쉽지 않다.
단적인 예가 러시아 원유 수입을 둘러싼 중·일 간 경합이었다. 천
연가스 수요가 증대하고 있는 중국의 입장에서는 중앙아시아산 가
스와 러시아산 가스의 체계적인 공급네트워크 구축이 더욱 중요한
과제다.

　한편 유라시아 수송로의 활용과 관련해서 김대중 정부 시절부터
한·러 간에는 시베리아 횡단철도(TSR, Trans-Siberia Rail)와 한반
도 종단철도(TKR, Trans-Korea Rail)의 연결을 논의한 바 있으며,
박근혜 정부에서도 그 맥을 이어 하산-나진 철도 연결을 위한 남·
북·러 삼각협력을 시도했다. [8]

최근 러시아는 시베리아 횡단철도가 중국의 대로(帶路) 구상으로 인해 효용성이 다소 잠식되었다는 사실을 인정하면서, 중·몽·러 (중국-몽골-러시아) 경제회랑의 중국 측 수송로와 결합하는 형태로 보완성을 갖추려는 노력을 보였다. 예를 들면, 러시아의 〈교통전략 2030〉에서 극동지역 교통발전의 우선순위를 첫째는 시베리아 횡단철도와 바이칼-아무르 철도 및 아무르-야쿠츠크 철도 연계노선의 건설에, 둘째는 중국 동북지역을 관통하는 '프리모리예 Ⅰ'(쑤이펀허 교통회랑)과 '프리모리예 Ⅱ'(투먼 교통회랑) 국제 운송회랑[9] 발전에 두었다(원동욱 외, 2015).

그러나 이러한 에너지와 수송이라는 기반시설만으로는 동북아 지역의 다자협력 체제를 만들어 낼 수는 없다는 점은 자명하다. 러시아가 북핵문제 해결의 장으로 시작된 6자회담을 동북아 안보협력체제로 정착시키고자 노력해 온 것은 이러한 한계를 인식하고 동북아에서의 발언권을 강화하고자 했기 때문이다.[10] 그러나 러시아의 6자회담 참여 의도가 진정한 북핵 폐기를 위한 것인지, 아니면 동북아의 세력 재편에서 지분을 챙기기 위한 시도인지는 분명하지 않다.[11] 그

---

8) 북한의 핵미사일 개발과 폐쇄정책으로 한국과 러시아의 유라시아 수송연계 사업은 번번이 좌절되고 말았다.

9) 프리모리예 I은 치타-만저우리-하얼빈-쑤이펀허-블라디보스토크로 이어지는 운송회랑이며, 프리모리예 Ⅱ는 몽골의 초이발산-아얼산-창춘-훈춘-자루비노로 이어지는 노선이다.

10) 러시아 일부 학자들은 6자회담의 동북아 평화안보 기제가 북한의 참여 없이도 국경 및 영토 분쟁, 미·중 간 미사일 방어체제, 미국 동맹의 미래 등의 의제를 논의하는 포럼이 될 수 있다고 주장한다(Bordachev & Kanayev, 2014. 9. 23).

11) 러시아는 북핵문제 해결과정을 미·중이 주도하면서 러시아가 소외되는 상황

을 경유하여 아태시장까지 진출할 수 있다고 한다. 러시아도 시베리아 철도 운송능력을 활용하여 장래 몽골을 러시아 에너지 및 전력수송의 경유지로 활용할 수 있다. 중국 입장에서도 몽골 및 러시아와 협력을 통해 국내 경제구조 조정 및 고도화가 보다 용이해질 것으로 기대하고 있다. 2016년 3국 간 체결된 계획은 교통인프라, 통상구 건설, 생산능력 및 투자협력, 경제무역 협력, 인문교류, 생태환경 보호, 지방 및 접경지역 협력 등을 명시한다(이현주 외, 2016; 中國發展改革委員會, 2016).

중·몽·러 경제회랑 건설계획의 취지는 표면적으로 중국의 '대로' 구상, 몽골의 '초원의 길', 러시아의 '유라시아 대륙교' 구상을 결합하고 3국의 발전계획을 연계하여 에너지 및 광물자원 개발, 교통기반 건설 등을 통해 장기적이고 안정적인 협력관계를 구축하자는 것이다(李勇慧, 2015). 여기에서 안정적인 협력관계란 단순한 경제적인 협력을 넘어서는 의미를 지닌다. 중국이 말하는 지역 안정이란 달리 말하면 동북아 안보 차원에서 중국의 우려를 덜어내자는 것이다. 가깝게는 중국, 몽골, 러시아와의 협력을 통해 한반도발 불안정의 영향을 최소화하면서, 멀게는 확대된 동북아 안보·경제협력에서의 유리한 고지를 선점하고자 하는 것이다.

중·몽·러 경제회랑 건설에서 한반도가 제외된 것은 북한의 동북아 협력에 대한 완고한 저항과 북한발 위기에서 기인한 것이며, 동시에 중국 정부의 한반도 현상 유지를 고수하는 입장을 반영하는 것이기도 하다(Hwang, 2017. 1. 14). 박근혜 정부의 '유라시아 이니셔티브'를 포함하여, 노태우 정부 이래 추진해 온 다수의 한반도와 북방연계 정책들이 실현 가능성이 없는 장밋빛 구상으로 그친

점에 비추어 보면, 중국이 한반도를 대로 구상에서 제외한 것은 중국의 현실 인식과 전략적 의도를 반영한 것으로 볼 수 있다. 비록 한국의 유라시아 이니셔티브나 중국의 대로 구상이 지역경제 통합을 위해 아시아와 유럽을 연결하자는 동일한 목적을 가지고 있음에도 불구하고, 동북아 지역통합의 최대 걸림돌인 북한을 바라보는 입장에서 근본적인 차이를 드러냄으로써 장기적으로 지역 통합과 안정의 공동비전 도출의 장애가 될 수 있음을 시사한다. 14)

한국의 동북아 평화협력 구상과 유라시아 이니셔티브

중국의 대로 구상과 시기적으로 겹치는 한국의 동북아 평화협력 구상은 비전통적 연성안보 이슈를 중심으로 동북아 국가 간 대화와 협력을 촉진하겠다는 취지였다. 그러나 북핵문제라는 핵심 안보이슈에서의 갈등과 대립으로 그 취지가 무색하게 되고 말았다. 동북아 평화협력 구상의 핵심은 역내 국가들 간 협력과 대화를 통해 동북아 안정과 평화 기반을 정착시키고, 동시에 한반도 문제의 해결 분위기를 조성하고자 한 것이다.

원자력 안전, 에너지 안보, 환경보호, 기후변화 및 재난관리 등 글로벌 차원의 이슈와 연결지어 동북아에서 기능별 협력을 강조했지만, 동북아 세력구도를 둘러싼 강대국 간의 치열한 경쟁과 북한

---

14) 대로 구상과 유라시아 이니셔티브의 결합을 통해 한반도 긴장을 줄이고 중국 동북 3성의 성장잠재력을 확충하며, 북한의 개혁을 유도하고 러시아의 대로 구상에 대한 우려를 줄일 수 있을 것이라는 중국 일부의 시각도 있다(Ding, 2017. 7. 18).

자료: 〈동아일보〉(2013. 10. 19) 재구성.

의 핵·미사일 개발로 동력을 상실하고 말았다. 수송 기반시설에 중점을 두고 박근혜 정부에서 제시한 '유라시아 이니셔티브'는 김대중 정부 이후 논의된 북방지역과의 연계, 즉 김대중 정부의 '철의 실크로드', 노무현 정부의 '동북아 철도망', 이명박 정부의 '신 실크로드 구상'을 좀더 확장시켜 구체화한 것이다. 유라시아 이니셔티브에서의 핵심은 교통, 초고속 통신망 및 에너지 네트워크 구축이었다. 그러나 구상 초기 단계에서의 방점은 한·러 협력과 북한 변화 유도에 놓여 있었다. 한국과 러시아 간 철도 연결과 가스관 연결 등을 염두에 두고 남·북·러 삼각협력을 통해 북한을 참여시키겠다는 의도였지만, 북한의 핵·미사일 개발로 성과를 거둘 수 없었다. 중국의 대로 구상이 본격화되면서 한국과 중국 전문가들 사이에 대로 구상과 유라시아 이니셔티브와의 결합을 시도해야 한다는 주장이 제기되기도 했다(우원화, 2015; 원동욱, 2015).

더 나아가 러시아의 유라시아 대륙교까지 포함시켜 한·중·러 3국이 일본 및 몽골과 함께 동북아를 중심으로 한 유라시아 국제수송로 구상을 조율하고 협력한다면, 동북아 관련국 모두가 이익을 취할 수 있는 방안이 될 수도 있다는 제안도 있다. 15)

문제는 북한인데, 어떤 대가를 지불하고서라도 핵·미사일 개발을 완성시키겠다는 북한 정권과 동북아 국제 수송로 구축방안을 협의한다는 것은 현실성이 없다. 국제공조를 통하여 북핵문제를 우선 해결해야만 동북아 경제협력과 공동개발의 단초를 마련할 수 있다.

동북아 공동체 건설의 험난한 길

동북아 공동체 건설은 가능한가? 결론부터 말하자면 가능성이 전무하지는 않지만 매우 요원한 꿈이다. 왜 그런가? 크게 세 가지 이유에서다. 첫째, 당면한 북핵문제를 둘러싼 한반도 주변 강대국의 이견을 좁히기가 쉽지 않기 때문이다. 설사 미·중 간 타협에 의해 북핵문제가 해결된다고 하더라도, 동북아의 지정학적 구도를 두고 미·중 간 경쟁은 장기간 지속될 것이기 때문에, 동북아 지역주의나 공동체 건설과정에서 구조적 장애요인으로 작용할 것이다.

둘째, 한·중·일 및 관련국 모두가 공유할 수 있는 공동체의 비전을 제시하고 이의 실현을 이끌 지도력과 도덕적 권위가 없기 때문

---

15) 원동욱 등은 이러한 내용을 동북아 경제회랑이라는 구체적 구상으로 제시했다 (원동욱 외, 2015).

성 형성을 촉진하여 한·중·일 3국의 제도적 경제통합에 기여할 수 있다는 희망 섞인 주장도 있다. 18) 그러나 2장에서도 언급했듯이 계몽주의의 자유, 민주, 인권이라는 가치를 흡수할 수 없다면 근면, 가족중시, 조화사회 등 유교적 가치는 권위주의 체제 연장에 이용당할 수가 있고, 중국몽에서 드러난 바와 같이 민족주의 또는 애국주의의 도구로 사용될 수도 있다.

자국의 국익을 위해서 상대 국가를 압박하고 중화주의의 가치를 강요하는 중국(Calder & Ye, 2010), 아시아에 속하면서도 아시아의 일원이기를 망설이는 이중적 정체성의 일본, 19) 동북아 평화와 협력을 외치지만 역량을 벗어난 '균형자'나 '중개인' 역할을 주장해 온 한국이 경제 이외의 정치나 문화 등에서 국가를 초월한 공동체 이념이나 정체성을 만들어 내는 것은 현재로선 불가능해 보인다. 20) 여기에 덧붙여 세습 사회주의 정권의 북한은 설사 핵을 포기하고 개혁·개방으로 나선다고 하더라도 동북아 공동체 형성에 긍

---

18) 유교 전통을 동북아 경제통합의 밑거름으로 쓰자는 주장은 김희호와 손병해 (Kim & Sohn, 2014)를 참조.

19) 일본의 이중적 정체성에 관해서는 헌팅턴의 일본 독자 문명 분류에서부터, 라이샤워의 중국 문화권으로서의 일본에 이르기까지 많은 논의가 있었다 (Huntington, 1996; Reischauer, 1974). 1930년대 대동아공영권을 주장한 일본 지식계의 일본 예외론은 현재까지도 그 명맥이 이어지고 있으며, 일본인들이 이를 믿는 한 동북아 지역공동체 수용은 어렵다(McCormack, 2005). 이러한 일본의 모호한 정체성은 동북아 지역주의 형성보다는 민주주의 가치에 기반을 둔 열린 지역주의를 지향하게 만들었다(Calder & Ye, 2010).

20) 한국의 '균형자'나 '중재자' 역할은 일본이나 미국과의 복잡한 역사적 관계로 인해 많은 제약을 받고 있어, 실제적인 효과를 내지 못한 것이 사실이다. 오히려 실리 외교가 더 나은 효과를 냈다는 견해도 있다(Calder & Ye, 2010).

정적 역할을 할 입장은 못 된다.

그러면 미국과 러시아는 어떤가? 미국의 일차적 관심은 아태지역에서의 세력균형이다. 미·한, 미·일, 미·호 등 바퀴살 동맹을 통해 중국의 영향력 확대를 견제하고, 아시아 지역에서 미국의 힘의 우위를 유지하겠다는 전략이다. 세계 차원의 지전략(地戰略)에서 동북아는 미국에게 중요한 지역이긴 하나, 유럽만큼 중요하지는 않다. 동북아 공동체 건설이나 동북아 지역주의가 미국을 배제하지 않는다면 미국으로서는 구태여 거부할 명분은 없지만, 그렇다고 주도적으로 동북아 공동체 건설이나 지역주의 구축에 나설 이유도 없다.

러시아도 마찬가지다. 유럽과 비교하면 동북아나 아태지역은 러시아의 부차적 관심지역이다. 하지만 미국과 달리 지경학적 측면에서 동북아는 러시아, 특히 극동 시베리아 지역의 경제발전에 중요하고, 이를 위해 러시아는 2000년대 이후 많은 노력을 기울이고 있다. 따라서 러시아의 정치·경제적 이익이 보장되는 한, 러시아는 동북아에서 미·중과 주도권 경쟁에 참여할 의도는 없어 보인다 (Lukin, 2006). 물론 동북아 세력 재편에서 일정한 역할을 수행함으로써 지분을 확보하겠다는 의도는 분명하지만, 경제협력 분야를 제외한 동북아 공동체 건설이나 비전의 제시에는 소극적 태도로 임해왔고 주로 중국의 입장을 따라가는 자세를 취해 왔다. 앞으로도 이러한 전략 기조의 변화가 예상되지는 않는다.

론 중국 경제의 성장이 지체되고, 소득불균형, 지역격차, 부패 등 산적한 내부 문제가 불거질 경우 미국의 패권 유지는 보다 오래 지속될 수 있다.

미국의 패권 유지가 지속 가능하지 않는 이유는 경제력의 상대적 저하, 국방비용의 증가 등 단순히 경제적인 것만은 아니다. 미국 사회의 정치적, 경제적 양극화, 트럼프 대통령 집권이 상징하는 미국 우선주의, 일방주의, 그리고 세계국가로서의 지도력의 실추가 그동안 미국이 선도했던 동아시아 및 세계질서의 기초를 흔들고 있기 때문이다.[14] 제2차 세계대전 이후 동아시아에서 미국 주도의 질서 유지에 초석이 됐던 양자동맹 체제, 즉 '바퀴살 체제'는 중국의 공세적 부상을 견제, 봉쇄하는 데에는 유효하지만, 동아시아 및 아태지역에서의 보다 항구적인 지역안보·경제질서를 구축하는 데에는 크게 건설적인 기여를 하지 못한 것이 사실이다. 현실적으로 미국에 남은 전략적 선택지는 패권 유지를 위해 보다 강경한 대중국 봉쇄정책을 펼치거나, 아니면 중국의 이익과 영향력을 부분적으로 인정, 수용하는 것이다.

────────

베리(Ikenberry, 2016), 스웨인(Swaine, 2015. 4. 20) 등은 지속될 수 없다고 본다. 브레머(Bremmer & Roubini, 2011)는 심지어 미국의 시대는 끝났다고 주장한다.

14) 아이켄베리는 트럼프 행정부의 출범을 '적대적 수정주의자 세력'의 백악관 입성으로 평가하고, 제2차 세계대전 후 미국이 주도해 온 자유주의적 국제질서가 엄청난 위기에 봉착했음을 경고하고 있다. 트럼프 대통령의 국제관계의 '거래적' 관점이 소탐대실의 결과를 가져올 것임을 예고하면서, 자유진영 국가들이 이를 방지하기 위해 합심해서 트럼프 대통령의 '미국 제일주의'를 제어해야 한다고 주장한다(Ikenberry, 2017).

세 번째 시나리오는 미국의 패권 유지가 지속 불가능하다는 전제 하에 미국과 중국이 안정적 세력균형을 이루면서 동아시아의 협력 적 질서를 유지해가는 상황을 의미한다.[15]

중국은 주로 동아시아 내륙을 지배하고, 미국은 동아시아 해양부 를 지배하면서 상호협력하에 동북아의 안정적이고 평화적인 질서 를 구축, 유지하는 것이다. 이른바 중국이 주장하는 '신형대국'(新型大國) 관계가 동아시아에 적용되는 상황이다. 그러나 이러한 양 강대국 분점(concert of powers) 하에 동아시아 안정과 평화가 지속 가 능할지는 의문이다. 실제 우리가 목도한 북한 문제, 타이완 문제, 남중국해 및 동중국해에서의 해양영유권 문제 등은 미·중 양 강대 국 중심의 세력균형이 달성 가능한지를 묻는다. 특히 북핵문제는 미·중 양국이 동북아 나아가 아태지역에서의 안정적 질서 수립을 위한 협력이 가능한지를 가늠할 시험대가 되었다.

이러한 현안 이외에도 전면적인 세력균형 달성을 지지 또는 저해 하는 요인으로 동아시아 국가들의 향배도 중요하다. 안미경중(安美經中)의 구도에서 미·중 간 어느 한쪽으로 줄서기를 원치 않는 대 부분의 아시아 국가들은 미래 상황의 불확실성에 대비해야만 한다. 기본적으로 편승이냐 균형이냐의 선택지가 존재한다. 중국이 공세 적이고 호전적으로 나온다면, 미국 주도의 대응연합에 합류할 것이 고, 미국의 동아시아 안보 약속의 축소가 감지되면 강한 중국을 수

---

15) 안정적 세력균형을 주장하는 대표적인 인물로 아이켄베리를 들 수 있다 (Ikenberry, 2016). 보다 군사적 측면에 치중하여 미·중 간 안정적 세력균 형을 주장한 이는 스웨인이다(Swaine, 2015. 4. 20).

용하는 쪽으로 나설 것이다. 현실적으로는 이러한 양극단을 택하는 것은 위험 부담이 크므로 대부분의 국가들은 관여와 위험회피가 혼합된 전략을 추구할 것이다.

미국이나 중국도 이러한 안미경중이라는 이중 위계가 빚어내는 불확실성에 무관할 수 없다. 왜냐하면 미·중 모두 상호의존적이고 동시에 서로 취약점을 안고 있기 때문이다. 즉, 양국이 글로벌 세력으로서 패권 확보를 위해 경쟁하지만, 경제와 안보의 상호의존이 증대하는 여건에서 다양한 분야에서 중첩되는 이해관계를 조율하고 협력할 유인도 존재하기 때문이다. 16)

그러나 미·중이 동아시아 지역에서의 안정적 세력균형을 위해 협력하는 것은 설사 양국 모두 그 필요성을 인지한다고 하더라도 그렇게 용이한 일이 아니다. 근본적으로 두 나라 사이의 상이한 역사와 정치체제 및 문화적 배경에서 오는 불신을 극복하기가 쉽지 않다. 예를 들면 중국의 남중국해 진출은 궁극적으로 서태평양에서 미국을 축출하기 위한 시도의 서막으로 보고, 미국이 군사적 우위를 강화해서 중국의 야망을 꺾어야 한다는 미국 내 여론은 동아시아의 안정과 평화라는 장기적 과제에 대한 고민보다는 훨씬 강하다. 반면 중국 내에서도 패권국 미국의 오만과 일방주의에 대한 반감을 이용하여 중국의 이익을 의도적으로 강하게 내세워야 한다고 주장하는 민족주의 세력도 만만치 않다.

---

16) 아이켄베리는 현재 동아시아의 이중위계와 세력균형에서 미·중 양 패권국뿐만 아니라 중견국도 안정적 세력균형을 이루는 데 일정한 역할을 한다고 본다 (Ikenberry, 2016).

미·중 간 안정적 세력균형을 위한 대타협은 쉽지 않다. 구체적으로 스웨인(Michael D. Swaine)은 서태평양 일부를 '완충지대화'하자는 제안을 내건 바 있다.[17] 이를 위해서는 "우선적으로 미국, 중국, 여타 아시아 국가들의 엘리트 집단이 아시아의 구조적 변화 추세를 검토하여 세력분포의 변화를 인정하면서, 미시적 조정을 뛰어넘는 대대적인 조정의 필요성을 인식하고, 장기적인 세력균형을 위한 요구사항들을 체계적으로 검토해야만 한다. 그런 후에 동맹과 우방, 그리고 미·중 간 전략대화에서 솔직한 논의가 진행되어야 하고, 쌍방이 서로의 행동을 확인, 검증할 충분한 기회와 수단이 제공되어야 한다"고 단계적인 접근을 주장했다.[18]

네 번째 시나리오는 세 번째 시나리오와 동전의 양면과 같은 관계로, 미·중 양강 분점구조의 평화가 깨지고 미·중이 대립하는 시나리오이다. 즉, 대륙질서와 해양질서가 충돌할 가능성을 말한다.

한반도 문제, 타이완 문제, 남·동 중국해에서의 영유권 분쟁이 미·중 간 충돌로 이어질 가능성을 배제할 수는 없다. 물론 미·중 무력충돌이 양국의 이익에 전혀 도움이 되지 않지만, 만약 발생한

---

17) 스웨인은 제1도련선 내부를 중립지대 또는 완충지대로 설정하면 보다 안정적인 아태지역 질서가 가능하다고 본다(Swaine, 2015. 4. 20). 비동맹(또는 제한적 동맹) 한반도, 미·중 간 타이완 무력 불사용을 전제하여 제1도련선 내부를 완충지대화하는 한편, 일본과의 동맹 강화와 오세아니아 및 태평양 군도의 기존 미국기지를 활용하여 제2도련선을 미국의 해양지배 영역으로 설정하겠다는 것이다.

18) 스웨인의 주장은 동북아와 지리적으로 격리된 미국의 일방적이고 편의적인 시각을 드러낸다. 실제 이와 유사한 논지의 주장은 1950년 미국 국무장관 애치슨(Dean Acheson)의 극동방위선(알류샨 열도 - 일본 - 오키나와 - 필리핀) 설정에도 잘 드러나 있다.

다면 그 장소는 한반도, 타이완, 남·동 중국해 세 곳의 열점(熱點)을 포함하는 서태평양이 될 것이다.

실제 중국은 이른바 '제1 도련선(島連線)' 내에서 자국 이익의 방어를 위해 군사역량을 강화하는 중이다.[19] 설사 동아시아 패권을 쥐기 위해 미·중이 군사력을 동원한 대결구도로 치닫지 않는다고 하더라도, 미·중 대립과 갈등이 지속되면 지역의 불안정성은 커지고, 미국은 기존의 양자 안보동맹을 강화하고 아태지역에서의 바퀴살 안보동맹 체계를 확대, 강화하려 할 것이다. 또한 중국도 상하이 협력기구 등 나름대로 안보동맹을 강화하거나, 군사력 확충을 통해 주변국을 중국의 안보궤도에 편입시키려 시도할 수 있다. 이러한 상황이 고착화되면 동북아에서는 '중·러·북' 대 '미·일·한'의 진영 구도로 회귀할 수도 있다.[20] 미국과 일본은 보다 넓은 지리적 범위인 아태지역에서 '민주' 대 '반민주'의 구도도 염두에 두고 있다.

이러한 네 가지 단순한 미래 시나리오의 개연성을 보면, 첫째와 둘째 시나리오보다는 셋째와 넷째가 높다. 물론 셋째가 넷째 시나

---

19) 제1 도련선을 중국 방어의 핵심으로 보는 견해는 스웨인(Swaine, 2015. 4. 20), 카플란(Kaplan, 2010) 및 쉬 치(Qi, 2006) 등의 글에서 잘 드러난다.
20) 미드는 이것을 지정학의 부활이라고 부른다(Mead, 2014). 로즈만은 북방 삼각과 남방 삼각의 출현을 예고하며 그 논거로, 새로운 아시아 질서를 꿈꾸는 중국과 유라시아 연합을 꿈꾸는 러시아가 아시아의 지정학적 질서는 서구의 것과 달라야 한다는 관점을 공유하고, 시진핑과 푸틴은 사회주의 시기에 대한 자긍심과 국가 정체성을 중시하며 미국에 대한 반패권주의에 공감하고 있다는 것을 제시한다(Rozman, 2014. 10. 29).

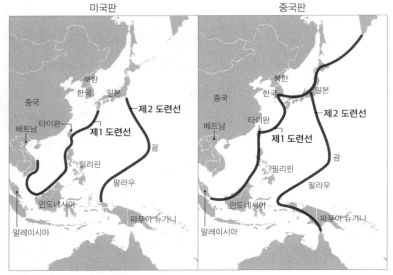

미국판   중국판

자료: Cavas(2016. 2. 1) 재구성.

리오로 전이될 가능성은 항상 존재하지만, 미·중 양국의 국익과 동북아 지역 국가들의 이해관계로 따졌을 때 시나리오 전이 가능성은 아주 높지는 않다. 다만 북한의 도발로 한반도에서 무력 충돌이 발생하거나, 남중국해 등에서 상대방의 의도에 대한 전략적 판단 착오에 의해, 또는 타이완 문제에 의해 무력 충돌이 발생한다면, 상황은 크게 요동칠 수 있다.

무엇보다 북한 문제를 두고 미국과 중국이 협력할 것인가 아닌가는 향후 미·중 간의 관계설정이 전반적 협력이냐 아니면 전반적 대립이냐를 가늠하는 중요한 시험대가 될 것이고, 동북아의 신질서 형성에도 상당한 영향을 끼칠 것이다.

여기에서 다시 현실을 되돌아보면 안보는 미국, 경제는 중국이라

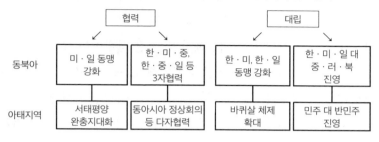

〈그림 4-2〉 미·중 관계의 갈림길과 동북아·아태지역 판도변화

	협력		대립	
동북아	미·일 동맹 강화	한·미·중, 한·중·일 등 3자협력	한·미, 한·일 동맹 강화	한·미·일 대 중·러·북 진영
아태지역	서태평양 완충지대화	동아시아 정상회의 등 다자협력	바퀴살 체제 확대	민주 대 반민주 진영

는 동아시아의 양강 분점 또는 이중 위계구조의 취약성을 발견할 수 있다.[21] 기존 미국 주도의 동아시아 지역질서는 기본적으로 양자동맹에 근거한다. 중국은 이러한 양자동맹을 냉전 질서로 간주하고 타파하려는 일련의 시도를 하고 있다. 동시에 중국은 '아시아는 아시아인이 꾸려나가야' 한다는 '아시아 운명공동체'를 주창하면서, 새로운 질서 창출에 주도적 역할을 할 것처럼 나서고 있다.

기존 패권을 유지하려는 미국이나 이에 도전하는 중국은 경제적, 안보적 수단을 동원하여 자국에 유리한 동아시아 질서를 세우고자 한다. 중국은 아세안이 주도하는 '역내 포괄적 경제동반자협정' (RCEP, Regional Comprehensive Economic Partnership)에 편승하고[22] 미국은 '환태평양 경제동반자협정'(TPP, Trans-Pacific Part-

---

21) 아이켄베리는 안보는 미국이 경제는 중국이 주도하는 동아시아를 이중 위계라고 명명하고, 이중 위계가 어떠한 양상으로 진화될 것인지를 논한 바 있다 (Ikenberry, 2016). 이상우 교수의 시각도 이와 유사하다(Rhee, 2014).
22) 동아시아 경제협력 전문가 이창재 박사는 필자와의 대화에서 중국이 RCEP을 주도하는 것처럼 알려진 것은 잘못된 것이며, 실제로는 아세안국가들이 주도하며 초기 논의과정에 일본의 많은 지원이 있었다고 지적했다.

nership)을 활용했으며, 남중국해 분쟁에서 중국은 당사국 간의 대화를, 미국은 관련국의 이익을 대변한다는 명목으로 필리핀, 베트남 등과의 준동맹 관계를 활용해서 맞서 온 상황이다. 트럼프 행정부 출범 이후 미국은 TPP 비준을 포기했고, 필리핀과의 준동맹 관계도 필리핀 정부의 미·중 간 눈치 보기로 어정쩡한 상황이다.

미·중 간 아시아에서의 단기적인 힘겨루기 양상이 어떻게 전개될지는 지켜보아야 하겠지만, 양국의 보다 장기적인 전략선택에 따라 동아시아, 나아가 서태평양에서의 세력 재편이 뒤따르게 될 것이다. 더 근본적인 문제는 미국이나 중국 어느 쪽도 장기적인 동아시아, 그 중에서도 핵심이 되는 동북아의 안보와 경제협력에 대한 비전과 구상을 제시하지 못하고 있다는 점이다. [23]

동북아 및 동아시아 다자안보 및 경제협력체의 구축은 한반도의 평화와 통일을 위해서뿐만 아니라 동아시아 전체의 안정과 평화적 발전을 위해 절대적으로 필요한 이유가 여기에 있다. 다행스럽게 미국 내 일각에서는 최근 미국 주도의 바퀴살 체제는 유지하되, 중국을 포함시키는 다자경제안보 체제의 구축을 통해 지역질서 유지의 책임을 중국과 공유해야 한다는 목소리도 나오고 있다(Schell & Shirk, 2017). [24] 경제 분야에서라도 미·중 협력을 통한 다자경제

---

23) 동북아에서 다자안보협력이 진척되지 못한 가장 중요한 이유는 여건의 미성숙, 다자안보협력에 대한 공감대 미성숙과 한국의 무게감이 미약했기 때문이라는 주장도 있다(이상현, 2013).

24) 이 보고서에서는 또 미국이 역내 포괄적 경제동반자협정 및 아시아 인프라투자은행 등에서 협력도 모색해야 하고, 최근 트럼프 행정부가 폐기한 환태평양 경제동반자 협정도 조정을 거쳐 미국 의회의 비준을 받도록 노력해야 한다고 건의한다.

협력 체제가 가시화되면, 역내 국가들의 미국의 동아시아 공약에 대한 의구심은 상당 부분 해소될 수 있을 것이다.

중국과 주변국 간의 관계

동북아의 미래가 미·중 두 나라의 관계에 의해 좌우될 공산이 크지만, 역내 국가들의 역학관계도 무시하지 못할 영향을 미칠 것이 분명하다. 동북아의 세력균형을 둘러싼 중국과 미국의 복잡한 셈법에 더하여, 한, 중, 일, 러 사이에도 만만찮은 갈등요소를 안고 있다. 더욱이 북한은 이들 4국 사이의 관계를 개선 또는 악화시킬 수 있는 변수로 작용하고 있어, 미래상황을 짐작하기가 쉽지 않은 것이 사실이다. 동북아 지각변동의 핵심인 중국을 중심으로 한 양자관계를 살펴보기로 한다.

중·일 관계

중·일 관계는 기본적으로 갈등관계일 수밖에 없다. 그 이유는 역사와 영토 문제에서 비롯된 신뢰 결여와 정체성의 충돌이다. 세계 제2, 3위 경제대국인 중국과 일본이 협력한다는 것은 경제적 이해관계가 맞아떨어지는 경우에만 해당되는 것이지, 안보나 동북아의 미래와 같은 보다 근본적인 영역에서의 협력은 양국 간 신뢰의 회복 없이는 불가능하다. 흔히 중·일 관계를 정냉경열(政冷經熱)로 표현하지만, 정치적 갈등은 언제든지 경제적 영역으로 전이될 가능성을

내포한다. 25)

　실제로 중국과 일본은 아시아 지역에서 경쟁하고 있다. 중국의 상하이 협력기구나 실크로드펀드에 대응하여 일본은 '중앙아시아＋일본 대화'를 만들어 영향력 확대를 도모하고 있다. 이러한 경제영역에서의 경쟁관계는 군사안보적 함의를 갖게 되는데, 중국이나 일본 모두 해외 자산, 인원, 기관 등의 보호 명목으로 군사파견이 가능하며 그 결과로 지경학적 경쟁은 가열될 수 있다.

　문제는 이러한 지정·지경학적 경쟁이 양국이 공유하는 역사적 경험에 대한 근본적 차이를 확대 재생산할 경우 중·일은 갈등관계로 빠져들 수 있다는 데에 있다(Jash, 2016).

　중국의 일본에 대한 인식은 19세기 말 20세기 초의 역사에 뿌리박고 있어, 중국의 대일 관계나 관련 정책은 단순히 국가 간 협력이나 경쟁의 수준을 벗어나 복합적이고 중층적일 수밖에 없다. 보다 본질적인 갈등의 원천은 과거사의 인식문제이다. 중국인의 기억 속에 일본은 만주 괴뢰국, 난징 대학살, 위안부 등으로 각인되어 있어, 이는 일본에 대한 편견을 강화시켜 신뢰의 결핍을 초래했다. 중국 스스로에 대한 정체성의 핵심에는 과거 서양과 일본에 의한 희생자라는 기억이 강하며, 일본과의 관계에서 이러한 정체성 문제로 일본의 군국주의 부활 가능성에 대한 우려를 털어내지 못했다. 26)

---

25) 경제통합이 지정학적 긴장을 축소하기보다는 오히려 지정학적 경쟁이 경제적 상호작용에 부정적 영향을 끼칠 수 있다는 지적도 있다(Bajpaee, 2016. 3. 28).

26) 동북아 안보가 단순히 경제력과 군사력의 균형 문제가 아니라 공유된 과거에 대한 믿음이 위협인지에 미치는 영향에 달려있다는 주장도 있다(Gries et al., 2009).

중국은 초기 개혁·개방 및 경제발전 과정에서 일본의 대외개발 공여를 통한 경제지원을 받았고 일본의 발전경험을 전수받았다. 1980년대 중반까지는 일본에 대한 인식도 긍정적이었다. 그러나 중국 경제의 고속성장은 1980년대 일본에 대한 열세에서 1990년대 동등, 그리고 2000년대 우세로 세력균형을 반전시키면서 일본에 대한 인식과 여론도 부정적 방향으로 전환되었다(Rozman, 2010).

센카쿠(尖閣)/댜오위다오(釣魚島) 분쟁과 아베(安倍晋三) 총리의 야스쿠니 신사참배 등은 일본에 대한 중국의 부정적 여론에 기름을 붓는 역할을 했고, 나아가 중국은 일본의 우경화 및 재무장에 대한 비판의 강도를 높이기 시작했다. 비록 양국이 외교적으로 관계개선에 나서고는 있지만 역사, 영토, 안보 및 지역비전에서의 갈등은 진행 중이다.

지난 30여 년 동안 중·일 양국 경제관계는 괄목할 만한 발전을 이루었지만, 경제 상호의존성의 증대가 적대감이나 오해를 불식시켜 성숙되고 안정된 정치적 관계를 구축하는 데에는 실패했다고 볼 수 있다. 향후 중·일 관계의 최대 도전은 중국의 입장에서는 어떻게 '보통국가' 일본을 인정하고 수용하는가이며, 일본의 입장에서는 부상하는 중국과 더불어 사는 법을 배워야하는 것이라고 할 수 있다(Zhang, F., 2015. 9. 18).

일본 내에서 '중국 위협론'은 동중국해 자원개발 문제와 센카쿠/댜오위다오 분쟁을 포함한 안보 측면과, 중국의 경쟁력 증대에 따른 일본기업 위협이나 일본 내 산업공동화 발생 우려 등의 경제적 측면 두 가지를 포함한다. 경제적 측면에서의 위협론은 과장된 측면이 없지 않다(김규판, 2012). 일본과 중국은 경제적으로 돌이킬 수 없는 결합관계이며, 양자 차원을 넘어서서 다자적 성격을 띠고 있기 때문이다(Armstrong, 2015). 비록 현재 중·일 관계가 안보 측면에서 긴장 국면에 있긴 하지만 양국 모두 전쟁을 원하지 않고, 성장속도 하강 국면에 접어든 중국 또한 여전히 일본 경제를 필요로 하며 일본에 대해 재균형을 시도하는 중이다(Takahara, 2015. 9. 9).

중·일 양국은 정상회담 등을 통해 양국 모두 수용할 수 있는 길을 모색 중이기는 하나, 아베 정부의 미·일 동맹 우선정책과 역사, 영토, 안보 및 지역비전을 둘러싼 갈등이 상존하는 만큼 전도가 그리 밝아 보이지는 않는다. 넓게 보면 중·일 관계는 미·중 관계의 전개방향에 따라 좌우될 공산이 크다(Manning & Pryzystup, 2015).

중 · 러 관계

중국의 입장에서는 중·미 관계만큼이나 중요하게 여기는 것이 중·러 관계이다. 제정 러시아의 침략역사에서부터 중국 건국 이후 구소련의 공산주의 이념 전파 및 군사, 경제, 기술 지원, 그 이후 중·러 간 이념 투쟁과 갈등 등으로 중국의 러시아에 대한 인식은 복합적이다. 그러나 1990년대 이후 양국 간 갈등관계를 접어두고 협력에 나서기 시작했다. 이는 양국 모두의 국내, 국제적 환경변화에서 이유를 찾을 수 있다(Rozman, 2010). 구소련의 붕괴를 경험한 러시아와 톈안먼(天安門) 사건을 겪은 중국은 일정한 이념적 연대를 형성할 수 있었고, 보다 중요하게는 미국의 패권에 대응하는 전략적 파트너라는 인식을 공유했기 때문이다.

비록 중·미 간 관계정상화 및 대화가 이루어졌지만 양국 간 이념이나 가치 격차가 크다는 사실과 중·일 관계가 민족주의적 정서로 인해 저해받을 수밖에 없다는 점을 감안하면, 중·러 간 밀착은 어느 정도 예견된 결과라고 할 수 있다.

그러나 중·러 협력관계가 앞으로도 지속될 것인가 여부는 장담하기가 어렵다는 것이 전문가들의 대체적인 시각이다. 글로벌 세력 균형이라는 측면에서 중국과 러시아의 전략적 협력은 강대국 미국에 대응하기 위해 필수적이라고 양국은 인식하고 있다. 다만 중앙아시아에서 러시아의 기득권을 중국이 잠식할 경우 그 협력관계는 흔들릴 여지가 있고, 러시아의 동아시아 진출에서 중국의 간섭으로 인한 입지 축소, 그리고 러시아와 일본 간의 협력으로 중·러 간 공조의 균열도 예상 가능하다. 일부 전문가는 중·러 간 전략적 협력의 지속을 예상하며(Rozman, 2014. 10. 29), 다른 전문가들은 동맹관계로까지 발전하지 않을 것으로 본다(Kuhrt, 2015; Kim, Y. K., 2014. 2. 2).

물론 중·러 관계의 협력 확대 또는 축소는 단순히 양자 관계가 아닌 미국을 포함한 3자, 또는 다자 관계의 동학(動學) 속에서 이해되어야만 제대로 파악될 수 있을 것이다. 만약 중국의 팽창에 대한 러시아의 우려가 깊어지면서 일본 및 미국과의 관계 개선을 도모하고 일본과 미국이 이를 수용한다면, 중·러 협력이 경제 분야에만 국한될 가능성도 없지 않다. 경제 분야에서도 러시아의 중국에 대한 시선이 곱지만은 않다. 러시아 경제가 중국에 대해 자원수출에만 의존하는 한편, 중국이 러시아를 소비재나 제조품의 손쉬운 시장으로 인식한다는 비판적 시각도 있다. 러시아가 큰 기대를 걸고 있는 극동지역 개발에서 중국과의 협력이 중요하지만, 중국의 극동지역경제 잠식과 인구이동에 대한 극동지역 주민의 우려는 여전히 높다(Kurt, 2015). 중·러 관계가 마냥 순조롭게 진행될 것이라고 기대하기에는 성급하다.

중·한 관계

중국은 이제 한국의 제1 교역대상국이고 제1 수출국이며 제1 투자대상국이다. 1992년 양국 간 정식 수교 이후 한·중 경제교류와 협력은 엄청난 속도로 확대되었다. 물론 마늘 파동 등 일부 무역마찰과 1997년 금융위기 시 한국 현지기업의 야반도주와 같은 사건들이 있었지만, 한·중 간 경제협력 관계는 비교적 순탄하게 전개되었다. 이러한 관계의 괄목할 발전을 토대로 중·한 관계는 높은 수준의 협력단계에 진입한 것은 사실이지만, 탈북자 처리 문제, 고구려사 문제, 북한의 도발에 대한 상이한 인식 등으로 안보나 가치 연대와 같은 전략적 차원에서의 협력관계로 전환되기에는 여전히 많은 장애물이 존재한다(Rozman, 2010).

경제적 측면에서만 보더라도 양국 간 관계가 순탄한 것만은 아니다. 한때 한국에서 일었던, 중국의 기술격차 추격으로 한국 경제의 경쟁력 저하를 우려한 '중국 위협론'은 현재에도 적용된다. 한편 한국기업의 대중국 투자 증대로 인한 한국 내 산업공동화의 우려는 한국 산업의 고부가가치 제조업과 서비스업으로의 전환으로 어느 정도 극복이 되고 있다. 오히려 심각한 문제는 한국 경제의 지나친 대중국 의존에서 오는 취약성이다. 내수 규모가 크지 않은 한국이 중국 경제의 부침이나 정책변동에 연동되어 나타나는 중국 경기변동에 대한 취약성이 증폭되었다는 점이다. 수출, 환율, 증권시장 모두 중국 경제의 변동에 민감하게 반응하는 구조를 두고, 중국이 기침을 하면 한국은 감기가 든다는 말이 실감 나게 들리는 현실이다.

중·한 경제의 상호의존 증대는 긍정적, 부정적 측면이 있지만 교역에서의 비대칭성은 문제의 소지가 크다. 여러 논자들이 지적한 대로 한국의 지나친 대중 의존도는 중국이 정치적으로 영향력을 행사할 수 있는 여지를 제공한다.

실제 중국은 한·미 동맹을 냉전시대의 유물로 규정하고 한국과 미국을 떼어 놓겠다는 의도를 표출했다. 최근 중국의 한국 내 사드 배치에 대한 노골적인 반대 때문에 국내 일부에서는 중국의 경제보복을 우려한 사드 배치 반대 주장까지 나왔다. 만약 한국 정부가 사드 배치를 철회하고 중국의 외교적 노선에 동조한다면, 한국은 중국의 동등한 파트너로 대접받을 것인가? 미국 일부에서 우려한 대로 중국에 경사된 한국은 중국의 위성국으로 전락할 것인가? 그래서 남북한 모두 중국의 통제하에 들어갈 것인가? 이러한 우울한 전망의 가능성은 높지 않지만, 배제할 수도 없다.

개연성이 높지 않다고 보는 희망적 견해의 근거는 첫째, 비록 동북아에서 주도적 역할을 못했지만 중견국가로서 한국은 중·미, 중·일 간 가교 역할을 할 수 있는 잠재력을 갖추었기 때문이다. 한국이 중국에 예속될 가능성은 한국의 정치경제가 혼란에 빠져 구제가 불가능한 경우에 해당된다. 둘째, 비록 미국의 대외정책이 고립주의적 경향을 보이지만, 아직까지는 한·미 동맹이 건재하고 당분간 지속될 것이기 때문이다. 셋째, 한국과 중국 간에 고도화된 협력관계를 구축하기에는 양국 간 이념이나 가치의 간격이 크기 때문이다

(김지윤 외, 2017). 고구려사 문제, 무역 마찰, 사드 배치 등에서의 중국의 강압적 자세에 대해 중화주의를 우려하는 한국 내 여론도 여기에 한 몫을 한 것으로 보인다.

안보 측면에서 보면 중・한 간 괴리는 쉽게 좁혀질 것 같지는 않다. 1980년대 말부터 시작된 수교 과정에서 노태우 정부는 경제협력뿐만 아니라 한반도 주변 안보지형 재구성의 일환으로 한・중 수교를 원했고, 중국으로서는 한국과의 수교를 통해 경제협력 확대를 원했다. 양국의 부분적 이해관계 일치로 한・중 수교가 이루어졌지만, 중국은 1990년대까지만 해도 남북한 등거리 외교전략을 취했다. 북한은 아직도 중국의 유일한 동맹이며, 동북아에서 중국이 운신의 폭을 넓힐 수 있는 전략적 자산으로 간주되고 있다. 이는 중국의 대한반도 전략의 기조가 지역안정에 있다는 점을 방증하는 동시에 한・중 관계의 한계를 보여 주는 것이다. 북한과 남한에 대한 영향력 확보를 통해 미래 한반도를 둘러싼 동북아 안보구도 형성에서 전략적 우위를 점하고자 하는 중국의 입장은 아직도 변하지 않은 것이 사실이다.

천안함 폭침이나 연평도 포격에도 관련 정부의 냉정한 대응을 요구했던 중국 정부의 입장은 북한의 6차 핵실험과 대륙간 탄도미사일 발사 이후에도 변함이 없는 것일까? 중국의 유엔 제재 적극 동참으로 중・북 간 관계 소원은 점차 심화되고, 일부에서는 중국의 등거리 정책이 표면상 존재하지만 실제적으로 이미 남쪽으로 기울었다고 보는 평가도 있다(Pollack, 2014. 9. 29). 그렇다고 해서 중국이 한국과, 또는 미국을 포함한 3자, 또는 북한을 제외한 5자회담을 통해 한반도의 미래에 대해서 진지한 논의를 시작할 것이라고 보는 것은 시기상조이다. 박근혜 정부에 들어와 전개된 한·중 밀월관계는 북한의 4차 핵실험 이후 난관에 봉착했고, 중국을 통해 북핵문제 해결과 한반도 통일을 도모했던 시도는 실패로 끝났다(The Asan Forum, 2016. 11. 1). 오히려 중국은 중·한 협력으로 한반도에서의 전략적 입지 강화를 노렸다. 한국을 매개로 동북아에서 미국의 동맹 체제를 훼손시키고, 미국과의 지정학적 경쟁에서의 우위를 다지고자 하는 의도가 깔려 있다고 볼 수 있다(Yun, 2017. 2. 9).

결과적으로 한국이 중국을 경유해 북한의 변화를 유도하고 한반도 통일을 도모하고자 한 시도는 좌절로 끝났고, 중국이 남북한 모두를 자국의 영향력 아래 두려고 했던 시도도 무위로 끝나게 되었다. 양국 모두 상대에 대한 환상은 깨지고, 신뢰를 허무는 꼴이 되어 버렸다.

중·북 관계

흔히 중국과 북한과의 관계를 순망치한(脣亡齒寒)이라고 한다. 중국 인민군의 한국전쟁 참전으로 맺어진 중·북 간의 혈맹 관계는 중국의 개혁·개방 이후 서서히 이완되기 시작했다. 결정적인 이완의 단초는 북한의 핵실험이라고 할 수 있다. 한반도 안정이 중국의 장기 전략적 이익임을 강조한 중국은 북한과의 관계를 유지하면서 가끔 국제사회의 북한 핵 활동 제재에 반하는 조치들을 취했다. 중국식 개혁·개방을 통해 점진적 체제 변화를 유도하겠다는 중국의 목표는 북한의 핵 개발과 도발로 아직까지 달성되지 못하고 있다.

중국은 6자회담의 핵심국가로 10년 넘게 북한의 비핵화 노력을 해 온 것이 사실이지만 결과적으로 북한 핵 개발의 조력자, 그리고 정권 생존의 보증인으로 비친 것이 사실이다(Snyder, 2016. 3. 31).

중국과 북한의 경제협력은 중국의 대북한 지렛대 확보라는 의도와 다르게 북한에 볼모로 잡힌 듯한 인상을 준다. 핵실험 이전 북한 경제는 일본, 중국, 한국과 비교적 균형 잡힌 교역비중을 갖추고 있었으나, 반복된 핵실험으로 이제는 중국과의 교역이 대부분을 차지한다. 북한의 지나친 대중국 의존도는 언뜻 중국의 대북한 지렛대 확보를 의미할 수 있지만, 역으로 중국의 지원이 중단될 경우 북한의 불안정성을 야기하기 때문에 중국이 대북 경제지원을 계속할 수밖에 없는 악순환의 고리를 만들었다고 할 수 있다(Snyder, 2009).

북한의 2006년 1차 핵실험 때만 해도 중국은 6자회담을 통한 비핵화 달성이 가능하다고 보았던 것 같다. 2009년 2차 핵실험 이후에도 중국은 비록 유엔 제재에 동참했지만, 곧바로 북한을 감싸 안는 쪽으로 선회했다. 2009년 10월 원자바오(溫家寶) 총리의 북한 방문은 포용정책의 지속을 상징하는 사건이었고, 이에 따라 중국은 금융지원 증가, 긴밀한 정치적 조율 등을 시작으로 고위급 회담을 가졌다. 2010년 천안함 폭침 및 연평도 포격에 대한 유엔 제재에도 불구하고 중국은 북한을 변호하고 보호하는 역할을 담당했다.

그러나 2013년 3차 핵실험은 시진핑 주석의 권좌 등극 시기와 맞물리면서 중국으로부터 일종의 독립을 주장하는 것으로 비쳐졌다. 결과는 당연히 중·북 간 관계 소원이었다. 2013년 이후 일련의 과정에서 중국의 대북 경제정책은 '특수 관계'에서 '보통 관계'로 변화했는데, 줄이면 시장가격에 따라 거래를 진행한다는 중국 측의 통

보였다. 중국은 더 이상 북한에 무상이나 우호 가격으로 지원할 수 없다는 점을 강조하고, 황금평이나 나진·선봉 지구 개발에서 드러났듯이 북한과의 경제협력에서도 상호 책임을 지는 공동 개발 방식을 채택했다.

2013년 말 장성택 처형 이후 중·북 관계는 냉각되었지만, 양국 간 무역은 오히려 늘어난 기현상을 보였다. 이는 중국의 북한 감싸기 정책이 여전히 작동하고 있음을 보여 준 것이며, 2015년 10월 북한 노동당 70주년 행사에 류윈산(劉雲山)의 방북과 2016년 5월 북한 리수용의 방중은 중국의 대북 정책 기조가 변하지 않았음을 알린 것이다.

그러나 2016년 북한의 두 차례 핵실험과 2017년 9월의 6차 핵실험으로 중국 정부의 고민은 깊어진 것이 사실이다. 한반도와 동북아의 안정을 일관되게 전략적 목표로 제시한 중국이 과연 북한의 연이은 핵실험과 도발적 언동에도 불구하고 북한 감싸기를 계속할 것인지는 두고 봐야겠지만, 과거와 같이 북한을 전략적 자산으로 치부하기에는 위험이 너무 크다는 인식이 일부지만 중국 내에서 생긴 것은 확실해 보인다(김지영, 2015).[27] 중국도 인내의 한계에 달했다는 말이다.

중국의 공식적인 대북 정책은 아직까지는 북한의 불안정과 모험주의를 관리하는 선에 머물러 있다. 한편 북한은 중국의 동북아에서의 지전략(地戰略)적 두려움을 나름대로 활용하면서, 김정은 정

---

27) 폴락은 〈환구시보〉 영문판 사설을 인용하면서, 적어도 중국이 최악의 사태에 대비한 물음을 던지고 있다고 본다(Pollack, 2016. 3. 28).

권의 생존을 유지하는 기회주의적 전술을 쓰는 것으로 보인다. 문제는 북한을 둘러싼 갈등이 한·중 관계뿐만 아니라 미·중 관계에도 심대한 영향을 끼친다는 점이다. 중국이 언제까지 이러한 위험 부담을 지면서 북한 껴안기를 계속할 것인지, 기다릴 시간은 그리 길어 보이지는 않는다.

2017년 2월 북한의 짓으로 확실해 보이는 김정남 독살 사건, 수차례의 탄도미사일 발사, 그리고 9월의 6차 핵실험은 중국 정부를 더욱 곤혹스럽게 만들 것이고, 중·북 관계를 전반적으로 재점검하는 계기가 될 수도 있다.

중국을 중심으로 살펴 본 동북아 지역 내 양자 관계의 가장 큰 특징으로 '유동성'을 꼽을 수 있다. 여기에 미국을 중심으로 한 관계망을 덮어씌워 보면 유동성은 더 증폭된다. 북한의 불안정으로 촉발될 양자, 3자 또는 다자 관계의 유동성이 동북아의 질서 재편에 끼칠 영향은 상당할 것이다. 일부 전문가들은 북한발 위기가 냉전시대의 삼각구도를 재현할 것이라고 보는 반면, 또 다른 전문가들은 경제적 이유로 다른 형태의 삼각구도의 발생을 예상해 보기도 한다. 삼각 진영 구도의 재현이냐 아니냐의 시각을 떠나 북한발 위기가 동북아 불안정을 초래할 것은 명약관화이지만, 어떤 측면에서는 동북아 질서 재편에 오히려 기회를 제공한다는 점에서 긍정적으로 생각해 볼 수 있다는 사실도 간과해서는 안 된다.

신냉전 구도의 재현인가

우선 신냉전 삼각구도의 재현을 두고 진행되는 최근의 논의를 살펴보면, 중・러 간 협력관계가 중심에 있다.

로즈만은 ① 중국과 러시아의 북한 경제지원, ② 동북아 질서 재편에서 전략적 자산으로서의 북한, ③ 국가 정체성, ④ 미국 중심 동맹과의 경쟁에서 지렛대의 필요성 등 네 가지 이유로 중・러・북 북방 삼각이 재현될 것이라고 주장한다(Rozman, 2015a; 2015b). 그러나 북한의 6차 핵실험과 김정은 수령체제의 불안정성을 고려할 때, 북한이 중국과 러시아에 있어 전략적 자산이라고 보기는 어렵다. 물론 동북아 안보질서 재편에서 북한이 가진 전략적 의미를 무시할 수는 없지만, 핵문제에서만큼은 중국과 러시아가 뚜렷한 반대 입장을 표명하고 있어 한・미・일이 군사협력을 강화시켜 중국과 러시아 압박에 나서지 않는 한 북방 삼각의 재현은 어렵다고 하겠다(Radchenko, 2015a; 2015b; Kim, Y. K., 2014. 2. 2).

더욱이 경제 측면에서 도발만 일삼는 '실패 경제' 북한은 중국이나 러시아에 전혀 도움이 되지 못한다는 점도 북방 삼각 재현에 부정적 요인이다. 중국과 러시아 모두 미국의 패권에 대항한다는 전략적 차원에서 양국 협력을 강화할 것이라는 주장은 타당성이 있지만, 중국과 러시아의 아시아 지역에서의 전략적 이해관계가 반드시 일치하지 않아 중・러 간 동맹 수준으로까지 발전하리라고 보기는 어렵다. 또한 중국이나 러시아 모두 자국의 경제발전을 위해 대외 경제협력을 필요로 하는 만큼, 심각한 안보위협이 발생하지 않는 한 북방 삼각동맹의 결성 가능성은 낮다.

결국 안보와 경제 간의 균형이 북방 삼각 재현의 핵심인데, 미·중 관계의 관리를 통해 동북아 다자안보의 틀을 갖추면서 경제협력을 부각시킨다면 동북아 질서는 보다 안정적인 방향으로 재편될 수 있을 것이다. 무엇보다 한·미·중 대북 삼각공조는 안정적이고 협력적인 동북아 질서 창출의 첫 걸음이 될 수 있다.[28] 나아가 현재 답보상태인 한·중·일 경제협력도 한 단계 진전된 협력관계로 발전해 나갈 수 있을 것이다.

아태지역에서 미·중 협력도 동아시아 정상회의, 아세안 안보포럼 등을 포함한 다자협력체의 활성화로 이어질 수 있다. 물론 이러한 양자 및 다자기구를 통한 제도화된 협력이 동북아나 아태지역 전체를 위해 가장 바람직한 모습이지만, 여기에 이르기까지는 많은 장애요인이 존재한다. 우선 미국 신행정부 출범 이후 동아시아 및 세계질서가 흔들리고 있고, 자국이익과 일방주의를 앞세우는 미국이 과연 안정적이고 협력적인 동아시아 질서를 세울 용의가 있는지도 불투명하다. 만약 미국이 복합적 요인으로 '아시아 회귀'가 아니라 '아시아 후퇴'를 선택할 수밖에 없다면, 동아시아를 포함한 아태지역에서의 안정적 질서를 위한 대안은 스웨인이 주장한 '서태평양 완충지대화'일 것이다(Swaine, 2015. 4. 20). 이 경우 미·일 동맹은 더욱 강화될 것이고 한반도, 타이완 및 대부분의 동남아 국가들은 미국과의 동맹 또는 우방관계에서 떨어져 나와 중국의 영향력 아래 들어갈 공산이 크다.

---

28) 스나이더는 한·미·중 삼각공조의 가능성을 깊이 있게 분석한 바 있다 (Snyder, 2009).

한편 미국과 중국이 대립과 갈등관계로 들어서면, 미국은 일본 및 한국과의 안보동맹을 강화하면서 아태지역에서 다른 나라들과도 바퀴살 체제의 확대를 도모할 것이다. 이에 대응하여 만약 중국이 러시아와 전략적 협력을 강화하면서 적극적인 대미 공세 전략으로 나선다면, 아마도 미국은 미·일·한 삼각 안보협력을 더욱 강화시키면서 아태지역 전반에 걸친 '민주 대 반민주' 진영 구도로 지정학적 범위를 확대시킬지도 모른다.[29]

이 경우 동북아는 '미·일·한' 대 '중·러·북'의 신냉전 구도로 전환될 가능성이 높다. 단, 중국은 한·미·일 삼각의 가장 약한 고리인 한·일 관계를 집중 공략하여 동북아에서의 전략적 우위를 강화하려고 할 것임이 분명하다.

한국의 선택

동북아 질서의 유동성이 어느 때보다 높은 지금 한국이 어떤 선택을 하는가는 한국 스스로의 미래뿐만 아니라 동북아의 미래에도 커다란 영향을 미칠 것이다. 물론 동북아의 새로운 질서 형성에서 한국의 독자적 역할이 제한적인 것은 사실이지만, 세력균형의 추를 바로 잡거나 세력구도의 틀을 다시 짜는 데에 일정 부분 역할을 할

---

29) 민주 대 반민주의 구도는 일본의 아소 타로가 제안한 '자유와 번영의 호'라는 제안에서 암시되고 있을 뿐만 아니라, 미국의 지정학적 공간 확대 구상에도 포함되어 있다(Ikenberry, 2016).

수는 있다.

먼저 동북아 질서 재편에서 가장 핵심적인 미국과 중국 두 세력과의 관계설정에서 한국은 어떤 입장을 취해야 하나? 안미경중(安美經中)인가? 안보는 미국에 의존하면서 경제적 이익은 중국에 기댄다는 것인데, 이것이 비현실적이고 순진한 발상에 불과하다는 것은 사드 배치 논의 이후 벌어지는 상황이 반증한다. 설사 안보와 경제를 분리해서 처리할 수 있다고 하더라도, 국제관계에서 어느 한 국가와는 안보 관계만, 다른 국가와는 경제 관계만 맺는다고 하는 것은 불가능하다.

안미경중은 미국의 입장에서 보면 한국은 안보 부담만 떠넘기고, 경제적 이익은 중국으로부터 챙기겠다는 기회주의자로 비쳐질 수도 있다.[30) 한국의 안미경중 전략이 미국 조야에서 중국 경도에 대한 우려를 자아내는 것이 사실이다. 중국의 입장에서 보면 경제적 협력에만 열중하고 안보나 정치는 도외시한 반쪽짜리 양국 외교관계를 지속하겠다는 독백으로 들릴 수 있다.

스나이더는 한·미·중 삼각관계를 논하면서, '안정적 결혼관계'에서 점차 '낭만적 삼각관계'로 이행한다고 관찰한 바 있다(Snyder, 2009). 문제는 우리가 미국과 중국 사이에서 줄타기를 해야 한다는 것인데, 우호적 미·중 관계로 한국이 전략적 선택을 피할 수 있는 상황에서는 낭만적 관계가 지속될 수 있다. 그러나 미·중 관계가 원만하지 못할 경우, 전통 우방인 미국이나 새로운 경제 파트너이

---

30) 실제 미국 대선에서 도널드 트럼프 후보는 한국의 안보 무임승차를 비판하면서 주한 미군 철수를 거론하고 분담금 상향조정 압박을 예고한 바 있다.

자 군사적으로도 부상하는 중국, 어느 한쪽에 지나치게 경사될 경우 배신에 따른 다른 한 쪽으로부터의 보복은 가혹할 수도 있다. 낭만적 삼각관계가 비극적 삼각관계로 종결될지도 모른다.

따라서 한국의 장기적 전략 지향은 안미경중이 아니라 한·미 동맹을 유지하면서 한·미·중 3국의 동북아 협력적 질서의 구축과 비전 제시에 두어야 한다. 2017년 북한의 6차 핵실험과 수차례의 미사일 발사, 중국의 한국 내 사드 배치에 대한 반대와 비공식적 경제보복 등은 이러한 한국의 전략 지향 설정을 매우 곤혹스럽게 만들고 있다. 실제 한·중 관계의 난관 봉착, 북한의 위협수위 증대, 러시아와의 관계 소원으로 한·미 동맹 강화와 한·일 화해 방향으로 전략 수정이 불가피한 상황을 맞았다.[31] 그러나 한·미 동맹을 넘어서는 한·미·일 삼각동맹으로의 전환은 한국의 지정·지경학적 공간을 축소시킬 뿐만 아니라, 동북아 및 동아시아에서의 대립 구도를 심화시키는 결과를 초래할 수 있다.

한국의 외교전략이 동북아의 보다 항구적인 평화와 협력을 위한 것이라면 미국이나 중국에 대한 지나친 눈치 보기가 아닌 새로운 차원의 전략이 될 수 있도록 중·러와의 협력공간을 최소한은 남겨두어야 한다. 이를 테면 "중국의 한반도에 대한 전략적 사고를 변화시키고, 미국의 동북아에 대한 관심과 참여를 증대시켜 궁극적으로

---

31) 아산포럼에서 주최한 국제회의에서 일부 한국 전문가들이 연미화중(聯美和中)을 언급했지만, 편집진의 시각은 현 상황에서 연미화중은 현실성이 없고 중국의 대북 정책 전환, 혹은 북한의 정권교체나 외교 정책 전환이라는 상황변동이 없는 한 한국의 전략적 선택은 한·미동맹과 한·미·일 안보협력 강화라고 주장한다(*The Asan Forum*, 2016. 11. 1).

동북아 평화와 협력을 정착"시키는 방향으로 나아간다면 자주적이고 창의적인 외교전략이 될 수 있을 것이다. 32)

단기적으로는 한·미 동맹의 토대 위에 한·미·중 3국 간 긴밀한 협의와 조율을 통해 대북 정책 공조를 이루면서, 중장기적으로 러시아, 일본까지 포괄해서 동북아 상호 번영의 협력적 질서를 만들어 나가는 것이 명분과 실리를 챙길 수 있는 유일한 길이 될 것이다. 물론 한·미·중·일·러 다섯 나라가 북한 비핵화에 대한 목적과 수단에 대해 포괄적 합의를 이루는 것은 결코 쉽지 않은 일이지만, 어설픈 전략적 선택으로 파국을 맞이하는 것보다는 훨씬 낫다.

스나이더가 경고한 것처럼, 우리 내부의 통일우선주의를 지양하면서 동북아 전체의 평화와 발전을 이루어 낼 수 있는 기초를 놓는 일이 우리의 임무다. 비핵화 달성 이후 한반도 경제통합에 이어 동북아 경제통합을 이루고, 이를 토대로 동북아 다자안보협력 체제를 구축하는 것이 동북아의 새로운 질서를 창출하는 길이 된다. 33)

향후 일본의 보통국가화와 중국의 공세적 외교를 감안할 때, 한국의 안보와 경제 전략은 다자주의를 지향하면서 초국경 협력을 강화시켜 동북아의 안보와 공영을 추구하는 것이다. 실제 노태우 정부 시절 추진된 북방 정책, 김대중·노무현 정부의 동북아 평화와 대북 포용 정책, 박근혜 정부의 동북아 평화협력 정책은 비록 결은 달리하지만 한반도를 포함한 동북아 비전에서 상통한다.

---

32) 빅터 차는 이와 유사한 취지에서 이를 '외교 2.0'으로 지칭한다(Cha, 2015. 10. 8).
33) 윤영관도 기본적으로 유사한 의견을 제시한 바 있다(윤영관, 2015).

제 5 장
중국의 꿈과 미래

미완의 드라마 〈허샹〉

1980년대 개혁·개방을 적극 추진하던 중국은 외자유치에 온 힘을
기울이고 필자와 같은 백면서생에게도 투자를 권한 바 있다. 산둥
(山東)성을 비롯하여, 개발이 막 시작된 상하이 푸둥(上海浦東)지
구는 외국인 투자유치에 그야말로 혈안이 되었다. 경제개발을 최우
선으로 했던 중국에 사회주의 이념과 제도에 대한 향수가 완전히
사라진 것은 아니지만, 대부분의 중국인은 경제발전을 모든 것에
앞서는 지상과제로 생각했다. 그러나 경제개발 초기의 중국에는 이
념의 교체에 따른 혼란이 없었던 것은 아니다.

　〈허샹〉(河殤)은 당시 중국의 이러한 고민을 대변했던 TV드라마
다. 개혁·개방 이후 경제적 발전은 당연히 삶의 질과 개인적 자유
에 대한 기대치를 높였다. 그러나 경제성장에 따른 관료의 부패,

일부 계층의 사치와 낭비, 소득격차, 지역격차 등은 공산주의자와 민족주의자의 비판을 불러 왔다. 이러한 개방의 역효과에 대한 비판은 서구에 대한 의구심으로까지 이어졌고, 결과적으로 해묵은 중국의 진로에 대한 상이한 시각 간의 대립으로 나타났다. 키신저가 지적했듯이 대외지향은 중국의 운명인가, 아니면 중국의 도덕적 핵심을 훼손시키는 것인가? 중국이 서구의 사회정치적 제도로부터 배우고자 하는 것은 무엇인가(Kissinger, 2011)?1) 이러한 논쟁은 〈허샹〉이라는 TV드라마에 압축되어 나타났다.

1980년대 후반 개혁·개방에 대한 찬성과 반대의 시대적 흐름 속에서 민주와 자유에 대한 요구는 서서히 증가하기 시작했고, 1986년 학생운동에 비교적 온정적이었던 후야오방(胡耀邦)의 1989년 죽음은 톈안먼 사건의 촉발요인이 되었다. 학생들은 민주화, 언론자유, 부패척결 등을 요구하면서 톈안먼 광장 점거사태로 이어졌다. 뿐만 아니라 중국 대부분의 도시에서 일어난 시위는 학생들뿐만 아니라 노동자, 기업인, 일반 주민들도 참가했다. 일부 중국 지도부는 1919년 북경 정부의 몰락을 가져왔던 5·4 운동의 재현이 될 수도 있다고 보았다(Fairbank & Goldman, 2006).

덩샤오핑은 이러한 시위를 당의 권력에 대한 근본적 도전으로 받아들이고, 군대를 동원한 무력진압을 지시했다. 톈안문 사건에 대한 중국 정부의 무력진압은 국제사회의 중국에 대한 시선을 싸늘하게 만들었지만, 혼란이 중국의 경제발전을 저해한다고 믿었던 덩샤

---

1) 이러한 논쟁의 시원은 19세기 말 중국 내에서 중체서용(中體西用), 서체중용(西體中用)이라는 상반된 방법론으로 고민했던 내용과 다를 바가 없다.

오핑 정권은 민주주의에 대한 염원을 도외시했다.[2] 탱크에 맞선 중국 대학생들의 항거는 오래가지 못했다. 개방과 서구화를 지향했던 〈허샹〉의 바람, 민주와 자유를 추구했던 톈안먼 사건은 역사의 굴레를 벗기란 참으로 어렵다는 교훈을 남겼다.

혼란이 중국의 추락을 가져왔다는 중국 지도부의 역사적 사실 인식은 21세기 지금 이 시기에도 변함이 없다.[3] 동시에 서구를 바라보는 관점도 19세기 말 20세기 초와 크게 달라진 것이 없다. 서구로부터 기술과 지식을 수입하는 것은 환영하지만, 정치나 사회체제를 도입하는 것은 바람직하지 않다는 생각이 아직도 지배적이다. 이른바 서기중체(西器中體)다.

무력탄압을 지시했던 덩샤오핑은 어쨌든 중국의 경제체제를 변화시켰고, 다원적 사회의 기반을 제공한 것은 사실이다. 그러나 덩샤오핑의 실사구시(實事求是), 흑묘백묘론(黑猫白猫論)은 마오(毛澤東)주의자들의 반발과 사회주의 이념에 대한 향수를 완전히 잠재우지는 못했고, 여기에 덩샤오핑은 1992년 남순강화(南巡講話)를 통해 중국식 개발주의 이념을 공고히 하였다.

1997년 동아시아 경제위기는 외자유치를 통해 어느 정도 국내 경

---

2) 덩샤오핑은 톈안먼 사건 탄압의 논리로서 중국의 개혁·개방을 지속하고 현대화를 이루기 위해서는 평화적이고 안정적인 환경의 필요성을 제시했다고 한다 (Vogel, 2011).

3) 스웨인은 중국의 역사가 중국인의 사고와 행위에 미친 영향을 세 가지로 정리했는데, 첫째, 자긍심과 더불어 혼란에 대한 엄청난 두려움, 둘째, 평화지향적이고 방어에 치중하는 정치체라는 이미지와 더불어 강하고 도덕적인 중앙정부, 셋째, 국가 간 호혜적 관계를 상정하면서도 위계적인 독특한 관점이다 (Swaine, 2015. 1. 14).

제발전의 기반을 다진 중국에 자신감을 심어 준 일대 사건이었다. 동남아에서 발생한 금융위기가 아시아의 4룡으로 불리던 한국 경제마저도 집어삼키는 것을 본 중국은 일부 중국투자 한국기업에게 저리금융을 제공할 정도로 여유를 보였다. 한국에 대한 인식도 좀 더 객관적으로 변하기 시작했고, 급기야 2002년 월드컵 시, 한국 축구팀과 한국에 대한 부정적 인식의 일단을 드러내기에 이르렀다. 4)

그러나 중국의 자긍심과 경제력의 신장을 결정적으로 확인한 계기는 2008년 올림픽 개최와 미국발 세계 금융위기였다. 중국의 자긍심을 끌어올린 베이징올림픽 직후에 발생한 금융위기는 중국의 '평화굴기'(和平崛起) 전략을 다시 생각하게 만들고 그간의 축적된 힘을 토대로 세계무대에서 보다 주동적인 힘을 행사할 수 있는 여지를 만들었다. 도광양회(韜光養晦)로 요약되던 중국의 대외 전략은 점차 주동작위(主動作爲), 분발유위(奮發有爲)로 바뀌면서 근간에 이르러 미국과의 신형대국(新型大國) 관계를 요구하고, 급기야는 주변국에 대한 압력과 남·동중국해 지역에 힘의 투사를 행사하게 되었다. 한국 정부의 사드 배치에 반대하면서 유무형의 압박을 가하는 것은 이러한 자신감의 표출이다.

---

4) 당시 중국의 여러 지방을 현지 조사차 다니던 필자는 매일 저녁 중국 방송이 한국의 심판매수를 과장, 집중 보도하는 모습을 지켜보았다.

시진핑의 중국몽: 대몽인가 아니면 미몽인가

중국몽(中國夢)은 한마디로 중국과 중화민족의 위대한 부흥이다. 주된 내용은 소강사회(小康社會) 건설, 개혁의 심화와 성장방식의 전환에 의한 지속가능 성장을 통해 국가 부흥을 실현하는 것이다. 줄이면 부국강병(富國強兵)과 국민의 행복이 중국몽의 핵심이라고 할 수 있다. 그러나 중국몽의 유래는 사실 이보다 훨씬 뿌리가 깊다. 처음으로 중국몽이 사용된 시기는 남송(南宋)이 몽골에 정복당한 뒤, 쩡스샤오(鄭思肖)가 쓴 시 한 구절에 들어 있다. 2008년 원자바오(溫家寶) 전 총리가 악화된 중국-타이완 관계를 언급하면서 이 구절을 인용했다고 한다.[5] 중국이 서구열강의 침략으로 몰락과 침체를 겪을 시기인 19세기 말부터 20세기 초에 이르기까지 중국사회는 위대한 중국, 부국강병이라는 꿈을 논해 왔다. 이 꿈은 개인 중심인 미국의 꿈과는 다른 중국인 전체의 꿈이라는 점에서 정치 지도자들이 종종 차용해 왔다.

중국의 꿈이란 결국 중국의 영광을 되찾고자 하는 중국 국민의 집단적 희망 표출이다. 문제는 위대한 중국의 부흥이 언제, 어디를 지칭하는가이다. 잠시 중국 역사를 되돌아보면, 한(漢), 당(唐), 청(清) 세 시기가 가장 강력했던 것으로 알려져 있다(Pillalamarri,

---

5) 일부 미국 식자들의 중국몽이 미국의 꿈을 차용했다는 주장에 대해 미셸은 중국몽의 유래는 기원전으로 거슬러 올라가 서주(西周) 왕조의 영광을 아쉬워한 시경에 있다고 한다. 최초의 기록으로는 후대 남송 멸망 후 시인 쩡스샤오가 쓴 시의 한 구절 "一心中國夢 萬古下泉詩"(한 마음으로 중원을 되찾고 싶은 꿈이려니, 하천의 시 만고에 여전하네)에 있다(Mitchell, 2015).

2015. 4. 26). 한나라(BC 206~AD 220)는 효율적인 조세체계로 관료제와 군대를 유지하고 철과 소금에 대한 독점체제를 통해 세수(稅收)를 확보해, 이를 통해 황하유역에서 남중국으로 영역을 확대했다. 남중국의 쌀농사는 대규모 인구를 먹여 살리고 사회정치적 발전을 가능케 한 요인이 되었다. 흉노의 침범에 대비하여 진(秦)나라에 이어 만리장성 건설을 계속하고, 또한 서역 정벌을 시도했다. 이를 통해 타문명과 접촉을 시작하면서 최초의 실크로드를 탄생시켰다.

당(618~907)나라는 중국 역사에서 가장 코즈모폴리턴적이고 도회적인 왕조였으며 동시에 외부에 가장 개방적이었다고 알려져 있다. 중국 역사상 가장 강력하고 최고의 번성을 누린 왕조이기도 하다. 이 시기 중국의 영토는 만주와 베트남, 중앙아시아로 확장되었으며, 중국의 개방주의와 수준 높은 문화에 한국, 일본, 베트남 등의 지식인이 포섭되면서 이 시기에 초기 형태의 조공체계가 성립되었다(Fairbank & Goldman, 2006: 78; Pillalamarri, 2015. 4. 26).

청(1644~1911)나라는 티베트, 만주, 몽골을 효과적으로 지배했다. 러시아와 영국을 상호 견제하게 했던 청조의 외교역량은 주목할 만하며, 남아시아와 동남아시아에 영향력을 행사했다. 비록 해양세력에 의해 멸망했지만 내륙아시아의 자원을 현대 시기까지 통치가능하게 한 기반을 조성했다고 볼 수 있다.

당 시기의 개방주의와 포용주의는 동아시아의 용광로 역할을 수행했다. 과거 중국 중심 질서의 문화적 기반이었던 개방주의와 포용주의는 원(元)나라(1279~1368) 이후 약화되기 시작하면서, 명(明)나라에 들어와 재정문제 및 대외무역 폐쇄정책 등과 얽히면서 개방

성과 포용성을 상실했고, 결과적으로 중국 국력의 전반적인 약세로 이어졌다. 물론 중국 중심의 화이질서(華夷秩序)는 청조까지 유지되어 왔으나, 서구세력의 동아시아 진출로 19세기 말 붕괴되고 말았다(Fairbank & Goldman, 2006: 78; Pillalamarri, 2015. 4. 26).

당연히 중국몽은 중국의 번성기인 한나라와 당나라를 지향하는 듯이 보인다. 최소한 청이 멸망하기 이전의 시기를 염두에 두고 있는지도 모른다. 과연 중국은 한과 당 시기의 영광을 회복할 수 있을 것인가? 이에 답하는 것은 쉬운 일이 아니지만, 19세기 초반 이래 중국의 지식인들이 고민한 흔적에서 작은 단서는 찾아낼 수 있다. 1988년에 방영된 〈허샹〉이라는 TV 드라마는 이러한 고민의 흔적을 영상으로 재현한 바 있다.

이 드라마에서는 중국의 부활은 황하(黃河)로 대변되는 고대문명의 복구가 아니라 푸른 바다(洋)로 대변되는 진취적이고 개방적인 서구 문화의 수용에서 가능하다는 메시지를 전달하고자 하였다. 1988년 6월 첫 방영 이후 대학생들과 지식인 사이에 뜨거운 논쟁을 불러일으켰다. 그러나 중국 전통문화에 대한 부정적 기술로 인해 많은 논란을 불렀고, 중국 공산당 지도부 내에서도 찬반 의견이 갈렸다. 일부 당 지도부의 반혁명적이라는 비판에도 불구하고, 다른 일부에서는 예술적 작업의 문화적 의미를 정치적으로 해석할 필요가 없다는 견해도 있었다.[6] 1988년 8월 정치적으로 민감한 부분을

---

6) 강경파의 비판에 대응하여 리쩌허우(李澤厚)는 〈허샹〉을 옹호했는데, 그에 의하면 〈허샹〉은 중국의 전통을 비판한 것이 아니라 보수적 단견, 즉 전통의 부정적 요인, 다시 말하면 〈허샹〉에서 그린 황색 전통에 의해 결정된 당시의 정치사회적 현실을 비판한 것이라고 보았다. 그는 사상의 자유를 포함하는 경

삭제하거나 줄이는 방식으로 재방영되었다. 그러나 1989년 톈안먼 사건 이후 당은 부르주아 자유주의 이념을 퍼뜨리고 학생들의 소요를 초래한 반공산주의 작품이라고 비판하였다.

이 드라마의 제작자들은 황하의 토사와 퇴적물을 유교 전통의 비유로 사용하면서, 이러한 전통이 중국의 침체를 불렀다고 주장했다. 또한 중국문명의 자랑으로 일컫는 만리장성을 고립주의, 보수, 무능한 방어를 대변한다고 보았다. 마오쩌둥(毛澤東)에 대한 간접적 비판과 더불어 덩샤오핑의 개혁을 구원의 길이라고 보았다.

〈허샹〉은 마오쩌둥 이후 톈안먼 사건 이전 중국 일부 지식인들의 생각을 대변한 것이라는 평가도 있지만, 크게 보면 중국의 운명과 서구와의 관계에 대한 해묵은 논쟁의 재연이라고 보아도 무방하다(Gifford, 2007). 중국과 서구, 전통과 현대라는 이분항에 근거한 논쟁은 중국이 아편전쟁으로 몰락하기 시작한 시점으로 거슬러 올라간다.

양무(洋務) 운동(1870~1890년대)은 유교적 사회 기반을 유지하면서 서구의 기술을 도입하자는 목적으로 출발했지만 청일전쟁에서 일본에게 패하면서 실패하고 만다. 그 뒤를 이어 일어난 1898년의 백일유신〔무술변법(戊戌變法)〕역시 유교적 전통을 기반으로 서

제헌대화의 필요성을 역설했다. 중국의 문화적 정체성을 강화하기 위해 전통을 재평가해야 한다는 문화결정주의자들과 달리 리쩌허우는 전통을 도구화할 수 없는 것이라고 보았다. 오히려 그는 전통의 적용으로서의 용(用)은 현대화된 생활이라는 내용에서 분리될 수 없는 형식으로서 유교철학 속에 있다고 보았다〔체용불이(體用不二)〕. 그가 생산과 생활의 현대적 방식으로서의 체(體)로 해석한 것은 마르크시스트 방식이지만, 체용 공식의 해석에서 마르크시스트와 유교적 개념을 절묘하게 엮어 냈다(Pohl, 2016).

구모델을 따라 제도 및 교육개혁을 모색했지만 보수 쿠데타에 의해 실패로 끝난다.

한편 1919년의 5·4 운동(1915~1921년)은 반식민 애국운동으로 반전통, 인습 타파를 외쳤으며 특히 유교주의가 중화제국 말기의 문제의 근본원인이라고 간주했다. 이 운동의 일부는 전반적 서구화(全般西化)를 외치면서, 나중에는 공산당 창건 이후 급기야 마르크시즘(Marxism)까지도 수용하게 된다. [7] 전통의 정치적 도구화는 1930~1940년대 중국 공산당 치하 지역의 사회주의적 이념을 선전하기 위한 목적으로 민족적 형식(民族形式)을 사용할 것을 제안한 데서 비롯되어, 1980년대 이후 공산당의 권력 강화기까지 이르게 된다. 1986년 당 중앙위에서 사회주의 정신문명 건설을 위해서나 최근에 중국의 긍지를 살리기 위해 공자와 유교 전통을 강조하는 것이 그 예다(Pohl, 2016).

〈허상〉은 개혁·개방 이후 1980년대 중반 중국 사회의 짧았던 지적 해방기의 산물이었다. 그 이후 강화된 정부 통제는 마음과 정신의 해방을 구속했고, 결과적으로 관제 전통문화 육성에도 불구하고 중국 문화의 발전을 저해했다고 볼 수 있다. [8] 결과적으로 21세기 중국의 경제력 상승과 군사력 확대에도 불구하고 여전히 총체적 국

---

7) 리쩌허우는 5·4운동을 유럽의 계몽주의 운동과 유사하지만, 외세의 침입으로부터 국가를 보호해야 했던 필요성 때문에 계몽의 역할을 충분히 할 수 없었다고 본다(Pohl, 2016).

8) 중국 문화의 굴기를 저해하는 요인을 두고 여러 논의가 있지만, 주 요인으로 정융녠(鄭永年)은 정부의 문화통제를, 장리판(章立凡)은 민족주의에 치우친 교육제도를, 한편 왕후이(汪暉)는 시장화, 과도하게 상업화된 미디어 환경을 지목한다(Wang, 2014. 9. 9).

력은 미국에 미치지 못하는 수준이다. 특히 문화와 가치를 포함하는 연성권력9)에서 미국에 비해 열세인 것은 자명하다. 무엇보다 가치와 도덕적 역량의 결핍이 중국몽의 최대 약점이다.

그러나 트럼프 행정부가 들어선 미국 또한 그동안 지켜왔던 미국적 가치와 도덕적 권위를 뒤집는 정책을 취하고, '미국 우선'이라는 구호 아래 일방주의, 고립주의와 반(反)이민 정서가 수면 위로 모습을 드러냈다. 미국과 멕시코 사이 엄청난 벽을 세우겠다는 트럼프 정부의 공약은 '만리장성'이 상징하는 바를 지향한다.

일부 중국 내 전문가들은 중국이 보다 개방적 이민정책을 택한다면 중국의 도덕적 수준을 제고하면서 미국의 연성권력 우위를 감소시킬 수 있을 것이라고 본다(Yan, 2017. 1. 25). 당조(唐朝)의 개방과 포용을 염두에 둔 듯한 이러한 희망적 사고는 아직은 요원해 보인다.

대부분 문혁(文化革命) 세대인 현 중국 지도부의 잦은 고전 인용에도 불구하고, 중국 정신이나 문화자산은 대다수 중국인, 특히 문혁 이후 세대에게는 체화된 것이 아니다. 유가(儒家)의 다섯 가지 덕목 인(仁), 의(義), 예(禮), 지(智), 신(信)이나 덕치(德治)는 길거리 구호로 뗐다 붙였다 할 수 있을 만큼 가벼운 것이 아니기 때문이다.

---

9) 연성권력이란 타인의 선호에 영향을 미칠 수 있도록 정치 의제를 설정하는 능력을 말한다(Keohane & Nye, 2000).

중국몽의 배경

중국 지도자들은 꿈이란 단어를, 국가의 염원을 드러내고 국민의 단합을 위한 통치이념으로 과거에도 써 왔다. 20세기 초 쑨원(孫文)도 '중화 진흥'이라는 꿈을 수차례 거론했다. 모두가 기억하는 2008년 베이징올림픽의 구호는 '하나의 세계, 하나의 꿈'(同一個世界, 同一個夢想)이었는데, 퍽이나 인상적이었으며 중국인의 세계를 향한 열망을 유감없이 보여 주었다.

　시진핑 주석이 중국몽이란 단어를 쓰기 직전, 인민해방군 예비역 대령 류밍푸(劉明福)는 2010년 출간된 《중국몽》이라는 책10)에서 중국의 강대국 지향의 꿈을 밝히면서 중국의 부흥을 위해 상무정신(尙武精神)을 부활시켜야 한다고 강조했다. 시진핑도 중국 강대국의 꿈을 지지하면서 강군(强軍)을 강조했다. 2013년 전국인민대회에서 시진핑이 부국강병의 중국몽을 들고 나온 배경은 무엇이며, 지향점은 어디인가?

　중국몽의 배경과 원인에 대해서도 해석이 분분하지만, 공통적으로 고속경제성장의 결과로 표출된 내부모순에서 비롯되었다고 본다. 빈부격차, 도농격차, 지역격차, 관리부패, 환경오염, 미흡한 사회보장제도 및 전통가치의 붕괴 등으로 중국 개혁의 앞날에 그늘이 드리우고 장애가 발생했기 때문이다. 이러한 내부 모순에 더하

---

10) 원제는 《中國夢: 後美國時代的大國思唯戰略定位》. 2010년 中國友誼出版公社 펴냄.

출처: 저자 촬영(2016. 8).

〈그림 5-2〉 2008년 베이징 올림픽 구호

출처: 中國文化罔(http://en.chinaculture.org).

여, 혹자는 신뢰의 위기(Callahan, 2014. 12. 8) 또는 가치의 위기(杜鈴玉, 2014)가 중국몽 출현의 배경이라고 본다. 또 다른 측면에서 보면 중국의 성장과 부상에 따른 자신감의 표출이다.

2008년 금융위기 이후 미국과 서구의 상대적 침체와는 달리 중국의 지위가 상승하는 상황에서 중국식 사회주의의 자신감을 반영한 것이라고도 볼 수 있다(Wan, 2013. 8. 2). 또 한편에서는 만연한 부정부패에 대한 중국 인민의 공분(公憤)을 반부패 캠페인과 더불어, 중국몽이라는 구호로 흡수하면서 시진핑의 권력기반을 강화할 필요가 있었다는 점을 들고 있다(杜鈴玉, 2014; Wan, 2013. 8. 2).

가치위기 배경론은 〈허샹〉을 둘러싼 논쟁과도 맥을 잇는데, 첫째 요소는 이념 지향이다.

2012년 말 당시 중국 최고인민법원 부원장 장비신(江必新)은 〈런민르바오〉(人民日報) 저널인 〈런민룬탄〉(人民論壇)에서 입헌주의의 중요성을 역설하면서 민주, 자유, 법치, 평등을 부르주아 가치가 아니라 보편적 가치로 보고 중국공산당이 헌법의 테두리 안에서 작동해야 한다고 촉구했다(Wan, 2013. 8. 2). 이어서 〈난팡저우모〉(南方周末) 신문도 2013년 1월 사설에서 입헌주의를 강조하면서 당 국가 권력의 법적 제한, 경제 번영을 넘어서는 인간 존엄성 추구를 주장했다.

이에 대하여 공산당 기관지나 미디어는 입헌주의에 대한 비판의 포문을 열고, 입헌 통치는 본질적으로 부르주아이며 이를 주장하는 이들은 중국 사회주의 체제를 전복하려는 것이라고 공격했다. 〈난팡저우모〉 사설은 검열 후 강한 국가를 위한 국민적 꿈을 지지하는 내용으로 수정되었다고 한다(Barme, 2013; Callahan, 2014. 12. 8; Wan, 2013. 8. 2).

입헌주의는 중국 정치담론에서 오랜 내력이 있는데, 현재의 의미는 당국의 입장에 도전하는 것이다. 1911년 신해혁명 이후 짧은 기간 민주정부를 경험한 중국을 두고 쑨원은 신중국이 군정(軍政), 훈정(訓政), 입헌(立憲) 정치라는 3단계 정치 발전을 거칠 것으로 전망한 바 있다.[11] 〈난팡저우모〉 편집진은 중국몽에 당연히 입헌

---

11) 쑨원의 3단계 혁명론은 당시 시대 배경을 감안해서 이해할 필요가 있다. 첫째

주의, 법치국가를 상정하고 정치개혁과 공산당의 권력 제한을 요구
한 것이다. 그러나 공산당 지도부는 1970년대 말 이후 경제개혁에
이어 간헐적으로 제기되어 온, 특히 1989년 톈안먼 사건을 즈음한
시기에 분출된 정치개혁과 언론자유 요구를 묵살하고 언론의 자유
와 정치 다원주의를 제한해 왔다. 중국몽을 둘러싼 이념논쟁에서도
또 다시 입헌주의를 부정했다(Barme, 2013).

가치 위기 논쟁에서 둘째 요소는 개인과 국가의 관계이다.

중국의 꿈은 국가의 꿈인가 아니면 개인의 꿈인가? 시진핑은
2013년 3월 연설에서 중국의 꿈은 "민중의 꿈이며 민중에 의해서 달
성되어야 하며, 민중을 위한 것이어야만 한다"(Callahan, 2014. 12.
8. 재인용)고 했다. 그러나 시간이 지나면서 점차 공식 입장은 국가
우선으로 정리되었다. 즉, "개인의 운명은 국가와 민족의 운명과
불가분의 관계이며, 국가와 민족이 잘 되어야만 개인도 잘 될 수 있
다"라는 것이다. 개인의 꿈도 중요하지만, 집단적 민족의 꿈을 지
지할 때만 수용 가능하다는 것이다.

개인 중심의 미국의 꿈과는 달리 중국의 꿈은 13억 중국 인구 공
동의 꿈인데, 그 집단적 꿈이 인민 개개인의 꿈과 같은지는 알 수
없다. 일부 중국 부유층에서는 미국이나 서구로의 부동산 투자, 유

단계인 군정은 혁명을 통해 만주국을 전복하고 부패청산 등을 완수해야 하고,
둘째 훈정은 전이단계로서 예비헌법을 수립하고 주민의 정치적 권리 촉구를
위해 지방차치를 실시하는 것이다. 그러나 중국인민에게 공화정은 익숙하지
않으므로 혁명적 정부의 계도와 훈련이 필요하다고 보았다. 3단계는 재건의
완성으로 입헌 정부가 들어서고 지방자치로 주민이 정치적 권리를 행사하는
단계이다.

학, 이민 등으로 중국의 꿈이 그들의 꿈과는 다름을 행동으로 표현했다.

가치 논쟁에서의 셋째 요소는 전통과 현대이다.

시진핑의 중국몽은 현대적인 동시에 전통적이다. 중국식 발전 모델과 유교문명의 결합이라는 점에서 특이하다(Callahan, 2015). 중국 지식인의 개혁에 대한 합의는 1989년 톈안먼 사건으로 무너졌고, 신좌파나 민족주의자들 모두 덩샤오핑의 개혁개방이 사회주의 이념과 중국 전통과 가치에서 벗어나고 있다고 진단했다.

이러한 중국 내 지식인들의 현재 상황과 미래로 가야 할 길에 대한 엇갈린 평가는 결국 시진핑이 주장하는 중화민족의 부흥과 중국 정신의 고양이라는 애매모호한 복합 통치이념으로 나타나게 되었다. 그러나 서구의 자유, 평등, 인권 등 보편적 가치에 대해서는 중국의 신좌파나 민족주의자들 모두가 반대한다. 중국식 발전모델이나 전통적 가치를 주장하는 이면에는 수천 년의 역사와 문명적 성취를 이루어 낸 중국은 예외적인 국가라는 인식이 강하게 깔려있다(Wan, 2013. 8. 2).

중국몽의 목표와 경로

중국몽의 목표는 두 가지이다. 하나는 공산당 창립 100주년인 2021년에 소강사회(小康社會)를 건설하는 것이고, 둘은 중화인민공화국 건립 100주년인 2049년에 '부강하고 민주적이며 문명화되고 조화로운 현대적 사회주의 국가'를 건설하는 것이다.

소강사회란 살 만한 상태를 의미하며, 단순히 물질적 생활의 제고뿐만 아니라 정신적 생활과 민주권리, 생활환경의 개선을 이루겠다는 것이다. 두 번째 목표인 부강, 민주, 문명, 조화의 현대적 사회주의 국가는 매우 복합적인 내용을 포함한다. 과학기술 및 경제에서 세계의 선두가 될 뿐만 아니라, 중국문명과 문화 및 군사력의 재부상을 의미한기도 한다(Kuhn, 2013. 6. 5).

첫째 목표를 달성하기 위해서는 시간이 촉박하다. 둘째 목표는 갈 길은 멀고, 예측 불가능한 요인이 너무 많다. 어떤 길로 가야 하나?

중국몽의 달성을 위해 중국이 택해야 할 길로 제시된 세 가지 경로는 ① 중국식 사회주의, ② 중국정신(애국주의), ③ 중국 역량의 결집으로 요약 가능하다(杜鈴玉, 2014). 중국식 사회주의만이 중화민족의 위대한 부흥이라는 임무를 수행할 수 있다고 한다. 공산당이 없으면 신중국도 없고, 지금까지의 혁혁한 성과도 없었을 것이기 때문이다. 지금도 "공산당은 좋아"(共産黨好), "사회주의는 좋아"(社會主義好) 구호는 중국 도처에서 공산당 주도의 사회주의가 중국몽 실현을 위해 택해야 할 유일한 길임을 명명백백하게 알리고 있다.

중국정신, 다른 말로 민족주의와 애국주의가 민족 단결, 사회 안정과 통합을 위한 수단이라는 것은 불문가지다. 민족주의는 잘 쓰면 국민 통합과 국가 건설에 유용한 수단이 되지만, 잘못 쓰면 독이 된다. 통제를 벗어난 민족주의는 주변국과의 갈등을 더욱 악화시킬 수 있고, '현대적 사회주의 국가' 건설에도 도움이 되지 않는다. 중국의 지도부가 두 얼굴을 가진 민족주의를, 그들이 내건 다른 나라

와의 공존과 협력이라는 가치와 어떻게 조율하느냐는 커다란 과제
이다. 중화사상과 민족주의의 결합이 빚어낼 중국몽은 주변국들에
게는 악몽이 될 수도 있다.[12]

중국 역량의 결집 경로는 중국 대륙의 각 민족 인민의 대단결을 통
해 민족의 꿈을 이루겠다는 것이며, 개개인의 꿈은 민족과 국가의
꿈이 전제되어야만 가능함을 의미한다. 자유, 민주, 인권이 보장되
지 않는 상황에서 각 민족과 모든 인민의 단결은 강요와 압박을 동반
할 수도 있진 않나? 대다수 민중에게 중국의 위대한 부흥은 진정한
꿈인가 아니면 백일몽인가를 물어 볼 시기가 곧 다가올 것이다.

요약하면 시진핑의 중국몽은 내부의 상충하는 이해 집단의 연합
을 구축하여 안정적 통치기반을 조성하기 위한 복합적 이념, 즉 치
국(治國)의 이념이라고 볼 수 있다(杜鈴玉, 2014).[13] 중국몽은 중
국인들에게 무엇을 꿈꿀 수 있고, 무엇을 꿈꿀 수 없는지를 말해 주
는 것이다. 캘러핸은 중국몽이 그리는 미래는 강력한 군사력을 가
지고 국제적인 영향력을 행사하는 '권위주의적 자본주의 문명국가'
(*authoritarian capitalist civilized-state*)를 지향한다고 본다(Callahan,
2015).[14]

---

12) 주변국에게 악몽이 될 것이라는 일본 〈산케이 신문〉(産経新聞) 사설을 밍완
(Wan, 2013. 8. 2)이 인용했다.
13) 캘러핸도 유사한 입장을 표한다(Callahan, 2015; Sorensen, 2015).
14) 샴보는 정치체제를 중심으로 봤을 때 강성권위주의를 지향한다고 본다
(Shambaugh, 2016).

중국몽이 주변국에 던지는 의미

중국의 꿈을 이루기 위해서는 평화적이고 안정적인 국제적, 지역적 환경을 필요로 한다. 중국 정부는 여러 차례 평화굴기, 평화발전으로 중국몽을 실현할 것임을 천명했다. 중국 외교담당 국무위원 양제츠(楊洁篪)는 중국몽은 세계 다른 나라들의 꿈과도 밀접하게 연결되어 있어, 중국은 다른 나라, 특히 개도국과 주변국을 도울 것이며 신형 국제관계를 통해 상호공영과 국제분쟁의 평화적 해결을 추구할 것이라고 밝혔다. 중국몽 추진은 결코 주변국에 위협이 아니며, 중국은 결코 패권을 추구하지 않을 것임을 천명했다(Yang, 2013. 9. 10). 중국몽의 핵심은 중국이 수천 년 동안 추구해 온 평화와 조화이며, 시진핑은 중국은 강대국으로서 의(義)와 리(利)를 중시할 것이라고 강조했다(Xinhuanet, 2014. 5. 21). 양제츠는 중국은 결코 다른 나라의 희생 위에 이익을 추구하기보다 다른 나라의 이익을 우선적으로 고려할 것이며, 경제이익보다는 정의, 공정, 도덕의 원칙을 지킬 것이라고 부언한다(Yang, 2013. 9. 10).

시진핑 정부에서는 정의와 이해에 관한 올바른 관점을 중국 외교의 지침으로 삼는 것을 의미한다(Wang, 2014. 3. 21). 왕이(王毅) 외교부장은 "중국은 앞으로 보다 적극적이고 건설적으로 국제적·지역적 현안에 참여 대응하고, 평화적 교섭을 통해 분쟁을 종식시키고, 세계 평화와 안정에도 기여할 것"이라고 주장했다(王毅, 2013; Sorensen, 2015 재인용). 동시에 중국은 국제사회로부터의 존중과 합당한 대우를 요구하고, 부강한 중국이 되고자 하는 욕구를 표시했다. 실제 시진핑은 과거 당나라와 같이 찬양받는 아시아의 중심국가로서 중국을 재건하겠다는 희구를 표명했다(Sorensen, 2015).

그러나 중국몽이, 중국 지도부가 밝힌 평화발전, 상호공영만은 아니라는 것이 현실로 드러나고 있다. 중국의 핵심 이익에 대해서는 단호하고 대담하게 접근할 것임을 표명하고, 동중국해 방공 식별구역 설정, 남중국해 해양 영유권 확보, 한반도의 전략적 관리 등을 실제 행동에 옮기고 있다. 나아가 '일대일로', '아시아 인프라 투자은행', '아시아 운명공동체' 등을 제창하면서 아태지역에서의 세력 재편을 꿈꾸고 있다. 국내적으로는 애국주의 또는 민족주의를 강조하고 중국의 백년국치(百年國恥)를 되새기면서 반(反)서구, 반일본이라는 중국 정체성의 일단을 드러냈다.

그렇다면 중국몽이 주변국에 던지는 의미는 무엇인가?

첫 번째 의미는 공세적 외교의 강화다. 2013년 10월 시진핑은 중국 주변 외교회의에서 중국 외교관들이 분발유위(奮發有爲), 경가적극(更加積極), 경가주동(更加主動)의 원칙을 택할 것을 촉구했다(Xi, 2013. 10. 25; Sorensen, 2015 재인용). 요약하면, 분발해서 일을 이루고 보다 적극적으로, 보다 주동적으로 외교에 임하라는 것이다. 달리 해석하면 중국의 외부 환경이 변한 만큼 평화발전을 고집할 것이 아니라 주변국과의 갈등이 있다면 맞서서 해결해야 한다는 것이다. 덩샤오핑의 도광양회에서 시진핑의 분발유위로의 전환이 의미하는 바가 바로 이것이라고 옌쉐퉁(閻學通)은 주장한다(Yan, 2014).

더 나아가 중국은 적(敵)과 친구를 구분해서 다루어야 하고, 중국과 우호적 관계를 가진 주변국의 대중국 의존도를 높이고 그들의 이익이 중국의 이익과 일치하도록 외교에서 고립, 제재, 동맹 등 다양한 수단을 동원할 것으로 전망한다.

점진적으로 중국은 비동맹 원칙에서 벗어나 선택된 국가들에게 안보와 경제 혜택을 보장할 것이라고 한다. 이러한 중국의 새로운 외교전략은 경제적 이익(利)에 앞서 정치적 도덕성(義)을 우선하는 노선을 택해야 한다고 주장한다.[15] 여기에서 도덕성이란 의리(義理)와 공정성을 의미하는데, 공동이익에 기초한 전략적 신뢰가 무엇보다 중요하다고 한다(Yan, 2014). 그러나 신뢰관계가 없는 주변국에게는 보다 적극적으로 강력한 경제, 군사 수단을 사용하고, '채찍과 당근' 및 '분열과 정복'이라는 외교방식을 통해 주변국을 중국의 발전에 부응하도록 만들겠다는 것이다(Sorensen, 2015). 사드 배치를 둘러싼 한·중 간 갈등과 과격해지는 한국에 대한 보복은 분발유위 외교전략의 민낯을 보여 주는 좋은 사례다.

중국몽이 주변국에 던지는 두 번째 의미는 무엇인가?

중국의 주변 지역에 경제적 수단을 통해 영향력을 확대하는 것이다. 비록 중국이 미국과의 관계를 중시하지만, 실제 중국의 안정적 발전과 세력 확장에 중요한 것은 바로 국경을 접하고 있거나 인근에 위치한 주변국들이다. 주변외교(周邊外交)의 중요성이 부각된 것은 2013년 10월 주변외교 공작 좌담회를 통해서이다. 주변에 대한 지리적 범위는 명확하지 않지만, 대체적으로 중앙아시아, 남아

---

15) 옌쉐퉁의 주장은 맹자의 의(義)를 중시하고 리(利)를 경시하는 중의경리(重義輕利) 사상에서 빌려 온 것으로 보인다(주희, 한상갑 옮김, 1982). 그러나 무엇이 의로운 것인지, 누구의 관점에서 의로운 것인지는 분명치 않다. 중국의 고대 사상을 현재 중국의 입맛에 맞게 포장한 것으로 보인다.

시아, 동남아시아, 동북아시아를 포함하는 것으로 알려져 있다 (Swaine, 2014).16)

시진핑은 2013년 좌담회에서 친(親)·성(誠)·혜(惠)·용(容) 을 주변외교의 방침으로 제시했다. 친(親)은 지리적 근접성과 긴밀한 관계를 토대로 한 우호관계, 성(誠)은 다른 나라의 사람들을 성의로 대하는 신뢰관계, 혜(惠)는 주변국에 혜택과 윈윈(win-win) 의 결과를 가져오는 협력관계, 용(容)은 대국의 개방성과 포용성을 보여 주고 차이점은 인정하면서도 공존을 추구하는 것이라고 해석된다(Swaine, 2014 재인용).17) 그러나 친·성·혜·용의 구호가 현실에서 제대로 작동하고 있는지, 또는 앞으로 작동할 것인지는 의문스럽다. 중국의 주변국과의 영유권 분쟁과 관련한 답변에서 왕이 외교부장은 "중국이 대국이라고 해서 소국들을 괴롭히지 않겠지만, 소국들이 덤벼드는 것도 용납할 수 없다"(Wang, 2014. 3. 21)고 했다. 구동존이(求同存異)를 추구한다기보다는 다분히 대국의 오만을 보여 주는 사례라고 하겠다.

옌쉐퉁은 친·성·혜·용 중에서 성(誠)을 가장 중요한 요소로 꼽으면서, 신뢰가 있을 때만이 왕도나 패도가 가능하다고 보았다 (Yan, 2014). 국가적 신뢰를 갖춘 중국은 국제문제에 보다 적극 개입하고 보다 많은 책임을 지겠다는 의미다. 이러한 친·성·혜·용의 방침은 신형 외교관계, 중국몽, 일대일로 구상 등에 투영되었다.

---

16) 일부에서는 중국과 직접 국경을 접하지는 않지만 서태평양과 인도양도 포함하기도 한다.
17) 이러한 유교적 가치에 기반을 둔 외교 담론을 개발하고 이를 적용하려고 하는 것은 서구와는 차별화된 중국식 외교를 부각시키고자 하는 노력의 일환이다.

그러나 현실적으로 중국 외교의 가장 핵심적인 정책수단은 돈이다. "돈이면 통한다"는 시장자본주의의 원리가 중국 외교에도 그대로 적용되고 있다. 아시아에서 중국은 두말할 여지없이 중심이지만, 경제만으로는 주변국을 좌우할 수는 없다. 중국몽을 이루기 위해 21세기판 조공체계를 재생하려고 한다면, 이는 실패할 수밖에 없다. 아시아 주권국 어느 나라도 중국과 후원자-고객 관계를 맺고 싶어 하지 않기 때문이다(Shambaugh, 2016).

　　다음 장에서 다루겠지만 중국이 추진하는 일대일로(一帶一路) 연선(沿線) 국가는 이러한 중국의 주변외교를 실행하는 공간이다. 중국의 곳간을 풀어 주변 지역과의 물적 연계시설에 투자하고 무역과 민간교류를 통해 중국 중심의 지역 통합을 도모하는 동시에, 중국의 경제적 영향력을 지렛대로 공동의 안보네트워크를 구축하겠다는 것이 일대일로 구상이다.

　　물론 주변국과의 협력을 강화, 확대하여 호혜적인 협력관계를 추구한다는 점에서 일대일로 구상의 긍정적 측면이 없는 것은 아니지만, 중국의 발전에 도움이 되는 주변 국가는 보상하고, 장애가 되는 주변 국가는 처벌하는 선택적 외교 정책을 펼칠 가능성이 높다는 점에서 우려가 클 수밖에 없다(Swaine, 2014). 요약하면 중국의 주변외교 강조는 장기적으로는 중국의 대외지향적 경제발전과 정치적 영향력의 확대에 있고, 단기적으로 영유권이나 자원 분쟁에서의 입지 강화를 위한 것이라고 할 수 있다.

중국몽, 주변외교와 주변국가들

시진핑 정부의 능동적 외교 정책의 두 가지 축은 해양 지역에서의 안보 확보와 일대일로 정책을 통한 경제외교라고 요약할 수 있다. 실제 시진핑 정부는 중국인의 삶의 질 제고보다는 중국의 부활을 꿈꾸고 있는 것이라고 할 수 있다. 장펑(張鋒)에 따르면 현재 중국은 불완전한 동아시아 지역 패권을 누렸던 명(明)나라 초기와 비교될 수 있다고 한다(Zhang, 2015. 9. 18). 전성기 때 명나라의 경제력은 지금의 미국보다 강했지만 사회적 정당성, 중요한 국제적 사태의 결과에 대한 영향력, 국제적 질서 내 소속 국가들의 동의와 수용에서 취약했다고 볼 수 있다. 명나라의 주변국은 대체적으로 '동일시'(identification), '추종'(deference), '접근'(access), '철수'(exit)의 네 가지 전략을 취했는데, 한국을 제외한 대다수 주변국은 '추종'은 표시했으나, 조공체계로 나타난 중국 왕조의 위계적 질서를 정당하다고 수용한 것은 아니었다.

현재 중국의 영향력을 측정하는 중요한 기준은 중국의 부상에 대한 주변국의 반응의 종류와 성격인데, 주변국 어느 나라도 중국과 '동일시' 전략을 취하고 있지 않으며, '추종' 전략을 취한 나라도 드물다. 대부분의 주변국이 택한 전략은 '접근'인데, 이는 중국과의 경제관계에서 이익을 챙기려는 것이다. 소수의 나라들은 중국과의 관계를 격하시키고 미국과의 관계를 강화하는 전략을 취한다(Zhang, 2015. 9. 18). 이른바 안미경중(安美經中)이다. 중국이 보다 공세적인 외교로 중국식 가치를 강요할수록 '철수' 전략을 택할 나라가 많아질 것이다.

장평은 21세기 중국의 미래를 위해서 중국의 아태 정책은 긍정적 목표와 부정적 목표를 모두 갖춰야 한다고 말한다. 긍정적 목표란 21세기 세계정치의 규범과 상황에 걸맞은 행위자로서의 지역국가들로부터 새로운 경의를 받을 수 있도록 하는 것이며, 부정적 목표란 중국에 대항하는 암묵적 또는 명시적 연합을 방지하는 것이다(Zhang, 2015. 9. 18).

아태지역에서 중국과 경쟁관계인 미국은 이러한 중국의 전략을 어떻게 받아들일까? 구소련 해체 이후 세계 유일의 초강대국 미국은 스스로를 '불가결한 나라'(indispensable nation)로 지칭하면서 미국만이 세계안보를 보장할 수 있다고 주장한다. 오바마 전 대통령도 이 개념을 언급하면서 대외적인 국가로서의 미국의 꿈이란 세계 유일의 불가결한 나라로 상존하는 것이다. 그러나 최근 들어 중국이라는 경쟁자가 나타나고, 중국몽이 회자되기 시작했다. 시진핑이 추구하는 중국의 꿈이란 중국의 부흥이다. 물론 중국몽은 국가로서의 꿈이지만 모든 중국인의 꿈이기도 하다. 그러나 방점은 중국이라는 국가의 부흥에 있다. 당연히 외교 정책적 함의가 크다. 중국이 국제문제에서 중심적 위치에 서는 것을 의미한다. 축약하면 부국강병이다. 30여 년의 가파른 고속성장을 통해 국부를 형성한 중국은 도광양회에서 분발유위로 외교전략을 선회했다. 대표적으로 남·동중국해 영유권 주장, 일대일로와 주변외교 등이 그 사례이다. 일대일로는 중국의 꿈에서 가장 가시적인 구상이며, 시진핑 정부의 핵심 사업이다. 주변외교와 아시아 인프라투자은행 등은 각기 일대일로 실현을 위한 외교적 및 재정적 수단이라고 볼 수 있다.

그러면 지역 및 글로벌 차원에서 보다 주동적 역할을 천명한 중국은 '불가결한 나라'인 미국과의 충돌은 불가피한가?

미국의 글로벌 리더십이 약화되고 있다는 징조는 기후변화, 무역, 안보, 테러 대책 등 글로벌 거버넌스에서 나타나고 있다. 최근 트럼프 행정부에서는 과거 정책에 역행하는 보호무역, 반이민 등 고립주의적 정책을 취하고 있다. 미국이 말과 달리 실제 국제 현안에서 리더십을 보여 주지 못한다면, 다른 나라들이 대체할 수밖에 없다. 최근 시리아 사태에서는 미국의 개입 축소에 반하여 러시아가 적극 개입하고 있다. 경제의 세계화와 관련해서 미국은 보호무역으로의 회귀 조짐을 보이는 반면에, 중국은 이 기회를 활용해 보다 적극적인 경제세계화와 자유무역체제를 옹호하고 나섰다.[18]

시장경제에서와 마찬가지로 국제문제에서의 국가 간 경쟁은 안보체제나 무역제도 등 공공재의 제공을 원활하게 할 것으로 예상되지만, 이는 경쟁이 협박이나 강요 또는 기만을 동반하지 않는다는 전제하에서만 가능한 것이다. 따라서 트럼프 행정부가 외치는 '위대한 미국의 재건'이라는 미국의 꿈과 시진핑 정부가 주장하는 '위대한 중국의 부흥'이라는 중국의 꿈이 경쟁하는 것은 두 나라 간의 경쟁이 상호 충돌로 치닫지 않는 한 세계사회에 반드시 나쁜 것만은 아니다. 문제는 누구의 꿈이 동아시아의 안정적 질서 창출과 인류사회의 평화와 발전에 진정 기여하는가일 것이다. 따라서 양국의 갈등 국면이 발생한다면 그 이유는 양측이 제시한 꿈의 비전, 창의성, 리더십의 결여 때문일 것이다(Xie, 2015. 6. 2).

---

18) 시진핑 주석은 다보스포럼 기조연설에서 경제세계화와 자유무역체제를 옹호하면서 중국이 보다 적극적인 역할을 할 것임을 강조했다(Xi, 2017. 1. 17).

21세기는 중국 천하인가 미국 천하인가?

그러면 중국이 제시하는 21세기 글로벌 리더십의 모습은 어떤 것인가? 중국의 꿈과 이를 실천할 일대일로 구상에서 드러난 중국의 글로벌 거버넌스 체계는 무엇인가? 조공체계(朝貢體系) 또는 천하체계(天下體系)인가?

천하 개념을 21세기 글로벌 거버넌스 체계로 제시한 자오팅양(趙汀陽)에 의하면, 천하는 ① 하늘 아래 모든 땅, ② 모든 사람의 공통적 선택 또는 보편적 동의, ③ 세계 정치기구를 의미한다. 즉, 물적, 심리적, 제도적 차원을 모두 포함한다. 천하 개념에서 중요한 원칙은 불배제 또는 포괄성의 원칙, 그리고 공정 또는 불편부당의 원칙이다. 천하 개념에서 핵심적인 사고는 세계를 가족의 연장으로 재구성하는 것인데, 바로 가족 -국가 -천하의 연장선이다. [19] 한편 천하를 다스리기 위해서는 세계기구가 필요한데, 이 정치기구는 윤리적 정당성이 반영되어야 하고 여기에서 유교적 원리가 차용될 수 있다고 보았다. 또한 천하체계는 조화와 협력을 추구하며, 조화란 공생의 원칙이며 관계의 형이상학이라고 본다.

이러한 세계를 실현하기 위해 자오팅양은 '공동 모방'(*common imitation*)과 '유교적 개선'(*Confucian improvement*)이라는 실천 전략을 제시한다. '공동 모방'이란 모든 주체가 최상의 전략을 모방함으

---

19) 유교의 기본 전제는 사회를 하나의 동심원으로 이해하여 개인으로부터 가정과 가족, 사회, 국가, 인류사회를 거쳐 생명공동체로 확장되는 것이다(杜維明, 2005).

로써 안정적 균형을 달성할 수 있다는 점에서 안정적 세계기구 형성의 핵심이고, '유교적 개선'이란 '파레토 개선'보다 나은 모두가 협력을 통해 사적 이익 추구보다 더 많은 공동의 혜택을 누리게 되는 상태를 의미한다. 천하체계란 궁극적으로 공동 이익이 사적 이익을 앞서고, 어느 한 사람의 이익이 동시에 다른 사람의 이익이 될 수 있는 조화로운 구조를 창출하면서, 모든 문화를 포용하는 가치를 창출하여 어느 한 문화의 지배를 거부하는 것이다(Zhao, 2009).

한편 자오팅양은 세계화에 따른 미국의 제국(帝國)화를 거론하면서, 미국은 승자이기를 원할 뿐 아니라 스스로 게임의 규칙을 만들기를 원하는 모순된 태도를 보인다고 비판한다. 나아가 유엔이 실질적 통치의 힘을 지닌 세계기구가 아니며, 단지 국가 간 협상과 거래의 장소일 뿐이라고 지적하면서 그리스의 '광장'과 중국의 '천하'라는 두 가지 개념에 기초해서 21세기 세계를 만들어야 한다고 제언한다.

사실 21세기 세계적 혼란에 대한 비판적 시각은 중국의 식자뿐 아니라 미국 내에서도 글로벌 거버넌스의 붕괴와 그에 따른 새로운 질서 정립의 필요성이 제기된 바 있다. 브레머는 미국의 예외주의, 일방주의, 고립주의, 그리고 최근의 거래로만 국제관계를 바라보는 시각은 세계 도처에서 많은 우려를 자아내고 있으며, 도덕적 권위를 상실한 미국이나 유럽은 글로벌 거버넌스를 주도할 수 없다고 주장한다(Bremmer, 2016). 자오팅양과 마찬가지로 글로벌 거버넌스를 위해서는 공동의 이해, 포용, 협력이라는 세 가지 요소가 필요하다고 강조했다. 이런 측면에서 새로운 21세기 세계질서 세우기가 필요한 것은 사실이다. 문제는 누가 어떤 가치와 규범을 내걸고,

세계차원에서의 합의를 이루어 낼 것인가이다. 어쨌든 천하론은 중국의 과거 조공체계와 맞물려 미국과 유럽뿐만 아니라 아시아에서도 많은 의구심을 자아냈다.

캘러핸은 자오팅양의 천하론이 서구의 이분법적 사고를 비판하면서, 서구를 혼란을 일으키는 비도덕적 개인적 사유의 원천으로 타자화시키는 동일한 오류를 범하고 있다고 지적한다. 천하론이 전 세계에 적용되려면 모두를 포괄해야 하는데, 모든 사람이 포괄되기를 원하지 않는다는 점에서 문제가 발생한다는 것이다. 즉, 천하론이 21세기 탈(脫) 패권 세계질서를 지향하기보다는 단순히 새로운 위계적 질서를 제시하고 있을 뿐이라고 평가한다(Gobena, 2008. 12. 4).

천하론의 재등장은 시기적으로 중국의 꿈, 그리고 일대일로 구상과 무관하지 않다. 21세기 들어와 중국 지도부가 유난히 강조한 '조화(和諧) 세계'와 '운명공동체'(命運共同體)는 중국 중심의 세계를 만들겠다는 중국의 야망을 이루기 위한 노력의 일환으로 보인다. 그러나 과거 중국 문화 및 유교적 가치가 적어도 동아시아의 표준이었다면, 현재 중국 문화는 세계의 표준은커녕, 동아시아의 표준에도 못 미친다. 그러나 유교의 덕목인 인(仁), 의(義), 예(禮), 지(智), 신(信)은 서구사회의 병리현상을 보완할 수 있는 가치들이며, 서구 계몽주의가 내세우는 자유, 민주, 인권, 개인의 존엄이라는 보편적 가치와 결합될 가능성을 갖는다(杜維明, 2005). 이러한 유교적 가치의 현대적 재해석과 적용은 장려되어야 마땅하지만, 어느 한 나라(민족)의 패권적 지위를 확보하는 도구로 사용되어서는 안 된다는 점을 명심해야 한다.

중국 문명과 문화적 가치를 폄하하는 서구 전문가들의 입장에서
는 미국이 천하의 중심이며 표준이다. 미국의 천하는 국가와 제국
마저도 뛰어 넘어 우리의 일상을 지배하고 있다(Babones, 2017. 6.
22). 비록 미국 경제가 상대적으로 쇠퇴하는 추세고, 또한 최근 들
어 일방주의 및 자국 우선주의 노선으로 국제사회의 존경을 받지
못하지만, 여전히 미국은 세계의 중심 국가임이 틀림없다. 물론 미
국의 군사력, 경제력 등 경성권력은 타의 추종을 불허하지만, 미국
의 중심성, 즉 중심 국가로서의 힘은 이러한 경성권력에서 나온다
기보다 창의적 문화와 자유, 민주, 인권 등 가치에 기반을 둔 연성
적 권력에서 나온다고 보는 것이 더 정확하다(Nye, 2002).

세계금융 체제, 글로벌 생산 네트워크, 그리고 학계와 미디어 네
트워크 등에서 미국의 중심성이 발현되고 있다. 실제 미국은 세계
여러 곳에서 돈과 사람이 몰리는 곳이다. 천하론을 주장하는 중국
의 자본과 중국인도 예외가 아니다. 중국의 대미 직접투자는 2008
년 미국발 금융위기 이후 증가하기 시작하여 2015년 223억 달러에
이르렀고, 2016년에는 456억 달러에 달했다. 상업적 논리보다 개
인의 선호를 반영하는 미국 내 중국 개인 주거투자는 2010년과
2015년 사이 무려 934억 달러에 달했고, 투자이민도 같은 기간 95
억 달러를 기록했다(Rosen et al. , 2016).

특히 개인 주거투자는 자녀교육과 밀접한 관련이 있다. 2015년
미국에는 30만 명의 중국 유학생이 있었고, 매년 10만 명의 유학생
이 들어온다(Babones, 2017. 6. 22). 또한 수만 명의 중국 여성이
원정출산을 통해 미국 시민권을 얻고 있다. 중국의 꿈 실현 목표 시
기인 21세기 중반이 되면, 2~300만 명의 중국 엘리트가 비록 중국

에서 생활하지만, 미국 시민권을 보유할 것이라고 한다(Babones, 2017. 6. 22).

중국을 포함한 세계 여러 나라의 초국가 엘리트들은 미국 천하를 유지하고 운영하는 세력이며, 이들은 가족과 국가를 우선시하는 유교적 가치보다는 개인 성취를 우선에 두는 개인주의적 가치관을 공유한다. 미국 중심의 다양한 글로벌 네트워크가 유지되는 한, 네트워크 체제 내에서의 위계 상승을 노리는 다수의 초국가 엘리트들은 하늘(天)을 무너뜨리려 하지 않을 것이고, 따라서 미국 천하가 상당기간 안정적으로 지속될 것이라는 견해가 설득력이 있다(Babones, 2017. 6. 22).

제6장
중국의 대로 구상
비단길의 복원인가, 조공체계의 재현인가

대로 구상의 배경

중국은 21세기 들어와 국내적으로 산업구조를 전환하고, 지역균형 발전을 추구해야 할 필요성을 절감했다(김애경, 2016). 1970년대 말 개혁·개방 이후 자본과 기술 유치를 통해 대외지향형 경제발전을 추구한 전략이 한계에 봉착했기 때문이다. 2000년대 중반 이후 중국은 적극적 해외진출〔쩌우추취(走出去)〕정책을 추진했지만, 안보나 지정학적 요인을 감안한 보다 체계적이고 전면적인 해외진출 전략을 수립할 필요성을 느꼈다. 대로(帶路) 구상은 바로 이러한 전면적이고 체계적인 주변 진출 전략이다.

해외 자본과 기술의 국내 유치가 아닌 중국 자본과 기업의 해외 투자 및 진출이라는 측면에서 1970년대 말 개혁·개방과는 성격을 달리하지만 제2의 개방이라고 볼 수 있다(Xie, 2015. 12. 16). 1차

개혁·개방 이후 중국은 광둥(廣東)성, 상하이(上海), 톈진(天津) 등 동부 연해지역의 선도개발을 추진하다, 2000년대 이후 균형발전을 위해 서부개발, 동북진흥, 중부굴기 정책을 추진하고 있다. 중국의 주변을 적극 포섭하는 대로 구상을 균형발전 전략의 한 축으로도 활용하겠다는 의도이다. 국내경제의 지속적 성장을 위한 발전 모델의 전환과 새로운 성장 동력이 필요한 시점에서, 일대일로는 중국 경제의 지속발전과 중화민족의 위대한 부흥이라는 중국몽(中國夢)을 실현하기 위한 구상이라고 할 수 있다.[1]

한편 대로 구상이 단순히 중국 국내 경제문제 해결의 수단으로 수립된 것이 아니라, 지전략(地戰略)적 차원에서 미국의 '아시아 재균형'이라는 중국 봉쇄 전략을 타파하고 중국 굴기에 필요한 안정적 환경 조성을 위한 필요성에서 출발했다고 할 수도 있다. 대로 구상은 중국몽이 시사하듯이 중국 중심의 새로운 유라시아 질서를 수립하기 위한 거대한 포석의 일환이기도 하다(Rolland, 2017. 6. 5).

대로 구상의 성격과 목적

'일대일로'(一帶一路)에서 일대(一帶)는 육상 실크로드를, 일로(一路)는 해상 실크로드를 의미한다. 이러한 양 방향에서의 유라시아

---

1) 중국 국가발전계획위원회 학술위원회 비서장 장옌성(張燕生)은 2015년 1월 '일대일로의 기회와 도전'이라는 제하의 라운드테이블에서 일대일로는 중국과 세계질서를 변화시킬 수 있는 새로운 35년(2014~2049)의 중대 구상이라는 취지의 발언을 했다(〈和訊網〉, 2015. 1. 17).

국제운송회랑 구축은 짧게나마 한때 중국이 주도했던 고대 비단길의 복원과 다름없다. 비단길은 유라시아 대륙의 교역과 교류의 길이었다(Frankopan, 2016). 수천 년에 걸쳐 형성된 이 길은 물건, 과학, 기술, 사상, 종교, 문화를 실어 나른 길이었고, 전염병을 전파한 길, 그리고 약탈과 파괴의 길이기도 했다. 당연히 교역과 통신을 장악하고 자원 확보를 통해 세력을 팽창하려 했던 그리스, 페르시아, 로마, 한(漢)나라 등 다양한 고대 제국들의 번성과 쇠퇴의 길이기도 했다. 비단길은 육로만이 아니라 바닷길도 포함해서 비단, 향료 등 다양한 상품의 교역이 이루어졌고, 19세기 중반 독일의 지질학자 페르디난트 폰 리히트호펜(Ferdinand von Richthofen)이 '비단길'이라고 명명했다(UNESCO).

중국이 서역〔지금의 신장(新疆) 위구르 자치구〕으로 길을 내고 세력을 확장하기 시작한 것은 한나라 때인데, 중국 내부 간쑤(甘肅)성 란저우(蘭州)에서 둔황(燉煌)까지 600마일의 길을 내고 '하서회랑'(河西走廊)이라 불렀다. 월지(月氏)와 흉노(匈奴)는 서역 개척의 큰 장애물이었고, 중국은 이들이 초원에서 기르던 말과 중국 산품을 교역하기 시작했다. 끊임없는 위협이었던 흉노와의 관계는 조공관계를 수립하고, 흉노에게 쌀, 포도주, 직물 등 다량의 사치품을 제공하고 평화를 샀다. 가장 중요한 품목은 다름 아닌 비단이었다.

그러나 이러한 평화외교는 재정적으로나 정치적으로 한나라에 큰 손실이었고, 한나라는 수차례의 정복을 통해 흉노를 쫓아내고 기원전 119년에 하서회랑을 장악했다. 이때가 바로 중국이 중앙아시아의 문을 열고 비단길로의 진출을 알린 순간이었다(Frankopan, 2016). 당 태종 시기(626~649) 중국은 서역 정벌에 나서 비단길을

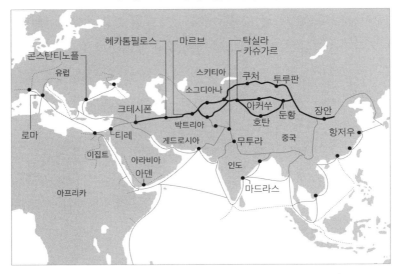

〈그림 6-1〉 고대 비단길 (1 세기 무렵)

따라 중앙아시아 및 서아시아와 접촉을 확대하면서, 당의 수도 장
안(長安)은 국제도시로 성장했고 명실상부한 유라시아 대륙의 중
심이 되었다(Fairbank & Goldman, 2006).

그러나 과연 중국이 비단길을 개척했는가에 대해서는 중국 역사
학자도 부정적이다(葛劍雄, 2015. 3. 10). 중국 역사에서 '비단길'이
란 용어는 없었다고 한다. 왜냐하면 중국인이 만들지도 않았고 추
진한 적도 없었기 때문이다. 한무제(漢武帝)의 지시로 장건(張騫)
이 서역을 통해 비단길로 나섰지만, 그 목적은 무역이 아니라 흉노
를 패퇴시키기 위해 월지와 연합을 도모하기 위해서였다. 그 이후
잦은 전란으로 비단 수요도 줄어들었고, 비단길은 거의 닫혀 있었
다고 한다. 안사(安史)의 난 이후 당나라는 쇠퇴하기 시작했고, 비
단길은 중국 역사에서 존재하지 않았다(葛劍雄, 2015. 3. 10).

그러면 왜 중국은 대로 구상(전략)을 추진하려고 하는가? 답은 간단하다. 21세기 중국의 꿈을 실현하기 위해서다. 중화민족의 부흥, 나아가 유라시아의 중심이 되어 새로운 세계질서를 세우겠다는 것이다.

중국은 그야말로 절호의 기회를 맞이했다. 21세기 들어와 유럽 경제의 침체, 미국의 글로벌 리더십 약화, 러시아 경제의 위축과 고립으로, 중국이 스스로 밝힌 대로 전략적 기회의 창이 열리고 있다. 넓게 보면 유라시아 대륙의 교통, 에너지, 무역 네트워크 연결을 강화하여 중국 중심의 '유라시아 공영권'을 구축할 수 있는 기회이다. 좁게 보면 대로 구상은 미국의 '재균형 정책'과 일본의 '보통 국가'화, 주변국의 '중국 위협론'에 대응하는 외교전략인 동시에, 중국 경제의 지속성장을 위한 국가 장기 전략을 추진할 수 있는 기회이다. 로마 제국 시절 모든 길이 로마로 통했듯이 21세기 모든 길은 베이징으로 통할 수도 있을지 모른다.

대로 구상은 중국 주도로 비단길 복원의 시기가 도래했음을 알리는 선언이다. 대로 구상에서 중국 정부가 밝힌 목적은 "주변국과의 전통적 우호관계와 협력관계를 유지하면서 각국의 자주적 발전과 대내외 정책을 존중하고, 유라시아 각국 경제의 밀접한 연계와 상호협력의 심화, 발전 공간의 확대"이다(NDRC, 2015). 중국 정부는 대로 구상의 실현을 위해 새로운 협력 모델을 제시한다. 그 핵심은 시진핑이 강조한 정책소통〔政策溝通〕, 운송통로〔道路聯通〕, 무역확대〔貿易暢通〕, 금융통합〔貨幣流通〕, 민간교류〔民心相通〕의 5통(通)이다.

정책소통, 또는 조율(調律)이란 참여국 간 동등한 지위에서 협의를 통해 초국경 협력이나 지역 협력을 강화하기 위해 공동으로 개발계획 및 방안을 수립하고, 협의를 통해 협력에서 발생하는 문제를 해결하고, 실질적 협력과 대규모 프로젝트 집행을 위해 정책지원을 공동으로 제공한다는 내용이다. 개방과 호혜의 원칙 강조는 주변국의 중국에 대한 우려를 불식하고, 주변 강대국들의 지정학적 견제에 대응하기 위한 중국 나름의 외교전략이다.[2]

교통시설 연계는 일대일로 전략의 한 부분으로 진행될 건설 분야를 중심으로, 국제수송통로의 미연결 구간이나 병목구간의 제거, 항만 기반시설 건설, 육로 -해상 복합 수송통로의 확보를 우선으로 한다는 내용이다. 기반시설의 연계는 물론 철도, 고속도로, 공로, 통신, 석유 및 천연가스 파이프라인, 그리고 항만 또한 포함한다. 결과적으로 아시아의 다양한 하부 지역과 아시아의 다른 지역, 유럽, 아프리카와 연결하는 기반시설 망을 구축하겠다는 의도이다.

무역 확대란 원활한 교역을 지원해 투자와 교역의 장애를 감소시키고, 교역과 투자비용을 낮추어 지역경제 통합을 도모하겠다는 뜻이다. 또한 교역 범위 확대, 투자를 통한 교역 발전, 관련국과의 산업 연쇄에서의 협력 강화를 도모하는 것이다. 금융통합은 통화정책 조율, 지역통화를 통한 결제 확대, 일대일로상의 국가들 간 교역과 투자에서의 통화교환 확대, 지역금융기구의 구축, 금융위험 모니터링 협력 강화, 지역협정을 통한 금융위험 관리를 의미한다. 민간 교류는 인적 유대로 상이한 문화 간 교류와 대화를 통해 여러 나라 간의 상호이해 증진과 우호적 관계를 촉진하여 지역 협력의 기반을

---

2) 지전략적 차원에서 대로 구상은 미국의 대중국 견제 전략에 대한 중국의 대응 전략이다(원동욱, 2016).

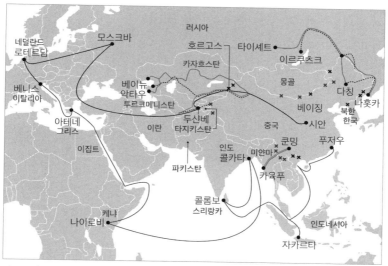

〈그림 6-2〉 일대일로 구상

자료: 〈월스트리트 저널〉 재구성.

형성하겠다는 것이다.

이러한 협력을 달성하기 위해서 일대일로 구상은 관련국 모두와 협의하에 프로그램을 공동으로 개발한다는 원칙을 천명했다. 기존의 양자, 다자간 협력기제를 활용하여 연선(沿線) 국가들의 개발 전략을 일대일로 구상에 통합하는 방향으로 추진하는 것으로 되어 있다. 또한 협력의정서 또는 협력계획을 통해 단계적으로 양자협력 시범사업을 선정, 추진한다. 사업의 원활한 추진을 위해 양자 간 공동 실무기제를 구축하고, 일대일로 전략을 심화시키기 위해 집행계획과 구체적 행동 로드맵을 작성하는 것으로 되어 있다. 3)

3) 핵심 협력 분야 및 메커니즘에 관해서는 HKTDC (2016. 9. 13) 와 NDRC

대로 구상은 경제적 의미를 넘어서는 외교전략적 의미를 내포하고 있다. 주변국들에게 경제적 이익을 제공하고 호혜적 관계를 구축함으로써 중국의 굴기에 안정적인 환경을 만든다는 주변외교 추진의 핵심 동력이다. 고대 비단길의 복원을 통해 중국의 지경학적 리더십을 제고하고 중화민족의 위대한 부흥이라는 중국몽 실현의 상징이라고 할 수 있다(김한권, 2015; 원동욱, 2016).

비록 대로 구상이 미국 등 강대국들과의 지정학적 대립을 피하기 위해 정치, 안보 등 민감한 영역을 배제하고 경제협력과 인문교류에 초점을 두고 있지만, 추진 배경이나 시기적 상황을 볼 때 지정학적 의미를 간과할 수는 없다. 국내외 전문가들에 의하면 대로 구상은 미국의 아시아 회귀 전략에 맞서는 중국의 서부진출 전략으로 간주하고, 단순한 경제협력 전략이 아니라 주변 아시아 제국에 재정적 당근을 제공하여 중국과의 협력을 유도, 중국 중심의 경제질서를 굳힌다는 지정학적 의도를 내포한 전략이라고 보고 있다(김한권, 2015; 원동욱, 2016; Kennedy & Parker, 2015. 4. 3). 특히 중앙아시아와의 통로연결과 경제통합은 중국의 에너지 안보 확보라는 차원에서 중요한 의미를 가질 수밖에 없다.

중국의 입장에서는 대로 건설을 통해 미국의 봉쇄망을 약화시키고 중국 굴기에 따른 주변국의 위협 인식을 불식하려는 적극적 안보의 의미를 갖는다(원동욱, 2016). 또한 국내적으로 중국 변경 소수민족 지역의 민족분리운동과 테러리즘에 대한 예방적 성격을 갖는다.

(2015) 참조.

중국의 '당근과 채찍'을 동원하는 주변외교의 실험무대가 바로 비단길이다. 이미 중국은 2천 년 전에도 이와 유사한 외교 정책을 구사한 바가 있다. 예를 들면, 한나라의 외교 정책은 흉노와 안정적 관계를 맺기 위한 필요에서 시작했고, 한 가지 수단으로 남흉노를 후원국으로 지원해서 북흉노를 퇴치한 것이었다. 다른 수단은 정벌이었지만 이는 고비용의 위험한 방안이었다. 한나라가 강하지 않았을 때는 화친(和親) 정책을 펼치면서 흉노 수장에게 공주와 값비싼 선물을 제공했으며, 비단은 그중에서도 가장 값진 물건이었다. 흉노는 한나라의 수도 장안에 가서 머리 한번 조아리면 엄청난 이익을 챙길 수 있다는 것을 알게 되었고, 초기 조공관계의 시작을 알렸다. 이러한 불균등한 조약은 후에 송(宋) 나라와 청(淸) 나라 말기의 좋지 못한 선례가 되었다.

또한 한나라 지배자들은 이이제이(以夷制夷) 의 외교 원리를 체득하여 흉노에 대응하기 위해 비단길을 따라 남쪽으로 사절단을 파견하였고, 교역로 서편을 위협하던 강(羌) 족에 대응하기 위해 서역도호부를 두었다. 한나라가 융성했을 때는 중국 군대가 파미르고원을 지나 기원전 2세기 그리스의 알렉산더가 진출했던 중앙아시아로 진출했다. 그러나 중국의 오랑캐 다루기는 결과적으로 성공하지 못했다. 조공관계를 맺은 유목민족들에게 공물이나 보조금을 주거나, 때로는 본의 아니게 약탈을 눈감아 주는 그 당시의 주변외교는 서역에서 지속 가능한 것은 아니었다(Fairbank & Goldman, 2006).

그러나 중국의 21세기 대로 구상은 중국 문명 특유의 가치를 강조한다. 중국의 덕치주의(德治主義) 와 인본주의(人本主義), 화이

부동(和而不同)이라는 메시지를 대로 구상 곳곳에 직조(織造)해 넣었다. 이른바 비단길 정신이다. 평화, 호혜, 상호이해, 포용, 개방이라는 전통적 가치를 대로 구상의 바탕에 깔아 넣음으로써 미국이나 일본의 '대립과 배제'를 통한 지배 체제와는 구별되는 21세기판 조공체계의 신(新) 모형을 제시하고 있다. 그러나 주변국이 중국이 내세우는 이러한 가치와 규범, 도덕적 권위를 추종할지는 의문이다.[4]

중국 내외의 긍정적 또는 부정적 시각에도 불구하고, 일대일로가 가진 의미는 상당하다. 이 구상의 핵심은 아시아 지역의 기반시설 부족을 메우고, 물리적 연계(connectivity)를 통한 초국경 지역의 경제통합을 도모하는 것이다. 이러한 연계성은 중국과 주변국 모두에게 새로운 경제발전의 기회를 제공할 것으로 알려지고 있으나, 느슨한 대출 기준, 환경·인권 관련 부작용, 분쟁 지역(중앙아시아 및 북아프리카 해안) 통과에 따른 위험 등 많은 장애물도 적지 않다 (CCTV News, 2015. 3. 31; Minnoick, 2015. 4. 11).
어쨌든 일대일로 구상에서 드러난 목적은 다음의 세 가지이다.

① 일대일로는 중국과 주변국 간의 육로, 공로, 해로의 연계성 강화를 통해 물적, 인적 교류를 확대함으로써 지역 통합을 추구한다. 특히 일대일로 연선국가의 개방적 참여와 협동적 발전을 도모한다는 점에서 아시아 지역의 안정과 발전에 기여한다.[5]

---

4) 롤랑(Rolland, 2017. 6. 5)도 비슷한 논지를 피력했다.

② 일대일로는 경제뿐만 아니라 '비단길'의 복원을 통해 문화적 교류의 활성화라는 측면에서, 관련 국가들 간의 편견과 오해를 줄이고 신뢰를 증진시킨다.[6]

③ 중국이 아시아의 패권국 지위를 추구하지 않는 한, 일대일로는 유라시아 지역에서 초국경적, 초대륙적 교역과 인적 교류를 활성화시켜 세계 전체의 평화적 발전에 기여한다.

한편 중국 내 입장에서 보면 일대일로는 ① 중국 경제발전에 필요한 에너지 자원을 보다 저렴하게 안정적으로 확보할 수 있다는 점, ② 중국 내 낙후된 서북부지역과 동남부지역의 개발을 촉진함으로써 지역 불균형을 감소시킬 수 있다는 점, 그리고 ③ 중국 내 과잉설비 문제 해소 및 잉여자본의 투자처를 제공한다는 점에서 의의가 있다.[7] 또한 ④ 일대일로 관련국의 경제발전에 따라 중국 상품 및 서비스에 대한 수요를 확대할 수 있다.

---

[5] 중국 정부는 주변국의 중국 굴기에 대한 의구심을 의식하여 일대일로가 중국 주도가 아닌 참여국 모두의 공동 노력으로 실현되어야 함을 강조하고 있다 (NDRC, 2015).

[6] 윈터는 중국의 일대일로가 과거 비단길의 재현을 통해 문명 간 교류와 사람들 간의 우정의 교량 역할을 할 수 있다는 측면에서 더 큰 의의를 찾았다(Winter, 2016. 3. 29).

[7] 중국 내 과잉산업 생산설비의 출구제공 및 지역불균형 해소에 도움이 된다는 견해가 주를 이루지만, 일부 전문가들은 과잉설비 문제 해결에 도움이 되지 못할 것이라는 견해도 있다(PwC, 2016; Dollar, 2015; Stokes, 2015; Grimes, 2016. 4. 15).

대로 구상의 재원 조달과 투자

대로 구상은 10년 동안 1조 달러의 자금이 소요되는 거대한 투자 사업이다(PwC, 2016). 일대일로 실현을 위한 기반시설 건설 및 확충에서 국제 연계성 확충을 위한 기반시설 건설을 우선 추진한다. 재원 조달에서는 국내외 각종 자금을 활용하고 실크로드 기금, 아시아 인프라투자은행, 브릭스(BRICS) 신개발은행 등을 이용하여 뒤에서 언급할 6대 경제회랑을 중점 추진하는 것으로 되어 있다.

실크로드 기금은 400억 달러 규모로 일대일로를 위해 구축된 것인데, 중국 외환부서, 중국 투자공사, 중국 수출입은행, 중국 개발은행 등 전부 중국 내 기관의 출자로 구성되어 있다. 아시아 인프라투자은행은 다자개발은행으로 2015년 설립되어 2016년부터 운영되고 있는데, 그 자본 규모는 1천억 달러이다. 투자 대상은 주로 에너지, 전력, 수송, 통신 등 기반시설 개발이지만, 농촌 및 농업 개발, 수자원, 환경보호, 도시 개발 및 물류 분야도 해당된다.

대로 연선국가에 대한 교역과 투자

일대일로가 중국 정부에 의해 본격 추진되기 이전부터 중국은 자국 에너지 수요 및 수출입 시장 확보를 위해 세계 전역에 진출하고, 무역 확대와 해외 투자를 꾸준히 해 왔다. 2013년 중국몽을 외치면서 주변외교의 틀과 원칙, 그리고 일대일로 구상을 밝혔다. 주변 지역이라 함은 국경을 맞댄 주변, 국경은 마주하지 않지만 근접한 주변,

그리고 나머지 지역으로 나눌 수가 있다. 일대일로에서의 연선 지역은 중앙아시아, 남아시아, 동남아시아, 동북아시아, 중·동 유럽, 서아시아 및 중동까지 포함한다. 국가 수는 65개, 인구 44억 명, 경제규모 21조 달러가 넘으며, 세계 전체 인구의 65%, 경제의 30%에 이른다(公孟萍 외, 2015; PwC, 2016). 아메리카 대륙과 오세아니아를 제외한 전 세계를 포함하게 되는데, 일대일로가 성공한다면 모든 길은 베이징으로 통하게 된다. 중국과 직접 국경을 마주하는 국가만 총 26개 국가이다. 여기에 일대일로에서 빠진 한국과 일본, 북한을 추가하고 이를 몽골 및 러시아와 함께 동북아시아로 분류해 보면 〈표 6-1〉과 같다.

우선 중국과 접경 연선국가 간의 최근 교역 현황을 보면, 중국의 최대 교역 상대국가는 한국, 일본을 포함한 동북아를 제외하면, 동남아시아다(2015년 기준 수출입 비중 각 12.2%와 11.6%). 그중에서도 중국의 수출입 비중 모두에서 1% 이상을 차지하는 국가는 말레이시아, 태국, 싱가포르, 그리고 인도네시아다. 남아시아나 중앙아시아 국가들 중 중국과의 수출입 비중이 1% 상회하는 나라는 인도 정도이다. 동북아에 포함시켰지만, 유라시아에 걸쳐 있는 러시아는 중국 전체 교역에서 비교적 높은 비중(2015년 기준 수출입 총액에서 3%)을 차지하고 있다. 전체적으로 보면, 동남아를 제외한 일대일로 연선국가들은 중국 전체 무역에서의 비중이 높지 않다는 것을 알 수 있다.

미국기업연구소의 중국 해외투자 자료에 의하면, 일대일로 구상 발표를 둘러싼 기간(2012~2015)에 중국의 투자와 건설 계약을 가장 많이 받은 지역은 동북아 제외 시 동남아시아, 남아시아, 그리

〈표 6-1〉 중국과 대로 연선국가들과의 교역

단위: 백만 달러

국가	수출 2012 액수	비중 (%)	수출 2015 액수	비중 (%)	수입 2012 액수	비중 (%)	수입 2015 액수	비중 (%)
남아시아	70,456	3.44	94,157	4.13	22,637	1.25	16,970	1.06
아프가니스탄	464	0.02	364	0.02	5	0.00	12	0.00
방글라데시	7,973	0.39	13,905	0.61	479	0.03	804	0.05
부탄	16	0.00	10	0.00	0	0.00	0	0.00
인도	47,746	2.33	58,259	2.55	18,820	1.04	13,395	0.84
네팔	1,968	0.10	830	0.04	30	0.00	22	0.00
파키스탄	9,279	0.45	16,480	0.72	3,141	0.17	2,479	0.15
스리랑카	3,010	0.15	4,308	0.19	162	0.01	259	0.02
동남아시아	203,987	9.95	279,006	12.23	195,728	10.77	186,397	11.64
브루나이	1,252	0.06	1,411	0.06	356	0.02	97	0.01
캄보디아	2,706	0.13	3,770	0.17	215	0.01	666	0.04
인도네시아	34,291	1.67	34,371	1.51	32,033	1.76	19,815	1.24
라오스	934	0.05	1,276	0.06	785	0.04	1,298	0.08
말레이시아	36,526	1.78	44,182	1.94	58,247	3.21	53,227	3.32
미얀마	5,675	0.28	9,387	0.41	1,299	0.07	5,239	0.33
필리핀	16,772	0.82	26,688	1.17	19,678	1.08	19,022	1.19
싱가포르	40,321	1.97	53,148	2.33	28,429	1.56	26,022	1.62
태국	31,223	1.52	38,296	1.68	38,456	2.12	37,213	2.32
동티모르	62	0.00	106	0.00	1	0.00	1	0.00
베트남	34,224	1.67	66,372	2.91	16,230	0.89	23,797	1.49
중앙아시아	21,307	1.04	17,559	0.77	23,957	1.32	15,041	0.94
카자흐스탄	11,001	0.54	8,427	0.37	14,647	0.81	5,840	0.36
키르기스스탄	5,073	0.25	4,284	0.19	88	0.00	56	0.00
타지키스탄	1,748	0.09	1,797	0.08	109	0.01	50	0.00
투르메니스탄	1,700	0.08	814	0.04	8,022	0.44	7,828	0.49
우즈베키스탄	1,784	0.09	2,237	0.10	1,091	0.06	1,267	0.08
동북아시아	289,328	14.11	276,655	12.13	394,692	21.72	356,386	22.25
몽골	2,653	0.13	1,572	0.07	3,939	0.22	3,753	0.23
러시아	44,073	2.15	34,810	1.53	43,952	2.42	33,145	2.07
북한	3,446	0.17	2,946	0.13	2,485	0.14	2,484	0.16
한국	87,647	4.28	101,429	4.45	166,590	9.17	174,289	10.88
일본	151,509	7.39	135,897	5.96	177,727	9.78	142,716	8.91
세계 전체	2,050,092	100.00	2,280,541	100.00	1,817,344	100.00	1,601,761	100.00

자료: IMF, Direction of Trade.

고 중앙아시아다(〈표 6-2〉 참조). 교역관계와 비교하면 대체적으로 일치하는 경향을 보인다. 중국 해외투자 및 건설계약의 최대 수혜지역인 동남아시아는 중국과의 교역 비중도 높다. 남아시아가 그다음이며, 중앙아시아는 중국 해외투자 및 건설계약이 그다지 왕성하지 못하다. 동북아로 분류한 몽골과 러시아만 따로 보면, 교역 비중이나 투자 비중에서 중앙아시아를 앞선다.

국가별로 보면 중국의 투자 집중도가 높은 나라는 파키스탄, 러시아, 인도네시아, 말레이시아, 카자흐스탄, 인도, 싱가포르, 그리고 스리랑카다. 이들 국가 중 러시아, 인도네시아, 말레이시아, 인도, 싱가포르는 대체적으로 교역관계와 상관이 있어 보인다. 그러나 파키스탄, 카자흐스탄, 스리랑카는 교역관계와 상관없이 중국의 투자와 건설계약이 집중되어 있어 중국의 전략적 투자 의도를 짐작해 볼 수 있다. 실제 파키스탄은 중국과 가장 우호적 관계를 가진 나라이며, 일부에서는 '전천후 관계'라고 부르기도 한다. 카자흐스탄과 스리랑카도 대로 구상의 각각 중앙아시아 및 인도양 진출의 중요한 고리임을 감안할 때, 중국의 투자 비중이 높을 수밖에 없다. 여기에서 중국의 외교관계 척도가 되는 전략적 협력 또는 동반자 관계의 강도와 비교하면, 러시아나 파키스탄에 중국 투자가 집중되는 것은 쉽게 이해할 수 있다. [8]

---

8) 중국 정부가 공식적으로 전략적 협력관계의 중요도를 제시한 적은 없지만, 여러 자료를 종합한 결과 중국과 최상위의 '전면적 전략적 협작관계'를 맺고 있는 나라는 러시아다. 다음으로 '전천후 전략적 합작관계'인 파키스탄이며, 베트남, 태국, 미얀마, 캄보디아, 라오스 동남아시아 5국이 '전면적 전략적 합작 동반자 관계'를 맺고 있다. 중앙아시아의 카자흐스탄, 몽골, 동남아시아의 인

〈표 6-2〉 2012~2015년 중국의 연선국가에 대한 투자와 건설계약

단위: 백만 달러

국가	액수	비중 (%)
남아시아	46,880	7.12
방글라데시	6,520	0.99
인도	7,710	1.17
네팔	2,070	0.31
파키스탄	23,010	3.49
스리랑카	7,570	1.15
동남아시아	70,350	10.68
브루나이	530	0.08
캄보디아	6,810	1.03
인도네시아	20,560	3.12
라오스	4,600	0.70
말레이시아	19,740	3.00
미얀마	670	0.10
필리핀	1,350	0.20
싱가포르	7,580	1.15
태국	4,880	0.74
베트남	3,630	0.55
중앙아시아	18,790	2.85
카자흐스탄	12,810	1.94
키르기스스탄	3,800	0.58
타지키스탄	550	0.08
투르크메니스탄	600	0.09
우즈베키스탄	1,030	0.16
동북아시아	32,940	5.00
몽골	2,930	0.44
러시아	20,950	3.18
한국	7,480	1.14
일본	1,580	0.24
세계 전체	658,850	100.00

자료: American Enterprise Institute and Heritage Foundation; China Global Investment Track-
er.(https://www.aei.org/).

도네시아, 말레이시아와는 '전면적 전략적 동반자 관계'이고, 남아시아의 인
도, 스리랑카, 아프가니스탄은 한 단계 아래인 '전략적 합작 동반자관계'이다.
중앙아시아의 투르크메니스탄, 우즈베키스탄, 타지키스탄, 키르기스스탄은
그보다 더 아래인 '전략적 동반자 관계'에 불과하다. 여기에서 협작(協作)은
합작(合作)보다는 긴밀한 협력관계를 의미하며, 군사, 안보 등에서의 협력을
포함한다고 볼 수 있다(이현주 외, 2016; 제성훈 외, 2016).

동남아의 인도네시아, 말레이시아, 캄보디아도 중국과 매우 높은 전략적 협력관계를 맺고 있어, 중국의 투자활동이 활발한 지역으로 볼 수 있다. 중국과의 전략적 협력에서의 중요도는 높지 않지만 중국의 투자 비중이 높은 나라는 네팔과 싱가포르가 있다.

대로 구상의 핵심: 1로와 6대 경제회랑

일대일로 구상은 아직 세부적인 계획이 확정된 것은 아니지만 일대(一帶)는 중국 시안(西安)에서 중앙아시아, 러시아 및 유럽까지 이어지는 육상 철도와 도로, 가스 파이프라인 등을 통한 육로 경제벨트를 의미한다. 일로(一路)는 중국 남방의 항구에서 동남아, 남아시아, 아프리카, 지중해로 이어지는 항만과 관련 기반시설의 해상 네트워크를 의미한다. 2015년에 발표된 중국 국가발전개혁위원회의 〈실크로드 경제벨트와 21세기 해상 실크로드 건설에 관한 비전과 행동〉에 따르면, 실크로드 경제벨트는 ① 중앙아시아와 러시아를 경유하여 중국과 유럽을 연결하고, ② 중앙아시아를 통하여 중국과 중동을 연결, ③ 중국과 동남아, 남아시아 및 인도양을 통합한다.

21세기 해양 실크로드는 ① 남중국해와 인도양을 통해 중국과 유럽을 연결하고, 동시에 ② 남중국해를 통하여 중국과 남태평양을 연결한다. 위 다섯 가지 통로에 집중하되 국제수송로와 핵심도시, 주요 항만을 활용하여 6대 경제회랑을 구축하는 것으로 되어 있다. [9)]

6대 경제회랑은 〈그림 6-3〉에서 보는 것과 같이 ① 신유라시아

〈그림 6-3〉 대로 구상의 6대 경제회랑

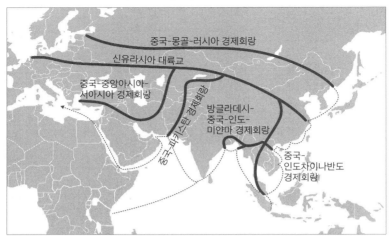

자료: HKTDC(2016. 9. 13) 재구성.

대륙교, ② 중국 -몽골 -러시아 경제회랑, ③ 중국 -중앙아시아 -서
아시아 경제회랑, ④ 중국 -인도차이나반도 경제회랑, ⑤ 중국 -파
키스탄 경제회랑, ⑥ 방글라데시 -중국 -인도 -미얀마 경제회랑이
다(NDRC, 2015). 여기에 해양 실크로드를 더하면 총 7개가 대로 구
상을 떠받치는 기둥이 된다.

21세기 해양 실크로드

해양 실크로드의 골격은 남중국해와 인도양을 통해 연해 중국과 동
아프리카, 지중해와 유럽의 항만을 연결하는 것이다. 항만, 산업단

---

9) 경제회랑은 단순히 수송회랑이 아니라 수송회랑의 연변에 산업, 지역개발이
   어우러져 경제적 발전이 일어날 때 가능하다. 이런 측면에서 보면 일대일로 구
   상에서의 경제회랑은 미래 지향점에 불과하다.

지, 석유·가스 저장 시설, 내륙으로의 철도 연결을 포함한다. 파키스탄의 과다르항을 제외하면, 인도 서쪽 해안과 아라비아반도를 건너뛰어 연결되는 해상 항만 네트워크이다. 이런 네트워크를 추진하는 이유는 중국이 동아프리카에 이미 투자한 다수 항만을 활용하기 위해서이다. 벵갈만에서 동아프리카항만과 연결하기 위해서는 항만시설, 연료 저장고, 또는 해군기지가 필요한데, 스리랑카와 몰디브가 바로 중간 연계고리다(Luft, 2016). 중국은 스리랑카 함반토타항만 및 공항 건설에 17억 달러를 투자했고, 최근에는 콜롬보에 14억 달러 항만 투자를 재개했다. 몰디브에도 3억 7,300만 달러를 투자하며 국제공항 건설을 착공했다. 물론 스리랑카나 몰디브가 중국 투자를 환영하지만, 내부적으로 과도한 대중국 부채에 대한 우려가 없지 않다. 한편 전통적으로 스리랑카와 몰디브와 가까운 인도의 시선도 곱지만은 않다.

신유라시아 대륙교 경제회랑

신유라시아 대륙교는 롄윈강(連運港)에서 출발하여 신장(新藏) 위구르 자치구의 아라산커우(阿拉山口)를 거쳐 네덜란드의 로테르담에 이르는 국제철도 노선이다. 중국과 유럽 간 물류 대통로라고 할 수 있으며, 중국 내 다수 지역을 통과하고 중앙아시아 및 유럽 여러 나라를 거치는 만큼, 물류 수송비용의 절감으로 통과 지역의 산업 발전에 미치는 경제적 효과는 클 것으로 예상된다. 10)

---

10) 중국 제조업의 내륙 이전으로 인해 운송비용의 절감 효과는 더욱 커질 수 있

중국 내 구간은 란저우(蘭洲)-롄윈강 철도와 란저우-신장 철도를 중심으로 동에서 서로 나아간다. 국경을 건너게 되면, 카자흐스탄, 러시아, 벨라루스와 폴란드를 통과하여 유럽의 여러 항만에 도달한다. 신아시아 대륙교를 활용하여 중국은 이미 충칭(重慶)-뒤스부르크, 우한(武漢)-멜니크/파르두비체, 청두(成都)-로츠, 청두-함부르크 4개의 국제화물열차를 운행하고 있다. 이 열차 전용 수송노선은 한 번의 신고로 검사, 통관이 이루어지도록 되어있다고 한다(HKTDC, 2016. 9. 13).

아마도 신대륙교의 최종 결과물은 모스크바와 베이징 간 현재 시베리아 횡단철도의 6일 여정을 이틀로 줄이게 될 4,350마일의 고속철도일 것이다. 이 사업은 2,300억 달러의 비용을 필요로 하는데, 우선 모스크바-카잔 구간 435마일 건설에 대해 중·러 간 합의가 이루어졌다. 단, 전체 구간에 대한 비용편익 분석은 이루어지지 않았고, 실제 이 사업이 집행될지는 현재로선 알 수 없다(Luft, 2016).

중·몽·러 경제회랑

2014년 9월, 3국 정상은 상하이 협력기구 두샨베 회의에서 중·러, 중·몽, 러·몽 간 양자협력에 기초하여 3국 간 협력을 도모하기로 합의했다. 구체적으로 3국 정상은 중국의 '실크로드 경제벨트', 러시아의 '유라시아 대륙교',[11] 몽골의 '초원길'을 결합 추진하기로 하

다(Luft, 2016).

고, 철도, 도로 연결과 건설, 세관 및 운송지원을 통해 중·몽·러 초국경 경제회랑을 구축하기로 했다.

2015년 7월 두 번째 회담에서 중·몽·러 삼각협력의 중기 로드맵을 공식 채택했다. 주요 내용은 정치, 안보, 경제무역, 변경 및 지방협력, 인문협력, 국제협력을 포함하고 있다(NDRC, 2015). 경제무역 분야에서는 무역원활화 조치를 포함하여 각국 화폐 결산 확대, 상공분야 협력기제 정비, 세관협력 등을 논의하였다. 국제협력 분야에서 3국은 상하이 협력기구의 다른 회원국과 함께 교통, 농업, 이민, 환경보호 및 인문 분야에서의 교류를 강화하기로 하고 기존의 광역 두만강 개발계획을 통한 협력 확대에도 합의했다(HKTDC, 2015. 7. 9).

2016년 6월 타슈켄트에서 열린 3차 3국 정상회담에서는 교통인프라, 산업협력, 국경통과지점 현대화, 에너지 협력, 인도적 협력, 농업, 의료·보건 분야 등에 걸쳐 32개의 사업을 제시했다(제성훈 외, 2016).

중국은 중·몽·러 경제회랑 건설의 추진방향을 다음과 같이 제시했다. 첫째, 전략적 인식의 공유 및 정책 지원이다. 3국의 이익 합치점을 추구하면서 새로운 협력방식을 도모하는 것이다. 또한 앞서 언급한 3국의 발전계획을 연계시켜 에너지·광물 자원, 교통 기반시설 건설 등을 통해 장기적이고 안정적 협력관계를 구축하자는 것이 중국이 추구하는 새로운 초국경 협력방식이다. 12)

---

11) 원동욱에 따르면 최근 러시아에서는 유라시아 대륙교의 개념을 확장한 유라시아 횡단벨트 '라즈비티예' 논의가 진행되고 있다고 한다(원동욱 외, 2015).

둘째, 교통의 상호 연결이다. 현재 중·몽·러 간 2개의 주된 초국경 교통회랑이 있는데, 이 중 가장 확충이 시급한 것은 러시아 이르쿠츠크에서 울란바토르, 자민우드, 얼렌하오터(二連浩特), 톈진(天津)으로 이어지는 통로이다. 다음으로 치타-초이발산-만저우리-다롄(大連)으로 이어지는 통로의 확충과 개선이 필요하다. 13)

셋째, 통상구〔커우안(口岸)〕건설 및 세관검역 관리다. 현재 얼렌하오터와 만저우리가 중·몽, 중·러 육로 수송의 70%, 65%를 담당하고 있다. 중·몽·러 회랑에서 수출입 물동량 증가에 대비하기 위해 얼렌하오터-자민우드 접경지역 무역협력지대 건설을 제안하는데, 목적은 교통연계 개선과 화물통관 지원을 통해 통상적 무역뿐만 아니라, 가공무역과 전자상거래를 발전시키는 데 있다.

넷째, 개발투자, 상품무역, 에너지협력 등을 포함하는 경제회랑이 되도록 교통, 화물운송, 전력망, 석유가스 관도가 일체화된 통로를 조성하겠다는 계획을 세우고 있다.

다섯째, 민간교류도 상업교류만큼 중요하므로 지역협력과 통합의 공동인식을 갖추기 위한 인적, 문화적 교류의 확충과 초국경 관광개발도 과제로 제시한 바 있다(이현주 외, 2016).

---

12) 2015년 브릭스 회의와 상하이 협력기구 회의에 앞서 시 주석은 중국의 일대일로, 몽골의 초원길, 러시아의 철도네트워크 확장 프로젝트의 연계를 강조했으며, 대로 구상에서 정책소통, 운송통로, 무역확대, 금융통합, 민간교류의 5통 전략을 제시한 바 있다.

13) 톈진항이나 다롄항의 포화로 몽골발 통과화물 처리능력은 한계가 있고, 몽골 정부도 새로운 출해구를 원하고 있어 위 두 노선 이외에 초이발산-아얼산-창춘-훈춘-자루비노 노선과 초이발산-만저우리-하얼빈-무단장-블라디보스토크 노선도 협력 프로그램에 포함되어 있다(이현주 외, 2016).

중·몽·러 회랑 건설은 3국 정상의 의지와 정책지원으로 비교적 빠르게 진행되고 있다(제성훈 외, 2016). 그러나 대로 구상의 다른 경제회랑과 달리, 중·몽·러 경제회랑은 안보와 에너지를 포함한 자원개발에 편중되어 있다는 점에서 중국 -중앙아시아 -서아시아 경제회랑과 유사한 성격을 띠고 있다. 무엇보다 중국의 발전에 필요한 안정적 국제환경을 제공한다는 측면이 강조된다. 14)

구조적 여건에서 보면, 몽골은 중·러와 깊숙이 연결되어 있어 이들 양국과의 협력 없이는 경제발전이 불가능하다는 점에서, 그리고 국제 원자재가격 하락과 우크라이나 침공에 대한 서방의 제재를 받는 러시아의 입장에서 중국과 협력이 필수라는 점에서, 중·몽·러 간 전략적 협력의 접점이 가능했다고 볼 수 있다.

중·몽·러 경제회랑의 경제적 근거는 지리적 근접성과 경제적 상호보완성을 통해 지역 경제협력에 유리한 조건을 제공한다는 데 있다. 생산요소의 자유로운 이동과 효율적인 생산자원 배치로 중·몽·러 3국 모두 공동의 경제이익을 거둘 수 있다. 중·몽·러 경제회랑 건설을 통해 3국 모두 무역 확대를 실현할 수 있다. 특히 철도와 항만의 초국경 통로 건설을 통해 몽골은 광산품을 러시아와 유럽에 수출하고, 중국을 경유하여 아태시장 진출도 가능하다. 러시아도 시베리아철도 운송능력을 활용하여 장래 몽골을 러시아 에너지 및 전력수송의 경유지로 발전시켜 러시아의 세계 에너지시장

---

14) 지연정치나 경제적 측면에서 몽골이 중·몽·러 경제회랑 협력의 핵심이며, 동북아지역 안정과 지역협력이 중·몽·러 경제회랑의 주된 내용이라고 한다 (李勇慧, 2015).

개척에도 도움을 줄 수 있을 것이라고 본다. 중국 입장에서는 자원 확보와 경제 구조고도화에 도움이 될 것으로 기대하고 있다(이현주 외, 2016).

그러나 중국 주도의 중·몽·러 경제회랑 건설이 순조롭게 진행될 것으로 판단하기에는 이르다. 왜냐하면 3국 간 동북아에서 기대하는 바가 일치하지 않기 때문이다. 러시아의 대중국 의존도 심화에 대한 우려나 유럽 중심주의적 시각 또한 문제가 될 수 있다.[15] 또한 중·몽·러 회랑의 핵심 경유국가인 몽골이 가진 중국에 대한 비호감과 중국과 러시아에 대한 지나친 의존도를 탈피하고자 하는 외교다변화 정책에도 걸림돌로 작용할 수 있기 때문이다.[16] 몽골을 두고 중·러 간에 암암리에 벌어지는 구애경쟁도 중·몽·러 경제회랑 구축에 장애가 될 수 있다.

보다 세부적으로 보면, 러시아나 몽골 모두 새로운 수송회랑의 구축을 통해 한국과 일본을 포함하는 아태지역으로의 진출을 바라고 있다는 점에서 중국 항만을 경유하는 통로에 만족하는 것은 아니다.[17] 또한 러시아나 몽골은 자원을 주로 수출하고 중국으로부터 제조 상품을 수입하는 교역 구조인데, 교통연계 개선으로 중국

---

15) 중국 전문가들도 중·몽·러 경제회랑 건설의 이러한 제약요인들을 인지하고 있다(李新, 2016).

16) 몽골은 외교 다변화를 위해 일본이나 터키 등과 협력을 강화하고 있다(Reeves, 2016; Rinna, 2016).

17) 초이발산에서 진저우에 이르는 최단거리 노선을 몽골 측은 선호하는 것으로 알려져 있다(Otgonsuren, 2015). 이외에도 초이발산-쿠트-비칙트-창춘-지린-훈춘-자루비노 노선도 몽골의 일본 및 한국 수출에 유리한 노선으로 거론된다.

의존도가 높아질수록 러시아나 몽골에 불리한 교역구조가 고착될 것이라는 우려도 크다. 18) 또한 러시아와 몽골 모두 중국과의 교통 연계가 도움이 되지만, 몽골은 중국에의 예속 심화를 우려하고, 19) 러시아는 자국의 핵심 자산인 유라시아 철도의 통과운송 잠재력을 충분히 활용하지 못한다는 점에서 아쉬움을 드러내고 있다. 20)

이러한 중·몽·러 경제회랑 계획의 세부적 내용에 대한 시각 차이보다 더 중요한 문제는 중국과 러시아 간 전략적 차원에서의 잠재적 경합이다. 경제 제재와 국제 원자재 가격 하락으로 곤란에 처한 러시아는 유라시아 대륙교 건설과 유라시아경제연합(Eurasian Economic Union) 21) 결성 등을 통해 동진(東進) 정책을 실시하고 있는

---

18) 러시아와 중국 간에는 무역구조 불균형 개선을 위해 기계, 식품가공, 나노기술 등의 산업을 육성하여 수출구조 다원화를 시도하고 있기는 하지만 이는 장기적인 해결책일 뿐이다(이현주 외, 2016; Djankov, 2016).

19) 중·몽 양국 외교장관회담에서 러시아와 중국으로 이어지는 남북관통 고속도로 건설에 동의했지만, 중국에의 예속을 심화시킬 수도 있다는 우려를 완전히 불식시키지는 못하고 있다(Reeves, 2016; Campi, 2015. 8. 18).

20) 러시아의 유라시아 철도계획은 기본적으로 시베리아 횡단철도(TSR)와 바이칼아무르(BAM) 철도를 활용하는 것인데, 일대일로 구상에서는 중국 항만 기점으로 몽골을 경유하거나 네이멍구(내몽골)를 경유하여 치타에서 TSR로 연결되어 있어, 러시아 극동항만의 이용 및 북한의 나진항 또는 궁극적으로 부산항과의 연결이 언급되지 않고 있다. 러시아는 극동항만을 이용하거나 또는 시베리아 횡단철도와 한반도 종단철도의 연결을 통한 아태지역 진출을 원한다. 한반도 통로개방을 위해 러시아는 부채 탕감, 북한 내 철도 현대화 지원, 전력수출 등 북한을 포섭하려는 노력을 해오고 있다. 한반도가 열리면 러시아는 북한과의 협력에서 더 많은 투자기회와 이익을 얻을 수 있을 것으로 기대한다(Mendee, 2015. 5. 8).

21) 유라시아경제연합은 러시아를 중심으로 과거 연방에 속했던 아르메니아, 벨라

데, 이러한 러시아의 동진 정책이 중국의 대로 정책과 만나는 곳이 중앙아시아와 몽골이다. 비록 러시아와 중국 간에 긴밀한 우호적 협력관계를 과시하고 있지만, 지정·지경학적 차원에서 양국의 이해관계가 반드시 일치하는 것은 아니다. 러시아의 뒷마당이라 불리는 중앙아시아와 한때 구소련의 '위성국'이었던 몽골에서 중국과 러시아 양국의 지정·지경학적 이해관계가 상충될 가능성은 상존한다 (이현주 외, 2016; 제성훈 외, 2016). 이 두 지역에서 중·러 양국 간 이해관계 조정이 이루어지면 윈윈 상황이 발생할 수 있지만, 접점을 찾지 못할 경우 갈등으로 치달을 수도 있다. 중·러 관계의 다면적 복잡성을 감안할 때, 중국의 주변국과의 정책조율 역량이 일대일로 구상, 특히 중·몽·러 경제회랑의 실현에 있어 관건이 된다고 하겠다. 중국 전문가가 제시한 대로 구동존이(求同存異)의 접근이 성공할 경우 중·몽·러 경제회랑은 초국경 지역 협력의 새로운 모델을 제시하는 동시에 동북아 다자협력의 기반을 마련하게 될 것이다(范麗君, 2015).

중국 - 중앙아시아 - 서아시아 경제회랑 (중·중·서 회랑)

이 회랑은 기본적으로 석유, 천연가스 등의 에너지 수송회랑이라고 볼 수 있다. 중앙아시아, 서아시아의 에너지 자원을 신장위구르 자치구의 호르고스(霍爾果斯)로 연결하고 여기에서 중국 내 서-동 가스 파이프라인에 연결하게 된다. 교통 기반시설은 아라산커우에서

루스, 카자흐스탄, 키르기스스탄, 우크라이나를 포함하는 경제연합체이다.

중앙아시아와 서아시아 철도를 거쳐 지중해 해안 및 아라비아반도로 이어진다. 중앙아시아 5개국(카자흐스탄, 키르기스스탄, 타지키스탄, 우즈베키스탄, 투르크메니스탄)과 이란 및 터키와 연결된다. 이미 일부 구간은 개통되었는데, 우즈베키스탄의 앙그렌-팝 철도는 중국 철도집단에 의해 완공되었고,[22] 중국과 아프가니스탄 철도 연결사업도 2016년 9월 착공되었다. 전 노선이 완공될 경우 중국 동부에서 이란까지 운행시간은 상하이항에서의 해상운송 시간에 비해 절반으로 줄어들게 된다(Luft, 2016).

이 회랑은 에너지 수송이 중요한 부분인데, 중국-중앙아시아 간에는 이미 세계 최장의 가스 파이프라인이 운영 중이다. 투르크메니스탄과 우즈베키스탄의 국경에서 출발하여 카자흐스탄을 거쳐 호르고스로 이어지며, 거기에서 중국의 두 번째 서-동 가스 파이프라인으로 연결될 예정이다. 또 하나의 파이프라인은 카스피해의 텡기즈와 카샤간 가스전과 카자흐스탄의 심켄트와 연결하여 중국으로 끌어들이는 것이다.

중국 입장에서 중앙아시아에 대한 중요성이 부각된 것은 2000년대 이후인데, 그 이유는 신장위구르 자치구의 안보를 위한 전략적 관심, 자원과 상업적 관심, 그리고 중앙아시아가 중국 주변외교의 시험무대이기 때문이다(Ghiasy & Zhou, 2017). 2015년 6월, 산둥성에서 열린 제3차 중국-중앙아시아 협력포럼에서 중국과 중앙아시아 5개국은 실크로드 경제벨트 공동건설에 관한 합의문을 채택하였다. 그 이전에 중국은 이미 타지키스탄, 카자흐스탄, 키르기스

---

22) 키르기스스탄 측의 우려로 완공되지 않았다고 한다(Ghiasy & Zhou, 2017).

스탄과 양자합의를 이루었고, 우즈베키스탄과 협력 의정서를 택한 바 있다.

이들 합의문 채택의 목적은 무역, 투자, 교통, 통신 분야에서 상호호혜적 협력을 심화·확대하기 위한 것이다. 특히 중앙아시아 5개국의 국가발전 전략 내용을 실크로드 경제회랑에 담아내기로 했는데, 그 내용은 카자흐스탄의 '광명의 길'(road to brightness), 타지키스탄의 '에너지, 교통, 식량의 3대 국가진흥 전략', 투르크메니스탄의 '강성행복 시대'(strong and happy era)를 포함한다(HKTDC, 2016. 9. 13).

특히 중국은 카자흐스탄과의 협력을 전략적으로 중요하게 여겼으며, 현재까지 270억 달러를 투자했다(Ghiasy & Zhou, 2017). 카자흐스탄은 석유, 천연가스, 우라늄 광산 등 자원의 보고일 뿐만 아니라 중앙아시아와 유럽으로 향하는 관문이기 때문이다. 국제유가 하락으로 고통받는 카자흐스탄으로서는 중국의 투자를 환영할 수밖에 없다.

카자흐스탄을 제외한 중앙아시아 4국은 정치적으로 매우 취약한 상태에 있으며 부패도 만연하다. 또한 중국과의 대로 관련 사업에서도 투명하지 못한 점이 많아 책임문제나 경제 거버넌스 문제를 악화시킬 가능성도 크다고 한다(Ghiasy & Zhou, 2017). 중앙아시아 지역은 또한 테러와 극단주의에 따른 위험성도 매우 큰 지역이다. 경제 구조에서도 자원 의존도가 높고 산업이 발달하지 않은 지역이다. 내륙에 갇힌 중앙아시아 국가들로서는 대로 사업의 성공으로 수출입 양면에서 경제적 혜택을 누릴 수 있다. 카자흐스탄의 발전전략은 산업기반 강화와 다양화를 도모하고 있으며, 우즈베키스탄 또한 중국의 대로 관련 자금을 국가발전에 사용할 수 있을 것으로 기대하고 있다. 반면 경제력이나 금융, 무역에서 협상력이 약한 타지키스탄이나 키르기스스탄은 중국의 차관이나 투자에 대해 자국의 입장을 주장하기는 어려울 것이다. 한편 중국의 지정학적 의도에 대한 의심이나 두려움은 자원민족주의로 나타날 수도 있다 (Ghiasy & Zhou, 2017).

지정학적 관점에서 보면, 이 회랑은 몇 가지 전략적 문제를 안고 있다. 첫째 이란의 중국, 중앙아시아, 유럽 간 도관 역할을 부상시킨다는 점이다.

둘째, 러시아 입장에서 이 회랑은 러시아의 유라시아 교역을 잠식하려는 의도로 비칠 수도 있다. 또한 러시아의 뒷마당인 중앙아시아의 중국 경도에 대한 우려도 존재한다(Ghiasy & Zhou, 2017). 그러나 석유가격 하락으로 수세에 처한 러시아의 입장으로서는 중국과의 협력은 불가피했고, 대로 구상과 러시아의 유라시아경제연합 간 협력을 수용하고 추진하는 쪽으로 입장을 정리한 것으로 보인다(Ghiasy & Zhou, 2017). 또한 중국-중앙아시아-서아시아 경제회랑은 러시아가 추진하는 북-남 국제수송회랑(북서유럽과 남아시아를 연결하는)과 경쟁관계에 있기 때문이다.

셋째, 아시아와 유럽을 연결하는 교량인 터키의 역할이다. 중국의 대터키 투자는 상대적으로 비중이 떨어지는데, 그 이유는 중국 신장위구르 자치구에 거주하는 터키-무슬림 소수민족에 대한 중국 정부의 처우를 둘러싼 중·터키 간 긴장관계 때문이다. 2016년 쿠데타 실패로 터키 대통령 에르도안은 정권 장악력을 강화하면서 러시아와의 관계개선에 나섰다. 이는 서구와의 긴장 증대를 의미하게 되고 따라서 중국이 개입할 여지를 키워 준다. 터키에 대한 중국의 투자유인은 그만큼 높아진다고 볼 수 있다.

중국 – 인도차이나반도 경제회랑 (중 · 동남아 회랑)

2014년 방콕에서 열린 제5차 광역 메콩강 지역 경제협력 고위급회담에서 중국 리커창(李克强) 총리는 중국과 5개 인도차이나반도국가들 간의 관계 심화를 위해 세 가지 제안을 내놓았다. ① 광역적 교통망의 공동계획 및 건설과 산업협력, ② 자금 조성을 위한 새로운 방식의 협력, ③ 지속 가능하고 조율된 사회경제 발전 추구이다.

　현재 메콩강 유역 국가들은 동서남북을 잇는 9개의 월경 고속철도 및 도로 건설에 참여하고 있는데, 이 중 일부는 이미 완공되었다. 광시(广西)성은 중국 -베트남 국경의 관문 및 둥싱(東興) 항까지의 고속도로를 완성했고, 난닝(南宁)에서 하노이로 이어지는 철도도 개통했다(HKTDC, 2016. 9. 13). 광시, 윈난(云南) 등 중 서남부지역의 상대적 낙후를 감안할 때, 중국-동남아 경제회랑의 효과를 극대화하기 위해서는 범위를 더욱 확대하여 주장(珠江) 지역과 인도차이나 사이의 연결을 추진하게 될 것으로 예상된다(China-Britain Business Council, 2016).

　중국과 아세안의 무역은 주변지역 중 동북아를 제외하고 가장 큰 규모일 뿐 아니라 성장 잠재력도 크다. 중국-아세안 간 자유무역협정이 2010년 체결된 이유가 이를 반증하고 있다. 중 · 동남아 회랑은 중국 경제뿐만 아니라 세계 경제에도 큰 도움이 될 수 있다. 난닝 -싱가포르 경제회랑으로도 알려진 중 · 동남아 회랑은 중국의 난닝과 하노이, 비엔티안, 호치민, 프놈펜, 방콕, 쿠알라룸푸르, 싱가포르를 있는 도시 회랑이다. 난닝에서 광저우, 홍콩으로도 이어질 수 있는데 이 경우 인구 5천만의 10개 도시 네트워크 형성이 가능해진다. 중·동남아 회랑은 기존의 메콩강 경제협력체, 쿤밍(昆明)-싱가포르 철도 네트워크, 아세안 경제공동체라는 기존의 기구를 충분히 활용할 수 있다는 장점을 가지고 있다(Luft, 2016).

중·동남아 회랑에는 이미 완공된 사업만 보더라도 난닝-하노이 철도, 항공 연계 등이 있다. 항만과 관련해서도 말레이시아와 공동 항만개발 사업, 태국과는 램차방과 맙따풋항만까지의 철도연결 사업, 라오스 비엔티안과 쿤밍 간 철도연결 사업이 진행 중이다. 치앙라이에서 방콕 인근 아유타야까지의 철도사업도 진행 중이다. 인도네시아에서는 자카르타와 반둥을 잇는 고속철도 사업을 따냈고, 쿠알라룸푸르와 싱가포르를 연결하는 고속철도 사업에도 응찰한 바 있다(Luft, 2016).

중·동남아 회랑은 중국 남서부지역에서 남중국해로 진출을 위한 중국 정부의 전략적 결정을 반영하고 있다. 중국-베트남 간의 복잡한 관계 및 미얀마의 불확실한 정정(政情)으로 라오스와 태국을 관통하는 노선을 택한 것이다. 내륙국가인 라오스는 아세안 10개국 중 중국에 충성을 다하는 나라인데, 메콩강의 수자원을 활용할 수 있는 위치에 있다. 중국은 라오스에 265마일 고속철도 사업을 포함해 다양한 사업을 펼치고 있다. 이 철도는 태국의 맙따풋항과 인근 산업개발지구와 연결된다. 태국도 2014년 군사정권 수립 이후 중국에 경사되고 있어, 양국 간 협력은 심화될 것으로 예상된다.

중·동남아 경제회랑은 중국과 동남아 지역 경제통합의 중요한 기제를 제공한다. 육상 운송과 에너지 수송은 남중국해 해양 수송을 감소시키면서 중국의 말라카해협 해양 수송의 고민을 덜어준다. 한편 중국의 남중국해로의 북 -남 통로 개설은 이 지역의 안보·경제 환경을 바꾸는 계기도 된다. 중국과 말레이 반도를 연결함으로써 중국은 아세안국가들이 중국을 전략적으로 봉쇄할 가능성을 사전에 차단하는 효과를 노리고 있다(Luft, 2016).

중국 - 파키스탄 경제회랑 (중 · 파 회랑)

파키스탄은 인구 1억 9천만 명으로 적지 않은 시장을 가진 나라이며, 남아시아에서 인도, 미국 등과의 세력균형을 감안하면 중국으로서는 전략적으로 중요한 나라이다. 중국과 파키스탄은 '전천후 협력관계'로 불리는 특수한 관계에 있다. 양국은 무역뿐 아니라 국방 및 에너지(원자력) 분야에서도 긴밀한 협력을 유지하고 있다. 취약한 파키스탄 경제발전을 위해 2015년 중국은 향후 15년간 460억 달러의 대로 관련 투자를 약속했으며, 투자의 대부분은 신장위구르 자치구와 아라비아해를 연결하는 총 길이 약 3천 킬로미터의 고속도로, 철도, 관도, 전력배송망을 건설하는 데 사용될 것이라고 한다(Luft, 2016).

중 · 파 회랑은 대로 구상의 6대 경제회랑 중 대표 주자이며 가장 구체적인 내용을 담고 있다(Ghiasy & Zhou, 2017). 이 회랑에 대한 인도 정부의 반대와 우려가 없는 것은 아니지만, 중국 정부는 일대일로 구상에서 이 회랑을 가장 우선시하고 있다(Ghiasy & Zhou, 2017; Ahmad, 2016. 6. 3).

이 회랑의 구상은 2013년 리커창 총리가 파키스탄 방문 시 제안한 것으로 신장위구르 자치구의 카스(喀什)에서 파키스탄의 과다르항에 이르는 경제회랑을 건설하는 것이다.[23] 중국과 파키스탄은 카스에서 과다르항까지 고속도로, 철도, 석유 및 천연가스 파이프라인, 그리고 광파이버 네트워크를 건설하기 위한 장기계획을 세우고 사업을 추진하고 있다. 2015년 이슬라마바드에서 열린 중·파 간 선언에 의하면 양국은 카라코람(타코트 - 하벨리안 구간) 고속도로의 개선 2단계, 과다르항 동부만 고속도로, 신공항, 카라치 - 라호르 고속도로(물탄 - 수쿠르 구간), 라호르 철도 오렌지선, 하이얼 - 루바 경제지대, 중국 - 파키스탄 월경 광파이버 네트워크를 포함하는 중점 협력프로젝트를 적극 추진하는 것으로 되어 있다(HKTDC, 2016. 9. 13).

과다르항만 건설공사는 현재까지 많이 진척되었으며, 2017년 상업운영이 개시될 것으로 알려져 있다. 과다르항은 중국 서부에서 육로를 통한 아프리카 및 중동으로의 수출을 가능케 할 뿐만 아니라, 아프리카나 중동에서 중국으로 석유와 가스 수입의 수송거리를 대폭 감소시킬 수 있다는 점에서 매우 중요한 의미를 지닌다. 중국은 2015년 산업개발 용도로 과다르항 인근 2천 에이커의 토지 사용 권리를 획득했지만, 파키스탄 측의 영토주권 관련 문제제기도 없지 않다.

---

23) 과다르항만 개발과 파키스탄을 관통하는 육상 수송로는 이미 2000년에 양국 간 합의에 따라 추진된 사업인데, 말라카해협을 통과하지 않는 운송노선을 찾던 중국 입장에서 전략적 대안으로 선택된 것이다(Ghiasy & Zhou, 2017).

중·파 회랑은 양국 경제성장의 동력을 제공하지만 극복해야 할 과제도 적지 않다. 우선 험준한 지형과 기후조건도 그것이지만, 더 중요한 것은 안전이다. 호전적인 이슬람 세력이나 분리주의자들로부터 안전을 지켜 낼 수 있는지가 관건이다. 현재 파키스탄이 소수의 엘리트 집단이 핵심경제 활동을 지배하면서 책임을 회피하고, 동시에 부패지수도 높은 것이 경제회랑 건설의 암초가 될 수도 있다(Ghiasy & Zhou, 2017).

전략적 측면에서 중·파 회랑은 남·중앙아시아의 세력균형을 뒤흔들 수도 있다. 미국과 인도는 이미 우려를 표명하고 있고, 특히 과다르항이 중국 해군의 전진기지로 사용될 가능성에 촉각을 곤두세우고 있다(Luft, 2016; Ahmad, 2016. 6. 3). 인도 정부는 중·파 회랑에 대해 반대의사를 분명히 했다. 이유는 이 회랑이 인도-파키스탄 분쟁 지역을 통과하며, 지정학적 의도가 의심스럽고, 중국이 중·파 회랑에 대한 인도의 의사나 입장에 관심을 보이지 않았다는 것이다.

중·파 회랑 대응책으로 인도는 2016년 이란, 아프가니스탄과 함께 이란의 차바하르에서 아프가니스탄의 칸다하르에 이르는 도로를 연결하기로 합의했다(Luft, 2016; Ahmad, 2016. 6. 3).

이 경우 중·파 회랑의 가치는 떨어지게 되고, 중국도 보다 안전한 차바르-칸다하르 통로에 관심을 둘지도 모른다. 물론 이 대안적 통로의 약점은 중국과 직접 육로 연결이 불가능하다는 것이다.

방글라데시 - 중국 - 인도 - 미얀마 경제회랑 (방 · 중 · 인 · 미 회랑)

이 회랑은 리커창 총리의 2013년 5월 인도 방문 시 중국과 인도가 공동으로 제안한 회랑이다. 2013년 12월 방글라데시 -중국 -인도 - 미얀마 경제회랑 합동실무단이 쿤밍에서 첫 회의를 가지고, 개발 전망, 협력 우선분야, 협력기제에 대한 심도 있는 논의를 거쳐 교통기반시설, 투자 및 유통, 인적 교류에 대해 4개국이 상당한 합의를 이루었다. 총비용 220억 달러가 소요되는 사업이다. 이에 더해 4개국은 이 경제회랑에 대한 공동연구와 정부 간 협력을 촉진하기 위한 기제를 구축하기로 하였다(HKTDC, 2016. 9. 13).

이 회랑은 인도 동부 콜카타에서 방글라데시, 미얀마를 거쳐 중국 남부 쿤밍을 연결하는데, 인구 4억의 거대한 시장이 창출될 수 있다. 인도도 동북지역의 경제발전에 기회를 제공하는 만큼, 중·파 회랑과는 달리 흔쾌히 합의했다. 중국 입장에서 이 회랑은 중국 남부지역과 인도의 거대시장을 연결하고 동시에 벵갈만으로의 출구를 얻게 된다. 또한 미얀마 기반시설 투자를 선점하는 기회도 얻게 된다. 인구 5천 5백만의 미얀마는 성장 잠재력이 높고 동시에 값싼 노동력을 활용할 수 있는 기회를 제공한다.

문제는 교통기반시설과 전력공급인데, 중국은 이미 미얀마의 카육푸에서 남칸을 거쳐 중국 윈난성 루이리(瑞麗)로 연결되는 석유와 가스 파이프라인을 건설 중이며 완공되면 양국이 공유할 수 있다. 이외에도 중국은 수력발전소, 인도 접경의 미조람에서 시트웨 항만까지 육로 1,300킬로미터 도로도 계획 중이다. 현재 카라단강은 대로 구상에 포함되어 있지 않지만, 만약 카라단강을 이용한다면 미얀마에서 인도 동부까지의 수송거리를 절반으로 줄일 수 있다고 한다(Luft, 2016). 방·중·인·미 회랑은 방글라데시에도 커다란 선물을 안겨 준 바 있는데, 2016년 시진핑 방문 시 발전소와 소나디아 섬의 항만을 비롯한 25개 사업을 포함하는 240억 달러의 차관과 금융 지원을 약속했다. 이 회랑도 인도와 중국 간 영토분쟁, 동인도 분리주의자들의 반란으로 안전 문제를 안고 있다(Luft, 2016; Ahmad, 2016. 6. 3).

대로 구상의 전망

대로 구상은 기본적으로 주변국의 실제 수요보다는 중국의 필요성에 따라 진행되고 있다는 인상을 지울 수 없다. 그 필요성이 경제적이건 정치적이건, 국가적 사업으로 추진되는 대로 구상은 과도 확장의 위험성을 내포하고 있다. 또한 대로 구상이 비록 중앙계획이지만 지방의 참여가 필수적인 만큼, 각 지방의 과도한 경쟁으로 인한 중복 투자나 맹목적 투자의 문제도 발생할 가능성이 크다. 동, 서, 남, 북으로의 전 방위적 투자가 중국의 재정 및 금융악화로 이어질 수 있음을 감안할 때, 투자의 선택과 집중의 문제도 발생하게 된다.

일부에서는 대로 구상의 핵심 지역인 중앙아시아 및 중동 지역은 역사적으로 비단길의 중심에 위치한 지역으로 전략적 의미가 크다고 본다. 다른 쪽에서는 중국의 연해지역 경제가 이미 세계 경제와 밀접한 결합을 보이면서, 서부지역보다는 동남아시아를 포함한 동아시아가 핵심이라고 보는 견해도 있다(European Council on Foreign Relations, 2015). 그러나 무엇보다 중요한 평가기준은 첫째, 중국 경제성장과 구조전환에 긍정적인 결과를 가져 올 것인지, 둘째, 주변국에 대한 중국의 영향력이 강화될 것인지 여부이다.

대로 건설은 관련국에 경제성장의 기회를 제공할 수 있지만, 성공을 장담하기는 어렵다는 것이 일반적인 관측이다. 크게 보면 일대일로 건설에 직접적으로 관련된 요인과 외부적 환경 요인 두 가지로 논할 수 있다. 우선 직접적 요인으로는 첫째, 프로젝트 집행과 관련하여 과연 중국 기업들이 리스크 관리를 제대로 할 수 있는가이다(Ahmad, 2016. 6. 3). 일부 중국 기업들의 현지 노동력 관리나 프로젝트 전반의 관리가 부실했던 중국의 해외건설 경험에서 반추해 보면 중국 건설기업의 대외활동 증가는 오히려 중국의 이미지를 악화시켜 정치적 역풍을 맞을 수도 있다(Swaine, 2015; Kennedy & Parker, 2015. 4. 3). 둘째, 프로젝트 선택에 있어 투자 리스크를 충분히 반영할 수 있는가이다. 예를 들면 대부분 철도나 도로 관련 프로젝트로 구성된 대로 투자사업은 화물이나 여객 수요 예측이 잘못되면 대부분 기대수익을 얻지 못할 수도 있다. 셋째, 정경 분리 원칙이 제대로 지켜질 것인가이다. 만약 이러한 원칙이 지켜지지 않을 경우, 사업의 기대수익 미달이나 주변국, 특히 인도, 러시아 미국 등의 중국에 대한 부정적 태도를 유발하게 될 것이다(Djankov, 2016).

외부 환경 요인으로는 첫째, 연선국가들 간 종교, 문화, 정치, 경제, 안보 상황의 차이로 인한 다양한 리스크를 들 수 있다(鄭蕾·

劉志高, 2015). 둘째, 대규모 자금 소요는 실크로드기금 및 아시아 인프라투자은행 창설에도 불구하고 자금 조달의 문제를 야기할 수 있다. 셋째, 중앙아시아의 불안정과 남아시아 및 중동의 일상적 테러는 일대일로 실현에 커다란 위협으로 작용할 수 있다. 넷째, 수많은 나라들 간의 상이한 법 체제, 제도적 차이는 경제회랑 건설에서 극복해야 할 커다란 장애요인이다(Hendrix, 2016).

중앙아시아나 서아시아의 종교 극단주의세력이나 민족분리주의가 창궐하면서 국내적으로도 중국 서부지역 신장위구르 자치구와 티베트 지역에 대한 지정학적 안보 위험이 그치지 않고 있다(원동욱, 2016; European Council on Foreign Relations, 2015). 이런 측면에서 자칫하면 대로 건설은 마오쩌둥 시기의 3선 전략과 같이 고비용 저효율 개발전략이 될 수도 있다.[24)]

설사 일대일로의 성공적인 건설이 이루어지더라도 중국과 관련국 간의 불균형 문제를 여하히 해소하느냐의 과제는 여전히 남는다(Miner, 2016). 중국과 대부분의 중앙아시아, 서남아시아, 동남아시아 국가들과 일부 유럽 국가들 및 러시아 사이에는 현재 불균형 교역구조를 보이고 있다. 중국은 이들 국가로부터 석유, 천연가스, 기타 원재료를 수입하고, 기계장비 및 기타 제조상품을 수출한다.

---

24) 1950년대 초 한국전쟁과 미국의 중국 연해지역 봉쇄, 1960년대 베트남 전쟁, 1962년 중국과 인도와의 변경지역 충돌, 중소관계의 악화와 충돌로 중국은 내륙지역을 중심으로 '3선 건설'을 추진, '대분산 소집중'의 원칙에 따라 산업건설을 배치했다. 물론 안보 우선 발전전략이었지만, 중국 경제에 부정적인 영향을 끼쳤다. 유럽외교관계위원회에서 발간한 자료(2015)에서도 마오쩌둥 시절의 3선 전략의 비효율성을 언급했다.

또한 수출입의 액수에서도 현격한 불균형을 보이고 있다. 모든 아시아 국가들이 자원수출에서 벗어나 수출 상품구조의 다변화를 원하고 있는 상황에서, 이들 나라들의 요구를 중국이 일대일로 건설을 통해 어느 정도 충족시킬 수 있을 것인지는 커다란 의문으로 남는다.

정치나 안보 차원에서 많은 서방 전문가들이 우려하듯이 일대일로의 지정학적 의미를 과소평가할 수는 없다. 중국 주도하에 추진되는 일대일로가 중국 정부의 상호공영이라는 원칙 표명에도 불구하고, 중국이 가진 힘을 통해 주변국에 중국의 선호를 강요하거나 경제적 보상을 통해 유인하지 않는다는 보장은 없다(Swaine, 2014). 투자, 기반시설 사업, 기타 경제적 혜택을 제공하는 반대급부로 중국은 주변국으로부터 중국의 핵심 이익에 도전하지 않을 것을 원하고 있다. 이를 통해 중국은 일종의 비공식 네트워크 체제를 만들겠다는 의도이다. 이는 암묵적으로 과거 조공체계의 부활을 의미한다(Rolland, 2017. 6. 5).

동시에 일대일로를 통해 증대될 중국의 영향력에 대한 일본, 인도, 러시아의 우려도 존재한다. 특히 중앙아시아를 뒷마당으로 간주해 온 러시아는 중국의 영향력 확대에 민감할 수밖에 없다(원동욱 외, 2016). 비록 중국-인도 간 협력이 진전을 이루고는 있지만, 인도 또한 파키스탄(중·파 회랑)이나 스리랑카(방·중·인·미 회랑)에 대한 중국의 투자 확대를 우려의 눈초리로 바라본다(원동욱, 2016; Hendrix, 2016; Ramachandran, 2015). 동남아 일부 국가와의 남중국해 분쟁이나 대로 구상에 대한 인도의 시큰둥한 태도도 중국의 해상 실크로드 건설에 장애요인이 될 수 있다.

중국의 주변국 대부분은 대로 구상에 모순된 심리를 보인다. 한편으로는 중국의 자국 내 경제투자와 중국으로의 수출확대 가능성을 기대하지만, 다른 한편으로는 자국 내 산업기반의 잠식과 대중의존도 증대를 우려하는 경계심도 존재한다. 아세안 국가들은 육로건설과 해상 실크로드에 대해, 중앙아시아와 러시아는 육상 실크로트 경제벨트에 대해, 아프리카 국가들은 중국의 자원정책에 대해, 각기 기대와 우려의 경계심을 드러내고 있다. 중·동남아 회랑 건설에는 라오스, 인도네시아와 태국이, 방·중·인·미 회랑에는 인도와 미얀마가, 중국의 파키스탄 및 스리랑카 항만건설 및 운영에는 파키스탄과 스리랑카가 문제제기를 하고 있다(원동욱, 2016; Chang, 2016. 10. 3).

일대일로의 집행에서 무엇보다 큰 위험은 중국 내부에 있다. 중국 정부나 기업이 핵심 지도자의 비위를 맞추기 위해 일대일로 사업을 경제적 타당성이나 현지의 정치경제적 상황 및 요구사항을 무시하고 추진하거나, 조급한 성과 기대에 내몰릴 때 실패 확률이 높다(European Council on Foreign Relations, 2015; Swaine, 2015). 중국이 이러한 우려를 불식시키고 투명하고 공정하게, 그리고 개방적이고 겸손한 자세로 주변국과의 협의하에 일대일로 전략을 추진한다면, 연계기반 시설 건설에 대한 대규모 투자는 중국과 관련국 모두에게 상당한 혜택을 가져다 줄 것이다. 중국 정부가 천명한 대로 기반시설 계획이 관련국과의 협의하에 원만하게 수립, 관리되고 지속 가능한 금융지원이 이루어진다면 일대일로는 관련국 주민들의 물질적 삶의 질을 높이고, 유라시아 지역의 지경학적 통합에 기여할 수 있을 것이다. 중국의 의도가 이타적이든 이기적이든 상관없이 그러한 결과를 가져올 수 있다.

그러나 중국이 일대일로와 주변외교를 통해 유라시아의 중심이 되겠다는 정치적 야망을 추구한다면, 일대일로의 꿈은 중국이나 주변국에게 미몽(迷夢)이나 악몽(惡夢)으로 끝날 수도 있다. 25)

---

25) 이런 점에서 1980, 1990년대 일본의 아시아 전략이나 미, 소 양 강대국이 과거 경제적 지원을 통해 의존국을 통제하려 했던 경험에서 볼 때 성공확률이 높지 않다는 경고를 새겨들어야 한다(Grimes, 2016. 4. 15).

제 3 부

한국의 선택

行路難 行路難 多岐路 行路難
長風破浪會有時 直挂雲帆濟滄海
(갈 길이 어려워라 갈 길이 어려워라 갈림길 많으니 지금 이 길 어느메뇨
긴 바람 타고 파도 헤칠 때 반드시 있으리니
곧장 구름 돛 높이 달고 큰 바다 건너리.)

― 이백(李白)의 〈행로난〉(行路難) 중

제 7 장
주변 강대국의 한반도 이해관계와
한국의 선택지

제 3장에서 살펴본 대로 1980, 90년대 동북아에서 경제가 최우선 과제로 대두되었을 때 지경학적 접근이 지정학적 접근을 압도한 적이 있었다. 냉전 종식으로 동북아의 새 시대가 도래하면서 중국, 러시아, 일본, 한국 모두 경제협력에 대한 욕구가 강했고, 4국 모두 지리적 근접성을 배경으로 지경학적 교류와 통합에 대한 기대가 컸다. 중국은 당시 경제발전이 지상 과제였고, 러시아도 극동지역 개발을 통한 새로운 돌파구를 모색했다. 한국과 일본은 20세기 불행한 역사를 뒤로하고 동북아의 지경학적 기회를 활용하기 위한 다양한 제안을 내놓았다. 폐쇄국가 북한마저도 나진·선봉 개방을 통해 두만강 개발계획에 참여하기로 한 바 있다. 그러나 동북아 지역주의는 지정학적 이해관계가 압도하면서 꽃피지 못한 채 사라졌다.

지정학의 부활이 논의되기 시작한 시점은 아마도 베이징올림픽과 미국발 금융위기가 발생한 2008년 이후일 것이다. 급속한 경제성장으로 세력을 확보한 중국이 점차 주동적 외교정책을 펼치기 시작했고, 시진핑 정부 등장 이후 보다 공세적인 입장으로 전환했다. 중국의 경제에 대한 자신감이 그 밑바탕에 깔려 있었다. 1980년대 말 시작된 일본 경제의 침체와 잃어버린 20년, 1997년 아시아 금융위기로 주저앉은 한국 경제와 2008년 금융위기로 휘청거린 미국을 지켜본 중국으로서는 전략적 기회의 창이 열렸음을 직감했을 수 있다. 2000년대에도 지속된 고도성장에 힘입어 중국은 아시아의 중심으로 부상했다. 중국의 아시아 중심무대 등장은 미국을 비롯한 강대국들의 아시아 세력균형 재편에 대한 우려를 키웠고, 지정학적 이해가 지경학적 이해를 우선하는 결과로 나타났다. 여기에 북한의 핵·미사일 개발은 강대국들의 시선을 한반도로 끌어들여, 지정학적 경쟁의 장으로서 한반도를 다시 부각시켰다.

한반도의 지리적 입지와 전략적 가치

흔히 한반도를 동북아의 전략적 요충지라고 부른다. 그러나 이는 한반도가 지닌 지리적 위치로 인한 것이지, 한반도 자체의 고유한 가치 때문이 아니라는 평가도 있다(Hwang, 2017. 2. 24). 전략적 요충지로서의 한반도는 동북아의 세력변동에서 후방기지 또는 연합 대상, 대륙세력의 해양 진출이나 해양세력의 대륙 진출에서의 교두보라는 의미다. 역사적으로 대부분 주변세력에 의해 한반도의 전략적 가치가 결정되었고, 특히 동북아의 세력변동이 발생했을 때 한반도의 전략적 가치가 더 부각되었다(Snyder et al., 2017).

그러나 한국 스스로 이러한 전략적 가치를 능동적으로 활용해 본 경험은 거의 없다. 오히려 세력다툼이 발생하면, 한국의 운신 폭은 줄어드는 결과를 초래했다. 잦은 외침의 역사에서 볼 때, 한반도가 처한 지리적 입지는 '축복'이 아니라 '저주'에 가까웠다고 할 수 있다 (Snyder, 2015b). 물론 동북아의 세력판도가 안정적이었을 때, 한반도는 '가교' 역할을 수행했다. 역사적으로 통일신라와 발해시대, 몽골의 침입이 있기 전의 고려, 임진왜란이 발생하기 전 조선, 그리고 병자호란 이후 19세기 중반까지의 조선이 그러한 역할을 수행했고, 대부분은 중국 중원의 문화와 지식을 전수받아 일본 등 주변으로 전파하는 역할을 수행했다. 하지만 한반도의 가교 역할 자체도 19세기 중반 서구세력의 동아시아 진출이 있기 전까지는 중국 왕조의 대외 전략에 영향을 받을 수밖에 없었다. 예를 들면 명(明)이나 청(淸)나라 때 중국의 폐쇄적 교역정책이 조선 왕조의 해상활동에 제약을 준 바 있다.

반면 동북아의 세력균형이 흔들리는 시기에는 한반도는 주변국의 침략에 시달리거나, 아니면 어렵게 외교 수완을 발휘해 '중립'을 고수하면서 피해를 최소화하려고 했다. 여진(女眞)족의 청(淸)이 명(明)을 대치하기 이전까지 동북아는 중원, 동북, 한반도, 일본으로 구성되어 있었는데, 세력변동은 거의 대부분이 동북지역(한반도 북방지역)에서 발생했다. 거란, 여진, 몽골 등 북방지역에서 흥기했던 세력은 중원과의 경쟁에서 남방 배후인 한반도를 제압하여, 중원 세력과의 연합을 차단하고자 했다. 역으로 중원 세력은 한반도와 연합하여 북방 세력을 견제하고자 했다. 동북아 세력변동 시, 한반도는 중립, 견제, 편승이라는 세 가지 중 하나의 선택을 강요

당해 왔다고 볼 수 있다.[1] 결과는 대부분 중원의 최종 승자에게 편승하는 것이었지만, 가치나 이념 차원에서까지 종속된 것은 아니었다. 고려 때 요(遼)나 금(金)나라의 압력에도 불구하고 송과의 문화경제적 교류를 지속한 것이나, 조선 중기의 향명배금(向明排金) 정책이 편승은 했지만 가치나 이념 차원에서 동의하지 않은 대표적인 사례다(이기백, 1976).

근세사에서 외부세력에 의해 한반도의 전략적 가치가 다시 부각된 것은 19세기 말 서구의 세력 확장과 청조의 쇠퇴로 동북아의 세력이 크게 요동칠 때였다. 주변 정세에 무지했던 조선 말기, 선제적이고 일관된 외교정책을 갖추지 못한 채 급기야 일본의 손아귀에 들어갔고, 한반도의 반도성(半島性)은 상실되었다.

제2차 세계대전 후 한반도는 전쟁과 분단의 비극을 맞이했고, 현재까지도 반도성은 회복되지 않고 있다. 핵·미사일 도발과 협박을 일삼는 북한이 존재하는 한, 과거 한때 한반도가 수행했던 가교 역할마저도 당분간 기대하기 힘들다. 오히려 북한으로 인해 주변 강대국이 한반도의 불안정을 자국에 유리하게 활용토록 하는 빌미를 제공하는 있는 현실이다. 동북아에서 가장 취약국가인 북한이 동북아 지정학의 향배를 좌우하는 역사적 역설을 우리는 경험하고 있다(Kim, S. S., 2006).

그러나 19세기 말의 한반도와 지금의 한국을 단순 비교하는 것은

---

[1] 한반도는 3국시대 당과의 연합, 중국 중원 왕조에의 편승 또는 중립, 그리고 북방세력에 대한 견제정책을 써 왔다. 북방세력의 군사적 압력에 대응하여, 고려 이후 한국의 외교정책은 원교근공책을 쓰면서 나름대로 균형을 유지하기 위해 부단히 노력했다고 볼 수 있다(Yun, 2002; Rawski, 2015 재인용).

정치지도자들이나 국민들에게 경각심을 준다는 의미에서 긍정적이지만, 한국의 위상을 지나치게 과소평가하는 우를 범할 수도 있다. 현재의 한국은 19세기 말의 한국과 다르다. 비록 정치적 양극화와 경제적 난관에 봉착해 있지만, 한국을 제외하고서는 동북아의 평화와 협력을 논할 수 없다. 더욱이 어느 강대국도 한국과 한반도를 무시하고 동북아 질서 재편을 도모할 수는 없다. 미국도 아태지역 및 동아시아 질서에서 한국의 협력을 필요로 하며, 중국 또한 그들이 역사적으로 그래왔던 것처럼 동북아 질서 재편에서 한국과 한반도의 협력을 필요로 한다. 동북아의 외톨이인 일본도 일본 열도를 옮기지 않는 한 한국과 한반도와의 관계를 무시할 수 없다. 동북아와 아태지역에서의 입지를 확보하고자 하는 러시아는 한반도와의 협력관계 강화가 필수적인 과제이다.

요약하면 한국과 한반도의 역할에 따라 동북아 질서 재편이 안정적이고 협력적인 방향으로 나아갈 수도, 긴장과 대립의 구도로 바뀔 수도 있다는 말이다. 한국이 가야 할 길은 동북아의 대결적 세력 균형에서 협력적 다자질서가 수립되도록 노력하는 것이고, 이를 위해 한·미 동맹을 토대로 북핵문제 해결에 최우선을 두되, 한·중, 한·일, 한·러 등의 양자협력과 한·중·일, 한·일·러 등 3자협력을 강화해 나가는 것이다. 북핵문제가 해결되는 시기에는 남북한의 지리적 통합을 통해, 동북아 안정과 협력을 위한 보다 적극적인 역할을 수행하는 것이 한반도가 처한 지리적 입지를 저주에서 축복으로 바꾸는 길이다.

그러나 한국과 한반도가 가야 할 길은 잘 닦인 길이 아니다. 역사적으로나 최근 시기의 경험에서도 알 수 있듯이, 한국과 한국인들이 가야할 길은 잡초가 무성하고 곳곳에 장애물이 놓인 길이다. 더욱이나 북한이라는 거대한 '함몰구'(陷沒口)를 복구하는 작업은 막대한 비용과 상당한 인내를 요하는 과제이다. 노태우 정부의 북방정책 이후 주변세력과의 교섭확대를 통하여 남북 화해와 협력 분위기를 마련하고자 했던 모든 정책적 노력들은 불행하게도 성공하지 못했다. 미국이나 일본으로부터 한국의 중국 경사라는 우려 섞인 시선에도 불구하고, 한·중 관계의 긴밀화를 통해 북한의 변화를 유도하고자 했던 가장 최근의 노력도 북한의 핵·미사일 개발과 끊임없는 도발, 중국 정부의 지나친 북한 '안정' 강조로 돌파구를 찾지 못하고 있는 것이 사실이다.

그러나 소득이 있다면, 사드 배치를 둘러싼 중국의 대한국 전략의 본질과 강압외교의 일단을 보게 된 것이다. 한반도의 입지적 가치를 능동적으로 발휘하기 위해서는 한국이 처한 상황과 스스로의 능력을 제대로 알고, 주변 강대국의 한반도 및 동북아 이해관계와 그들의 한반도에 대한 전략적 의도를 제대로 읽을 수 있어야만 한다.

주변국의 한반도 이해관계

미국의 한반도 이해관계

우선 지리적으로 동북아에 자리하지 않지만, 지구촌에서 막강한 영향력을 행사하는 미국의 한국과 한반도 이해관계를 살펴보자. 20세기 초 미국의 동아시아 진출은 서구 열강과 달리 영토나 자원 확보에 커다란 비중을 두지는 않았다. 다만 러시아세력의 동북아 침투를 저지하기 위해 1905년 가쓰라(桂太郞) - 태프트(William Taft) 밀약에서 일본의 한국 지배를 허용하는 대신 필리핀 지배 승인을 대가로 요구했다. 제2차 세계대전 후 미국은 4강에 의한 한반도 신탁통치를 제안했지만, 소련과의 협상결렬로 미・소의 남북 분점으로 종결되었다. 1947년 미국의 대한국 및 대아시아 정책은 변화했는데, 바로 한반도 철수 검토다. 당시 미국 정부의 평가에 의하면 한반도는 미국의 안보에 사활적 이익이 걸린 지역이 아니었다(Okonogi, 1979). 그 이유는 한반도의 이중 주변부 특성으로 인해 미국의 세계전략이나 극동전략에서 가치가 크지 않았다고 보았기 때문이다.[2] 즉, 한반도는 대륙에서 주변부인 동시에 해양에서도 주변부였기 때문이다. 결과적으로 일본과 필리핀이 미국의 태평양 안보체제의 초석이라는, 이른바 애치슨(Dean Acheson) 방어선이 나오게 되었다.

지난 200년간 미국의 대아시아 전략에서 일관된 목표는 무역과 해상 수송로 확보, 민주주의와 자유주의 가치전파(19세기는 주로 선

---

[2] 1946년 트루먼 대통령 특사로 한반도를 시찰한 폴리(Edwin Pauley)는 한반도의 전략적 가치를 소련 공격에 대한 완충지대, 만주와 중국 북부 포위망의 기지, 일본에 대한 전진기지, 그리고 부동항 확보라는 네 가지 측면에서 조명했다고 한다. 흥미로운 사실은 한반도의 전략적 가치가 해양과 대륙 양면에서 파악되었다는 점과 동북아 세력 쟁탈전에서 어느 세력이건 위 두 가지 가치를 모두 독점하려 할 경우, 한반도의 전략적 가치는 상승했다는 점이다. 오코노기는 덧붙여 한반도 북부는 대륙 - 해양 세력의 대립장소일 뿐 아니라, 대륙세력 간(예, 중국과 러시아)의 경쟁에서도 요충지 역할을 했다는 점을 강조했다(Okonogi, 1979).

교), 태평양에 위치한 미국 영토의 보호였다. 이를 달성하기 위해 미국은 아시아 패권의 등장을 저지하면서 세력균형을 외교, 경제, 군사라는 세 가지 수단을 동원하여 추구했다(Campbell, 2016). 그러나 미국의 아시아 전략이 일관되게 전개된 것은 아니며, 상당한 우여곡절을 겪었다. 아시아는 유럽에 비해 후순위 지역이었고, 최근에는 중동에 깊이 개입해 왔다. 유럽 우선 전략은 1949년 타이완, 한국, 인도차이나를 방어선에서 제외하는 결과를 낳았고, 중국의 공산화를 막지도 못했다. 1950년 발발한 한국전쟁은 미국의 본격적인 아시아 개입을 초래한 동시에, 아시아 전략의 격상을 의미했다(Campbell, 2016). 아시아에서 공산진영의 등장을 저지하기 위해 일본, 한국, 타이완, 필리핀 등에 미군을 주둔시키게 되었다.

1954년 체결된 한·미 동맹은 한국전이라는 양국이 공유한 희생의 역사 위에 기초하고 있다. 초기 공산주의 확산의 전방 방어벽이었던 한·미 동맹은 현재 핵무장한 북한의 위협을 저지하는 데에 초점을 두고 있다. 군사동맹 이외에도 양국은 경제 면에서 한·미 자유무역협정, 세계 및 지역기구에서의 입장 조율, 자유주의적 가치 지지, 초국경적 문제에 대한 공동 대처 등 다양한 방면에서 협력을 강화해 왔다. 물론 한·미 관계가 아무런 문제없이 지금에 이른 것은 아니다. 1970년대 후반 주한 미군 철수를 둘러싼 갈등, 1990년대 초 냉전 종식에 따라 주한 미군을 포함한 동아시아 주둔 미군 감축 문제, 한·미 간 통상마찰 등 동맹관계가 소원해진 적도 있다(외교통상부, 2009).

현재 미국의 최우선 과제는 북한의 핵·미사일 위협에 대응하면서 북한의 비핵화를 달성하는 것이다. 핵·미사일 기술의 유출은 동북아지역 및 세계안보에 위협일 뿐 아니라, 미국이 추진해 온 핵확산 및 수출통제 원칙을 훼손하는 것이다. 중국은 북핵을 위협으로 느끼지 않을 수도 있지만, 미국은 위협으로 받아들이고 있다.[3]

보다 근본적으로는 한·일 관계를 개선하고 한·미·일 삼각동맹의 강화를 통해 중국을 견제하고자 하는 것이 미국의 동북아 전략 핵심이다. 실제 미국이 바라는 것은 중국의 반접근·지역 거부, 남중국해 문제 등에 대한 한·미·일 공동대응이다. 반면 한국은 과거사 문제로 인해 한·일 협력강화에 소극적이며, 한·미·일 대북 공조에는 참여하되 중국 견제로 비칠 수 있는 한·미·일 삼각 안보 동맹은 가급적 피하려고 한다.

북한을 둘러싼 불확실성에 대비한 공동준비와 조율은 한·미 양국의 긴요한 협력이 필요한 부분이다. 미국은 주변국 중 유일하게 한국 주도의 한반도 통일을 지지하면서 북한 주민의 삶을 향상시키는 데에도 관심을 가진 국가이다(Campbell, 2016).

미·중 간의 협력과 경쟁이라는 구조 속에 아시아는 세력재편의 길목에 들어서고 있다. 미국은 여전히 패권세력의 등장을 저지한다는 전략이지만, 중국을 어떻게 다룰 것인지에 대해서는 미국 내에서도 다양한 견해가 있다. 미·중 세력 분점, 동맹 중심의 중국 견제 또는 포위, 다자주의 지향의 동반자 관계 등이 논의된 바 있다. 미국의 '재균형 전략'의 핵심은 아시아 지역에서 한국, 일본, 호주,

---

3) 미국 트럼프 행정부는 2017년 4월 26일 미국의 상원의원 전원을 백악관으로 초청한 자리에서 미국의 대북정책 합동성명을 발표하여 북한의 핵미사일 개발을 매우 심각하게 보고 있음을 보여 주었다.

뉴질랜드 등 양자동맹 및 동반자 관계를 중심으로 하되, 중국과의 긍정적 관계유지를 통해 초국가적 도전에 대한 협력을 이끌어내는 것이다(Campbell, 2016).

　그러나 미국 중심의 바퀴살 체제가 중국의 영향력 증대에 따른 구심력에 얼마나 버틸 수 있는지는 두고 봐야 한다. 미국으로서는 중국과의 세력분점이 불가피한 상황이 도래하면, 제2차 세계대전 후에 구상했던 것처럼 아시아 동맹체제의 참여범위에 대한 축소 조정을 시도할 수도 있을 것이다. 한반도는 미국의 아시아 전략에서 배제될 수도 있다는 말이다.

중국의 한반도 이해관계

중국의 한반도 전략의 요체는 '부전(不戰), 불란(不亂), 무핵(無核)'이다. 평화와 안정을 유지하는 것이 한반도 전략의 최우선이다. 20여 년에 걸친 북한의 수차례 핵실험과 미사일 발사, 남한에 대한 국지적 도발에도 불구하고 중국 정부의 일관된 반응은 관련국 모두의 '냉정과 자제' 촉구였다. 중국은 한국전쟁으로 인한 피해와 미국의 타이완 안보공약을 잘 기억하고 있다. 한반도에서의 충돌은 중국의 경제발전을 지연시키고, 중국의 대외 위상이나 주변국과의 관계를 훼손시킬 수 있으며 '중국의 꿈' 달성도 요원해질 수 있다. 중국은 한반도의 불안정이 수십만 명의 탈북자를 발생시킬 수 있고, 동북지역의 사회불안을 야기할 것이라고 본다. 중국 입장에서 북한의 비핵화는 우선순위가 낮다. 중국은 한반도의 평화와 안정을 해치지 않는 범위에서 북한 비핵화를 추진해야 한다고 줄기차게 주장하고 있다(Glaser & Billingsley, 2012).

또 한 가지 중국이 맞닥뜨리고 싶지 않은 상황은 한국 주도의 통일에 따라 한·중 접경에서 미국과 대면하는 것이다. 중국은 북한이라는 완충지대를 최대한 오래 유지하는 것이 동북아 세력판도에서 유리하다고 본다. 북한 붕괴보다는 현상 유지를 선호하는 중국의 대북정책은 크게 변하지 않았고, 북한 스스로 붕괴하지 않는 한 지속될 것이다.

1992년 중국이 한국과 관계를 맺고 협력을 유지해 온 것은 경제적 동기가 크게 작용했지만, 전략적 계산도 깔려 있었다(Shambaugh, 2003). 한국과의 관계수립 없이는 한반도의 미래를 결정하는 데 지렛대를 갖기 어렵다고 판단했기 때문이다. 남북한 양쪽에 지렛대를 확보함으로써 상황을 중국에 유리한 방향으로 전개시키겠다는 중국의 전략적 의도는 상당부분 달성되었다고 할 수 있다.

한·중 연계 강화의 결과로, 미국이나 일본의 일부 층에서 한국의 중국 경사를 우려하는 시각이 만들어졌고, 한국 내부에 중국의 영향력을 각인시키고 친중 세력이 만들어졌다. 또한 한국과 중국 사이의 일본의 과거 침략 역사에 대한 정서적 공유를 통해 일본이 한반도에 발판을 마련하지 못하도록 하는 데에도 어느 정도 효과를 거두었다. 중국은 한반도의 자주적이고 평화적인 통일을 선호하고, 통일 한반도에 친중국 정부가 수립되기를 기대하고 있다. 그러나 일부에서는 불가피하게 한국 주도의 통일이 이루어지더라도 주한 미군의 철수 또는 축소 조정으로 중국에 직접적인 위협이 되지 않는다면, 한·미 동맹을 적극 반대하지 않을 수도 있다는 주장도 있어, 미·중 간의 타협점을 제시하고 있다(Shambaugh, 2003).

일본의 한반도 이해관계

한·일 관계는 1965년 국교정상화 협약에 따라 수립되었지만, 과거사 문제, 영토 문제, 문화적 부조화 등으로 가시밭길을 걷고 있다(Nilsson-Wright, 2016. 4. 29). 1998년 김대중 - 오부치 게이조(小淵惠三) 간 21세기 새로운 '한·일 동반자관계' 공동선언에도 불구하고 한·일 관계는 과거사 문제로 인해 진전과 후퇴를 반복하고 있다. 2015년 어렵게 타결된 위안부 문제는 소녀상 철거문제로 양국 내 부정적 여론의 지속과 국내 정치적 요인으로 다시 불거질 조짐을 보여, 한·일 관계의 전도를 예상하기 어렵게 만들었다(Nilsson-Wright, 2016. 4. 29; Snyder, 2016. 9. 23). 일본은 위안부 문제를 포함한 한국의 과거사 문제제기에 피로현상을 나타내면서, 한국이 중국을 중시하고 일본을 경시하는 것이 아닌가 하는 인식이 일본 내에 퍼지고 있다(신각수, 2013).

역사수정주의 입장을 내비치는 아베 정부 이후 일본의 우경화 추세는 아시아의 일원이기보다는 구미 세력의 일원으로 자처하는 듯이 보인다. 변화하는 동북아 환경에서 우경화된 일본의 선택은 경제력에 걸맞은 군사력을 갖춘 '보통국가'로 되는 것이다.[4] 물론 일본 내에서도 다자주의를 지향하면서, 자유주의적 국제질서를 수용하는 여론도 존재한다(Berger, 2004). 동북아의 지정학적 구도에서 일본은 한·일 관계를 부차적인 관계로 간주하면서, 미·일 동맹을

---

4) 리콴유 전 싱가포르 수상은 일본의 군비증강을 촉구하는 것은 재활치료를 끝낸 알코올중독자에게 초콜릿 리큐어를 주는 것과 같다고 비유한 바 있다.

핵심으로 중국과 러시아와의 관계개선을 적극 도모하고 있다.[5] 일
·중, 일·러 관계가 개선되면, 일본의 동북아 역학구도에서의 입
지가 강화될 것이고, 구태여 한·일 관계 개선에 노력을 쏟지 않아
도 한국은 변화된 역학구도에 따라 올 수밖에 없을 것이라고 본다
(Snyder, 2015a).

물론 지정학적 우선순위에서 일본과 한국이 차이를 보이는 것은
당연할 수밖에 없지만, 적어도 북핵문제에 대응하는 한·미·일 삼
각 안보협력과 동북아의 한·중·일 삼각 경제협력에서는 지정·
지경학적 이해를 공유한다(나카니시, 2015). 따라서 한·일 양국의
공통이해를 기초로 지정학적 이해관계를 조정해 나갈 기회는 없지
않다.

일본의 대한반도 정책은 한반도의 평화와 안정이 일본을 포함한
동북아의 평화와 안정에 중요하다고 인식하고 있다(전재성·김성
배, 2014). 북한의 한국에 대한 위협은 일본에도 위협이 될 수 있다
고 보고, 한·일 우호협력관계를 정책기조로 삼고 있기는 하다. 그
러나 한반도에서의 영향력 확보를 위해 2000년대 초까지는 남북한
에 대한 등거리 외교를 펼쳤다. 일본의 대북정책은 유라시아 대륙
진출을 위한 거점 확보 및 한반도에 대한 영향력 증대라는 전략적
목적을 추구하기 위해서였다(배정호, 1999). 최근 북한의 핵·미사
일 위협이 본격화된 이후에는 북한과의 관계는 납북자 문제를 제외

---

5) 아베 정부는 중국 시진핑 정부의 소극적 태도에도 불구하고 일·중 정상회담
을 줄기차게 추진한 바 있고, 특히 러시아와는 2016년 12월과 2017년 4월 정
상회담을 통해 양국관계의 정상화에 많은 노력을 기울이고 있다.

하면 거의 단절상태나 마찬가지다. 그렇다고 해서 한국과의 관계가 탄탄하거나 한반도 미래에 대한 비전을 공유하는 것도 아니다.

애매한 일본의 대한반도 입장은 크게 세 가지 요인에 기인한다.

첫째는 한국의 반일 민족주의 정서이다.

과거사 문제가 되풀이되면서 한국사회의 반일 정서가 사라지지 않았는데, 문제는 양국의 해석차이다. 일본은 과거 침략에 대해 충분한 반성과 보상을 했다고 생각하는 반면, 한국은 일본이 진정으로 반성하지 않았다고 여긴다. 일본은 제국주의 시절 그들이 한국을 포함한 아시아 여러 나라에 끼친 피해를 객관적으로 들여다보기를 주저하면서도, 제2차 세계대전 시 자국민들이 받은 피해는 잘 기억하고 있다(Kim, S. S., 2004). 일본의 역사 기억 문제는 동북아 국가 간의 정체성 충돌로 이어질 수밖에 없고, 일본의 동북아 전략에서 치명적인 약점으로 작용할 수밖에 없다.[6] 이 약점으로 인해 한국 또는 통일한반도의 중국 경사에 대한 일본의 의구심은 해소하기 어렵다.

둘째는 북한발 위기에 일본이 원하지 않는 덫에 걸려들 수도 있다는 연루의 공포도 있다(Cha, 2001).[7] 미·일 동맹에서 한반도 유사 시 일본의 개입 조항이나, 미국의 한·미·일 삼각동맹 추진으로 일본이 직접적으로 한·일 안보연대에 포함되는 것을 가급적

---

6) 과거사는 일본의 족쇄이며, 동북아 협력을 일본이 주도할 수 없는 이유다 (Akaha, 2006).

7) 동맹에 가담한 모든 나라는 방기(*abandonment*)와 연루(*entrapment*)의 공포에 사로잡힐 수 있지만, 미국이 일본을 방기할 가능성은 거의 없고, 단 한반도 유사시 연루될 가능성은 높다고 본다(Berger, 2004).

회피하고자 하는 것이 일본의 태도이다. 한반도의 현상 유지는 일본의 관망적 한반도 전략에서 어쩌면 손쉬운 선택일지 모른다. 일본은 한반도의 급격한 변화보다는 점진적 변화를 선호한다(Akaha, 2006). 또한 일본이 참여하는 한반도의 다자주의 관리가 일본이 원하는 동북아 평화적 안보환경 달성에 바람직한 방안이라고 본다. 반대로 일본이 현상 변경을 통해 한반도 통일을 지지하고 통일과정에 적극 참여하면서 통일한국과 연대하여 중국과의 균형을 맞춘다면, 일본으로서는 동북아의 외톨이 신세를 벗어날 수 있고 안보나 경제적 이득도 누릴 수 있다(Berger, 2004). 한국의 입장에서도 일본이 통일과정에 참여한다면 막대한 통일비용 부담을 부분적으로 경감시킬 수 있음을 알고 있다(Klingner, 2015. 9. 28). 이와 같이 일본과 한국은 동북아 평화와 협력의 많은 부분에서 공통의 이해관계를 가지고 있지만, 공통의 동북아 비전을 만들고 달성하기에는 넘어야 할 불신의 골이 너무 깊다.

무엇보다 우선적으로 해결해야 할 과제는 한국과 과거사에 대한 앙금을 말끔히 씻고, 자유민주주의라는 보편적 가치와 동시에 역사적으로 형성된 지문화적 가치를 공유하는 새로운 우호관계를 설립하는 것이다.[8] 역사수정주의 세력이 우세한 일본이 과연 이를 수행할 용의가 있느냐는 의문의 여지가 많다.

셋째는 통일한국이 동북아에서 일본의 안보위협이 되지 않을까

---

[8] 문명 충돌 가설을 제시한 헌팅턴은 일본은 지문화적으로 동아시아에 속하지만, 일본 문명의 특이성과 아시아 여러 나라의 일본 제국주의에 대한 기억, 중국의 경제적 중심성 등으로 동아시아에서 고립된 존재가 될 것이라고 예상한 바 있다(Huntington, 1996).

하는 우려이다. 몽골의 일본 침략 시 한반도를 경유기지로 사용한 것은 맞지만, 한국이 일본을 침략한 역사는 전무하다. 오히려 일본은 동아시아의 판도를 뒤흔드는 두 차례의 결정적인 한반도 침략을 한 바 있다. 물론 통일한국이 중국과 연대하여 일본을 경원시할 가능성도 배제할 수 없지만, 한·미 동맹과 미·일 동맹이 존속하는 한 일본의 안보 우려는 기우에 지나지 않는다. 한반도 통일 이후 오히려 긴장해야 할 나라는 이념과 체제를 달리하는 중국이 될 것이다(Cha, 2001).

러시아의 한반도 이해관계

러시아와 한국의 첫 교섭은 19세기 말로 거슬러 올라간다. 당시 청으로부터 극동 연해주를 할양받은 러시아는 두만강 유역에서 한반도와 국경을 마주하고, 양국은 1884년 통상조약을 맺었다. 한반도의 러시아 영향력 증대를 우려한 일본과 1904년 러·일 전쟁을 치르면서 러시아는 만주와 한반도에서의 영향력을 상실하게 된다. 당시 한반도의 궁핍과 일제의 압박으로 많은 한국인들이 연해주로 이주했고, 일제와의 내통을 우려한 러시아가 이들을 중앙아시아로 강제 이주시켰다. 소련은 북한 정권 수립과 북한 내 기반시설 건설에 기여했고, 한국전쟁 발발에도 한몫을 했다. 또한 소련은 극동 시베리아 지역 벌목에 북한의 노동력을 활용했고, 현재 러시아도 그러하다.

1990년 한·러 수교 이후 양국 간 교역은 급속히 증가했고, 극동 및 시베리아 자원개발 등 다양한 협력사업을 논의하기 시작했다.

당시 러시아는 한국을 아태지역 진출의 교두보로 생각했다. 정치적으로도 러시아는 일본을 압박하기 위해 한국이라는 카드를 필요로 했고, 동아시아에서 한국의 역할 증대를 예상하고 있었다. 한국 또한 대북관계에서 러시아 카드를 활용하고자 했던 것이 사실이다 (Bazhanov, 2006).

한편 한국과의 수교로 소원해진 북한과의 관계는 1990년대까지 유지되다가, 2000년대에 들어와 러시아의 북한경제 지원이 증가하기 시작하면서 등거리 외교정책이 부활했다. 러시아의 양다리 걸치기 전략은 한반도에서의 영향력 유지와 한반도와의 연계를 통한 극동 시베리아 개발을 위한 목적이었다. 실제 러시아는 시베리아 횡단철도와 한반도 종단철도 연결이라는 구상 하에 하산 - 나진 구간 철도를 재건하고, 나진항 개발에도 참여했다(Goulunov, 2016. 8. 3). 실제 박근혜 정부의 유라시아 구상이 러시아의 유라시아 대륙교 구상과 맞물리면서 러시아와 한국은 지경학적 이해가 일치하는 바가 크다.

그러나 우크라이나 사태 이후 러시아가 서방의 제재를 받게 되었고, 북한의 핵·미사일 도발이 계속되면서 러시아와 한국의 한반도 협력은 중단되고 말았다. 러시아는 북한의 비핵화에는 찬성하지만, 지나친 국제사회의 압박과 제재로 북한이 붕괴되는 것을 원하지는 않는다. 최근 사드 배치를 둘러싸고 러시아는 중국과 보조를 맞추어 반대의사를 표명했다. 한반도와 동북아에 대한 영향력이 중국에 미치지 못하는 러시아는 동북아 전략의 기조에서 중국에 추수(追隨)하는 모습을 보이고 있다(Lee & Lukin, 2017. 1. 21). 한국에 대한 반감이라기보다 미국의 동북아 군비 증강에 대한 반대이다.

러시아는 북핵에 반대의사를 표명하면서도 한반도 문제의 평화적 해결을 주장하고 있다. 일부 러시아 인사들은 한반도 통일에 진정한 관심을 가진 나라는 러시아뿐이라는 주장을 하기도 했다(Galperovich, 2015. 4. 8; Goulunov, 2016. 8. 3. 재인용). 남북한 평화통일을 지지한다는 것이 러시아 정부의 공식입장이다. 남북한 모두와 정상적인 관계를 맺고 있는 러시아로서는 한반도의 통일이 러시아 경제에 긍정적 효과를 미칠 것이고, 정치적으로도 통일한국과 원만한 관계를 맺을 수 있다고 기대하고 있기 때문이다(전재성·김상배, 2014).

경제적으로 한국은 러시아의 제3 교역국으로 중요하지만, 오히려 정치적으로는 북한이 러시아에게 더 중요하다. 북한의 희귀 비철금속, 무연탄 등 자원 접근에 대한 반대급부로 러시아는 북한의 철도 현대화, 전력공급 네트워크 건설 등을 제시한 바 있다. 이러한 러·북 협력 사업들은 2016년 북의 핵실험과 미사일 발사로 수포로 돌아갔다. 그러나 북한과의 관계가 크게 개선되더라도, 러시아가 북한으로부터 얻을 수 있는 이익은 지정학적 가치를 제외하면 크지 않다. 오히려 한국이 러시아의 동방정책에서 핵심 동반자이다. 극동지역을 통해 시베리아 횡단철도와 한반도 종단철도의 연결, 천연가스 파이프라인 연결, 송전망 연결 등 러시아와 한반도 간 협력은 동북아 경제협력의 촉진제 역할을 할 수 있다.

러시아의 남북한 등거리 외교는 러시아의 미미한 경제적 영향력과 남북한의 상이한 요구를 조율할 수 있는 능력 부재로 그 실효성이 의심스럽다(Goulunov, 2016. 8. 3). 러시아는 등거리 외교를 통해 한반도 영향력 확보를 추구하지만, 현실적으로 얻는 것보다 잃

는 것이 훨씬 많을 수 있다. 북한이 비핵화와 개혁·개방의 길로 나
선다면, 러시아의 등거리 외교는 장기적 이익을 낼 수 있을 것으로
기대하지만, 그 전망은 매우 어둡다(Goulunov, 2016. 8. 3). 러시
아의 대한반도 정책에서 특이한 점은 다자적 접근방식이다. 6자회
담이 진행 중이었던 2000년대 초 러시아는 '동북아 다자 안전보장
기제'를 강조하고, 실제 실무단의 좌장을 맡기도 했다.

주변 4강의 동북아 및 한반도 전략

미국의 동북아 전략은 미·중 관계의 안정적 관리에 초점을 두며,
안보에 우선순위를 두어 한·미·일 삼각협력을 통해 중국을 견제
하고자 한다. 중국, 일본, 한국과의 경제협력은 미국의 국익에도
매우 중요하나 안보에 우선하지는 않는다. 한반도는 대중 견제의
교두보로서 중요한 의미를 지니며, 미국은 이를 통해 동북아의 안
정을 지향한다. 한국과의 관계에서 동맹 강화는 물론, 한·일 관계
개선을 적극 권유하는 입장이다. 북한의 비핵화를 단기적 정책목표
로 하지만, 북핵문제의 해결 후에는 한국 주도의 통일을 바라는 것
이 사실이다.

중국은 동북아 세력균형의 추를 중국 쪽으로 당겨오는 것이 목표
이지만, 중·미 관계가 악화될 수준의 모험은 하지 않을 것으로 예
상할 수 있다. 그러나 한·미·일 안보협력이 강화되어, 동북아에
서 전략공간이 축소되는 것은 적극 저지하는 입장에 서 있다. 한반
도 전체가 대미, 대일의 완충지대로 남아있기를 바라지만, 중국의

〈표 7-1〉 주변 4강의 동북아 및 한반도 셈법

	동북아 전략	대한반도 지전략	대한국	대북한	한반도 통일
미국	미·중 관계 관리와 한·미·일 동맹 강화로 세력균형 유지	대중 견제 교두보 동북아 안정	한·미 동맹 강화, 한·일 관계 개선	비핵화 인권개선	한국 주도 통일 적극 지지
중국	중·미 관계 악화 방지로 지역 안정, 한·미·일 안보 협력 저지	대미, 대일 완충지대: 동북아 경협 고리	한국을 우호세력으로 전환하여 한반도 영향력 확대	북한안정 비핵화	점진적 평화 자주통일 지지
일본	미·일 동맹 강화로 중국 견제: 일·중, 일·러 관계 개선	대중 완충지대: 동북아 경협 고리	한·일 관계 강화로 대중 견제	비핵화	점진적 통일 지지 한국 주도 통일 소극 지지
러시아	러·중 협력을 축으로 러·일, 러·한 관계 개선: 한·미·일 안보 협력 반대	아태 진출 교두보: 극동지역 개발 연계	한·러 경제협력 강화, 한반도 영향력 확보	비핵화 북한안정	점진적 평화 통일 지지

안보이익을 해치지 않고 지역안정에 도움이 된다면, 한반도가 동북아 경제협력의 고리로서 역할을 해 주길 기대한다. 북한의 비핵화에는 동의하고, 압박과 제재에 동참하지만 북한체제의 붕괴를 원하지는 않는다. 미·중 관계가 안정적 협력으로 들어서면 양국 협상에 의해 한국 주도의 통일을 수용할 가능성이 있지만, 기본적으로는 한반도의 평화적, 자주통일을 지지한다는 것이 중국 정부의 공식 입장이다.

일본은 미·일 동맹 강화로 중국을 견제함으로써 일본의 안보이익을 보장받기를 원한다. 미·중 관계가 안정적으로 진화한다면, 중국이나 러시아와의 경제협력을 강화해 나갈 의도는 분명히 있어 보인다. 한반도가 대중 완충지대 역할을 해 주기를 기대하지만, 상황에 따라 동북아 경제협력 및 대륙진출의 고리로 활용하려 할 것이다. 북한의 핵·미사일 개발에는 반대하고, 한반도의 점진적 통일을 지지하는 입장이다. 물론 한국 주도의 통일에 대해서는 애매한 태도이지만, 소극적 지지로 보아도 무방할 것이다.

232

러시아는 동북아 안보에 대한 우려가 미, 중, 일보다는 덜하다. 오히려 경제에 대한 관심도가 높다고 할 수 있다. 중국과의 협력을 축으로 해서 일본이나 한국과의 경제협력을 확대하기를 원한다. 그러나 안보적 관점에서 한·미·일의 군사협력 강화에는 반대하는 입장이다. 러시아의 대한반도 전략은 극동지역 개발과 연계된 아태지역 진출의 교두보를 구축하는 것이다. 한국과의 보다 긴밀한 경제협력을 원하지만, 북한에 대한 영향력도 보유하기를 원한다. 북핵은 분명히 반대하지만, 중국과 마찬가지로 북한의 붕괴로 이어지는 수준의 압박과 제재에는 동의하지 않는다. 한반도 통일에 대한 입장은 점진적 평화통일이지만, 미·러 관계나 한·러 관계의 상황 변동에 따라 한국 주도의 통일에 대해서 적극적인 반대를 하지 않을 수도 있다.

주변 4강의 동북아 전략과 한반도 전략에서 미국과 나머지 3국 사이에는 다소 차이가 있다. 미국의 동북아 전략은 기본적으로 세계 차원에서의 부분적 고려인만큼, 미·중 관계 관리와 동북아 세력균형 유지에 초점을 두고 있으나, 중·일·러는 지역안정에 보다 전략적 초점을 두고 있다. 특히 한반도에 대한 전략에서 중·일·러 3국은 안보문제가 해결된다면, 한반도를 각국의 경제발전과 동북아 경제협력의 고리로 활용할 가능성이 크다.

한반도의 동북아 안정과 협력에서의 전략적 의미는 북한의 비핵화가 이루어지고, 주변 4강이 동북아 다자안보협력에 대한 인식을 공유하는 때가 전환점이 될 것이다. 이 경우 안보의 중요성은 감소하고 경제의 중요성은 증가할 것이다. 한국의 지정·지경학적 공간이 새롭게 전개될 수 있음을 의미하며, 네트워크와 다자주의 구축의 기회를 제공할 수 있다.

한편 주변 4강 모두 북한의 비핵화와 경제 개혁·개방에는 동의하지만, 비핵화를 위해 긴밀한 공조노력을 해온 것은 아니다. 아직도 중·러와 미·일 간에 온도 차이는 크다. 미국의 신행정부 출범 이후 미·중 간의 북한 비핵화 공조노력이 배가되고 있는데, 결과를 예단하기는 이르지만 비핵화를 위한 협상의 시작은 기대할 수도 있다. 비핵화 이후 북한의 개혁·개방이 이루어지고, 남북한 지리적 통합이 진행되면서 평화적인 한반도 통일이 이루어진다면, 주변 4강 모두 환영한다는 입장이다.

다만, 북한의 급변 사태로 인해 한국 주도의 통일이 불가피한 경우를 상정해 보면, 미국과 나머지 3강의 공식적 입장 차이는 명백하다. 미국은 한국 주도의 통일을 적극적으로 지지하지만, 중국은 적극 반대이며 러시아도 소극 반대일 것이다. 그러나 미·중이 보다 안정적 협력관계를 구축한다면, 중국은 미군 철수 내지 감소 등의 조건으로 수용할 수도 있을 것이다. 러시아는 중국과의 보조를 맞추기 위한 소극적인 반대 입장이지만, 러시아에 배타적이지 않은 한 한국 주도의 통일에 적극 반대할 이유가 없다. 한편 일본은 중국 경사의 한반도가 출현하지 않는다면, 적극 지지 입장을 표명할 것이다. 미국을 제외한 중·러·일의 1차적 관심은 통일이 아니라 한반도의 안정이고, 한국 주도의 통일에 대해서는 여러 조건을 내세우고 있다고 요약할 수 있다.

동북아 국가 간 관계망에서 볼 때, 미국은 가장 핵심세력으로 한

·일과 동맹관계, 그리고 중국과는 경쟁과 협력관계에 있다. 북한은 현재 미국 입장에서 동북아 안정을 저해하는 가장 큰 위협이고, 러시아는 미국과의 적대관계에서 벗어나지 못하고 있다. 중국은 일본과 경쟁과 협력관계를 유지하고 있지만, 과거사, 영토 등의 문제와 더불어 아시아 지역에서의 세력경쟁으로 안정적인 협력관계로 진화하기는 어려울 것으로 보인다.

중국은 한국과는 긴밀한 협력관계를 지속했지만 최근 사드 배치를 두고 양국 간 신뢰에 위기를 겪고 있다. 중국과 러시아 간에는 상당한 수준의 전략적 협력관계가 형성되어 있지만, 러시아의 유럽에서의 고립이 해소되면 중·러 간에 잠재적 경쟁요소가 표면화될 수도 있다(신범식, 2010a). 일본은 미국과의 동맹을 강화하면서 중국이나 러시아와는 협력과 경쟁을 펼치고 있다.

한국은 미국과의 동맹강화를 통해 북한의 위협을 저지하면서, 일본과는 북핵 위협에 대응하는 긴밀한 공조를 유지하고 있다. 중국과는 여전히 경제협력관계는 유지하지만 사드 배치 문제로 다소 긴장 국면을 맞았고, 러시아와는 낮은 수준의 협력관계를 유지하고 있다.

북한은 비록 중국과의 동맹관계를 유지하고 있지만, 핵·미사일 개발과 개혁·개방을 둘러싸고 상호신뢰가 훼손된 상태이다. 러시아와는 협력관계 강화를 시도하고 있지만, 성과를 기대하기는 어렵다. 북한은 미국, 일본, 한국과는 적대관계이다.

만약 북한의 비핵화가 이루어진다면, 동북아 관계망과 안보와 경제 결합은 어떤 변화를 가져올 수 있나?[9] 우선 동북아 관련국 모두의 안보 우선순위는 떨어지고, 경제 우선순위는 높아질 것으로

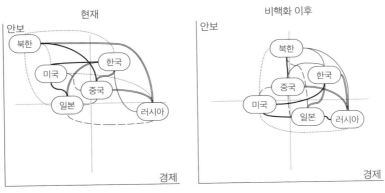

〈그림 7-1〉 안보와 경제 축에서 본 남북한 및 주변 4강의 좌표와 관계

—— 동맹 ══ 긴밀 협력 —— 협력 — — 협력·경쟁 ……… 갈등·적대

예상할 수 있다. 특히 미국은 북한발 동북아 위기 가능성이 크게 감소됨으로써, 안보우려가 줄어들 것이다. 비핵화 공조의 결과로 미·중 관계가 보다 안정적인 협력적 경쟁관계로 진화할 수 있는 기회를 찾을 수도 있다. 일본도 북핵 타결과 미·중 관계의 개선으로 중국이나 러시아와의 협력관계를 강화하면서, 북한과도 부분적인 경제협력을 시도할 것이다. 러시아도 비핵화를 계기로 한국 및 북한과의 협력관계를 강화하려고 할 것이다.

　무엇보다 가장 큰 변화는 남북한 관계로 적대관계에서 협력관계로 전환될 수 있다는 것이다. 북한이 비핵화에 이어 개혁·개방의 길로 나선다면, 남북관계는 보다 밀접해질 것이고, 한반도의 지리

---

9) 현재와 통일 이후의 동북아 세력망의 변화에 대해서 신범식은 '사회적 자본'과 '구조적 공백'이라는 관점에서 흥미로운 분석을 시도한 바 있다(신범식, 2015b).

적 통합과정이 시작될 수 있을 것이다.

　이러한 한반도발 안보 불안의 해소는 북핵 해결과정에서 동북아 다자안보에 대한 논의를 활성화 시킬 수 있다. 물론 현재까지 미국이나 중국의 다자안보에 대한 입장은 회의적이긴 하지만, 미·중 공조를 통한 북한 핵 폐기가 성공적으로 이루어진다면, 막대한 재정 수요를 동반하는 아시아 지역에서의 군사력을 유지하는 데에 부담을 느끼는 미국이나 아시아 세력확장을 위해 군비확충을 서두르는 중국도 동북아에서의 다자안보에 대해 좀더 관심을 기울일 수 있을 것이다. 러시아나 일본은 동북아 다자안보에 대해 긍정적인 입장을 견지해 왔기 때문에 적극적인 참여가 예상된다. 다만 다자안보 체제 형성에 걸림돌이 될 것이 분명한 동북아 국가 간의 신뢰 부족과 강한 민족주의 성향을 어떻게 극복할 것인가 하는 과제는 상존한다.

　동북아 다자안보협력 체제의 구축은 미·중 양 강대국의 전략적 운용공간을 줄일 수도 있지만, 반면 한국이나 한반도의 입장에서는 꽉 조여 있는 지정학적 굴레에서 벗어나 운신의 폭을 넓힐 수 있는 공간이 생기게 됨을 의미한다. 그렇다면 북한의 핵 도발에 처한 현 위기 국면을 벗어나고, 중장기적으로 동북아에서의 입지 확대를 위한 한국의 전략은 무엇이어야 하는가? 우선 1960, 70년대 경제발전이라는 지상과제가 달성된 후 한국 정부의 동북아 지역외교가 어떻게 전개되었는지를 살펴보고 앞으로의 전략을 논의해 보기로 한다.

한국의 동북아 지역외교의 전개

노태우 정부 이후의 북방 정책

1980년대 말 1990년대 초, 중국의 톈안먼 사건으로 인한 외부세계의 싸늘한 시선과 동구권과 소련의 해체로 인해 중국과 소련은 국제사회에서 상당히 위축되었고, 이를 기회로 활용한 노태우 정부의 북방 정책은 한·소, 한·중 수교를 달성해 내고 남북 화해와 협력의 기본 틀을 작성하는 성과를 거두었다. 북방 정책의 목적은 중국과 소련을 비롯한 공산주의 국가들과 정상적인 관계를 맺고, 이를 통해 한반도의 안정과 평화정착을 이루는 데 있었다(외교통상부, 2009). 1990년 한·소 수교나 1992년 한·중 수교는 모두 당시 한국의 높아진 경제적 위상과 러시아와 중국의 사회불안정 해소 및 경제성장 욕구와 일치했기 때문에 가능했다. 러시아 및 중국과의 수교를 바탕으로 남북한 간에는 1991년 12월 "남북 사이의 화해, 불가침 및 교류와 협력에 관한 합의서"와 "한반도 비핵화 공동선언"을 이끌어냄으로써 북방 정책은 나름대로의 성과는 이루었다.

1990년대 초 사회불안정과 경제침체를 경험하던 러시아는 아태 지역 진출 돌파구를 모색하던 중, 한국과의 협력이 경제회복에 도움이 될 것으로 인식했다. 한국 또한 러시아 카드를 활용해서 북한의 도발을 억제하고 미국과 일본에 대한 나름대로의 균형 맞추기를 시도했다. 한·러 관계는 초기 상호 간의 과도한 기대 및 한국 정부의 다소 편협한 태도로 인해 양국 관계 발전의 잠재력을 충분히 활용하지는 못했다(신범식, 2010b). 북방외교의 최종 목표가 남북관계의 정상화에 있었던 만큼, 러시아를 북한에 대한 지렛대로 간주했던 당시 한국 정부의 자세도 대국을 보지 못한 단견이었다.

수교 이후 양국 간 교역과 투자는 증가했지만, 많은 우여곡절을 겪었다. 한국과 러시아 간 부채상환 문제, 양국 대사관 맞추방 사건, 나홋카 공단 개발 불발, 블라디보스토크 영사 살해사건 등 많은 문제로 인해 북방 정책 초기의 기대와 달리 양국 간 마찰을 빚었고, 한·러 경제협력의 동력은 상당 부분 상실되었다. 한국의 자본과 기술을 활용하여 시베리아와 극동개발을 기대했던 러시아는 실망했고, 북한에 대한 지렛대 상실로 오히려 동북아에서 러시아의 위상이 실추되었다고 판단한 푸틴 정권이 들어선 2000년대부터 북한과의 관계 개선에 적극 나서면서, 남·북·러 삼각협력을 적극 추진해 왔다(Bazhanov, 2006).

한·러 관계는 한·중, 한·일 관계와 같은 역사적 친화성도 없지만, 동시에 과거사 및 영토 문제로 인한 갈등의 요소도 없다. 초기한·러 관계가 안착하지 못한 배경에는 체제와 문화의 차이에 대한 상호이해 부족과 신뢰 결여가 깔려 있었음을 주목할 필요가 있다.

한·중 수교 이전에도 양국 간 비공식 접촉은 있었지만, 반세기 가까운 한·중 관계의 단절은 양국의 지리적 근접성이나 문화적 유사성에서 결코 자연스러운 현상은 아니었다(외교통상부, 2009). 1980년대 경제 개혁·개방을 본격적으로 추진하던 중국으로서는 한국과의 경제협력을 절실히 필요로 했고, 새로운 시장을 필요로 했던 한국도 중국 진출을 원하고 있었다. 또한 남북한 관계를 새롭게 정립하고자 했던 한국 정부는 북한과 유일한 동맹국인 중국과의 교섭이 큰 도움이 될 것으로 기대했다. 한·중 수교의 정지작업은

1989년 한국이 중국의 입장을 고려해 톈안먼 사건에 대한 국제사회의 제재에 불참했다는 사실에서도 드러난다.

수교 이후 양국의 경제협력은 비약적인 발전을 이루었지만, 한국이 원하던 중국의 북한에 대한 '건설적 역할' 기대는 충족되지 못했다. 2000년대 이후 계속된 북한의 핵실험과 미사일 도발에도 불구하고, 중국은 북한을 계속 지원하고 오히려 남북한 모두를 영향권 내에 두려고 함으로써 북방 정책의 효과는 반감되고 말았다.

김영삼 정부에서는 한반도의 평화여건 개선을 위해 '4자회담'과 '동북아 안보대화'를 제안하고 미·중·일·러 등 주변 4국과 관계 발전을 중점적으로 추진했다. 남북한 간의 동상이몽, 주변국의 이해관계가 엇갈리면서 4자회담과 동북아 안보대화는 실질적인 성과를 거두지 못했다.

김대중 정부에서의 동북아 지역외교는 남북관계 개선보다 후순위였다. 대북 포용정책에 기초한 '햇볕 정책'은 2000년 남북 정상회담을 시작으로 남북 화해와 평화공존 체제 수립에 대한 기대를 높였다. 그러나 9·11 테러 사태, 미국 부시 행정부의 대북 강경노선 등 국제정세의 변화와 2002년 서해교전 발생으로 남북관계는 소강국면에 들어섰고, 북한의 농축우라늄 개발로 냉각되었다. 햇볕 정책의 결과는 실패였지만, 당시 남북화해를 통해 북한을 고립에서 끌어내고, 일본을 안심시키면서, 중국과 러시아의 관심을 불러일으키고자 했던 의도는 인정해야 할 부분이다. 김대중 정부 시절 남북관계에서 북한의 진정한 협력 의지와 주변 세력의 적극적인 호응이 있었다면, 동북아의 구체제를 허무는 데 기여했었을 수도 있다 (Calder, 2004).

동북아 중심 정책과 균형자론

노무현 정부는 동북아시대를 강조하면서, 한국을 동북아의 중심으로 발전시킨다는 비전을 제시했다. 10) 대륙과 해양세력 사이의 가교 역할을 강조하면서, 초기에는 물류·비즈니스 거점을 강조하다, 점차 확대되어 동북아 지역네트워크 및 아이디어의 거점, 지역 평화와 번영의 촉진자가 될 수 있음을 제시했다. 그러나 2005년에 제시된 '동북아 균형자론'은 한국의 능력을 벗어난 과도한 역할을 설정함으로써 국내외 비판에 직면하기도 했다.

냉전 종식 후 해양세력과의 교류에 제한되어 있던 한국의 대외관계를 러시아와 중국을 포함한 대륙세력으로 확대하여 한국의 중심성을 강화하겠다는 의도는 좋았지만, 한국이 마치 동북아의 강대국들 간의 세력균형을 조정할 수 있을 것처럼 설정된 이 개념은 당시 많은 오해와 비판을 불렀다(박영준, 2005). 한국이 균형외교를 통해 동북아 평화와 협력의 촉진자 역할을 하면서 보다 능동적 역할을 하겠다는 의도는 수긍할 수 있으나, 주변 강대국의 이해관계를 조정하고 중재자의 역할을 자임한 것은 비현실적이었다(김기정, 2005). 북핵문제를 해결할 역량도 갖추지 못한 상태에서 섣부르게 남북화해를 내세워서 한반도의 동북아 중심 역할을 강조한 것은 성급한 기대감의 표출이었다. 아시아에서의 미·중 간 주도권 다툼과 동북아에서 경쟁관계인 중·일 간의 신뢰부족은 한국의 역량으로

---

10) 동북아 중심 개념은 김대중 정부에서 '동북아 비즈니스·물류 중심'으로 출발했으며, 이후 '동북아 경제 중심'으로 진화했다(김원배, 2004).

는 메꾸기 힘든 간극을 보여 주었고, 결과적으로 균형자론은 비현실적 공론에 그치고 말았다.

이명박 정부는 한·미 동맹을 토대로 아태 지역주의를 제창했는데, 강조점은 한·미 동맹을 '전면적 전략적 동맹'으로 발전시키고 이를 토대로 한 '동북아 평화안보 기제'(Northeast Asia Peace and Security Mechanism)의 실현에 있었다. 북한의 위협이 사라지면 한·미 동맹을 통해 중·일 간 경쟁을 방지하고 지역에너지를 확보하며, 한반도 통일에서 중·일의 간섭을 배제하겠다는 의도였다. 그러나 남북관계의 경색으로 뚜렷한 다자안보 외교는 추진하지 못했다. 역대 정부에서는 한·미·일 삼각동맹을 고려하지 않았으나, 이명박 정부에서는 한반도 문제에서 한국과 상의한다는 조건으로 삼각동맹을 찬성한 바 있다(Kim, S. H., 2009).

동북아 평화협력 구상

박근혜 정부에서는 '동북아 평화협력' 구상을 제안하고, 비전통적 연성 안보문제를 주제로 동북아 국가 간 대화와 협력을 촉진하겠다는 의지를 표명했다. 동시에 추진되었던 '한반도 신뢰프로세스'가 남북관계의 정상화를 통해 북한을 국제사회의 책임 있는 일원으로 견인하고 통일의 기반을 구축하고자 했다면, 동북아 평화협력 구상은 역내 국가들 간의 협력과 대화를 통해 한반도 문제의 해결 분위기를 조성하고자 했던 것이라고 할 수 있다(엄태암, 2013).

6자회담의 보완책으로 제시된 동북아 평화협력 구상은 원자력 안전, 에너지 안보, 환경보호, 기후변화, 재난관리 등 기능별 협력

분야에서의 실질적 협력을 강조했다(신동익, 2015). 그러나 동북아 불안정의 핵심인 북한의 핵실험과 미사일 도발에 대한 해법이 빠짐으로서, 평화와 협력의 실체가 사라진 결과가 되었다(엄태암, 2013). 박근혜 정부의 '한반도 신뢰프로세스'가 제대로 작동되고, 동북아 평화협력 구상과 유기적으로 연계, 추진되었다면 성과를 낼 수 있었을지도 모른다. 그러나 비전통 연성 안보문제에서의 협력을 통한 신뢰 구축은 핵심 안보문제에서 갈등과 대립이 발생하면 쉽게 무너질 수밖에 없는 구조적 취약점을 가질 수밖에 없었다. 또한 주변 강대국의 동의와 참여 없이 동북아의 평화와 협력을 이뤄내는 것은 불가능한데, 이들을 끌어들일 매력적 유인이나 명분이 없었던 것도 동북아 평화협력 구상이 겉돌고 만 이유 중의 하나이다. 그러나 역내 긴장과 갈등의 원인이 신뢰의 부족에서 발생한다고 파악하고, 비전통 연성 안보문제에서의 국가 간 신뢰 구축을 통해 동북아 평화와 협력을 촉진하겠다는 의도는 바람직했다고 할 수 있다. 11)

지난 30년 한국외교가 걸어 온 길은 노무현 정부의 동북아 균형자론을 제외하면, 동맹을 기초로 한 다자주의(네트워킹) 및 위험회피가 혼합된 외교라고 볼 수 있다. 이러한 노력에도 불구하고, 한국의 동북아 외교가 지역주의 구축에 실패한 것은 한국 외교력의 한계 탓이기도 하지만, 미·중 양 강대국의 다자주의에 대한 소극

---

11) 연성 안보 분야에서의 신뢰 축적이 어느 수준에 이르러야 경성 안보문제를 해결할 수 있는지에 대한 깊은 고민이 결여되어 있었던 것이라는 지적도 있다(박인휘, 2014).

적 태도와 한·중·일 간 신뢰 부족에서 기인하는 바가 크다. 경제 분야에서 한·중·일 삼각협력을 만족스럽지는 못하지만 추진해 온 것이나, 남·북·러 삼각협력을 시도한 것은 지경학적 동기를 활용해 안보 불안정을 감소시키고자 하는 노력으로 평가될 수 있다. 다만, 중국에 대한 과도한 기대로 한·중 관계가 꼬인 것과 한·일 관계를 정상 궤도에 올려놓지 못한 것은 미래 동북아 지역질서 창출에서 한국의 입지를 좁히는 결과를 초래했다.

한국의 한반도·동북아 전략

한국이 지정학적 굴레를 벗어나 한반도가 처한 안보위기를 극복하면서 지리적 입지에서의 잠재력을 극대화하고, 동북아 안정과 협력을 구축하기 위해서 택해야 할 전략은 무엇인가? 전략 선택에 앞서 고려해야 할 외부환경의 변화추이와 변수는 무엇인가?

앞에서도 살펴본 대로, 한국의 전략적 목표 및 지향은 첫째, 북한 도발과 위협의 방어 및 억지를 당면 목표로 해서 북한의 핵 폐기와 변화를 중단기적으로 유도하고, 둘째, 역내 국가 간 경쟁이 초래할 피해를 최소화하면서 중장기적으로 주변국과 우호적 협력관계를 안착시키는 것이다. 셋째, 분단 극복과 한반도 통일이라는 중장기 목표를 위해 주변 4강의 지원을 확보하는 것이다. 거시적으로는 동북아의 경쟁·갈등 구도에서 다자안보·경제협력 체제 구축을 통해 상생과 협력의 구도로 전환시키는 데 선도적 역할을 맡아야 한다. 쉽지 않겠지만, 꾸준한 노력을 통해 동북아의 관계망을

구축하고 상호이해와 인식의 공유를 확대하는 것 외에는 다른 왕도
가 없다.

따라서 한국의 동북아 전략에서 추구해야 할 기본은 신의(信義)
를 바탕으로 한 실용외교다. 적과 친구가 애매모호한 국제관계에서
신의만으로 동북아 국가들과의 협력관계를 구축한다는 것은 연목
구어(緣木求魚)에 그칠 수 있다. 보편적 가치와 국제 규범을 준수
하면서 국가 간 신의를 지키되, 이러한 원칙에 크게 벗어나지 않으
면서도 주권과 국익을 지키기 위한 실용적 태도를 견지할 필요가
있다. 원칙과 실용을 겸비해야 명분도 얻고 실리도 구할 수 있다.
역량을 넘어서는 목표 설정이나, 기회주의적 행태 또는 감성적 외
교를 앞세운 국가 관계로는 명분이나 실리 모두 잃을 수 있다는 점
을 반드시 경계해야만 한다.

동북아 세력변화 추세와 주요 변수들

북한의 핵·미사일 위협은 한반도 및 동북아 불안정의 최대 요인이
지만, 그 해법이 마땅치 않다는 것은 지난 20여 년의 경험이 증명한
다. 북한은 스스로 핵을 포기하고 개혁·개방의 길로 나설 의사가
없다. 핵 포기나 개혁·개방 모두 북한 정권의 생존에는 치명적이
긴 마찬가지다. 차이가 있다면 생존기간의 길고 짧음에 있을 뿐이
다. 미국의 트럼프 행정부 출범 이후 '압박과 관여' 기조를 표방했지
만, 북한이 쉽게 호응하기를 기대하는 것은 과거 경험에서 볼 때 지
나친 낙관론이다. 중국이 북핵 위기에서 발생할 불안정을 막기 위

해 미국과의 공조 전술을 쓸 수는 있지만, 전략적으로 북한의 완충 역할을 포기할 가능성은 크지 않다. 또 한번의 '전략적 인내' 국면이 전개될 가능성도 다분히 있다. 북한을 협상테이블로 불러내기 위해서는 한·미·중 중심으로 국제사회와의 공조에 의한 강력한 압박과 제재가 현재로서는 유일한 대안이다.

한편 동북아의 세력균형에 대해서는 미·중 간 협력 속에 긴장과 분쟁이 증가할 것이라는 예상이 개연성이 높다. 물론 미·중 간 타협을 통한 세력균점의 상황이 도래할 수도 있다. 어쨌든 장기적인 동북아 세력균형은 서서히 중국에 유리하게 전개될 것으로 보인다. 물론 한 세대 내에 중국이 미국을 대체하리라고 장담하기는 어렵지만, 추세는 중국의 동아시아 중심국 등장을 예상할 수 있다. 어떤 중국의 등장인가는 현재의 추세로 보아 '돈(회유)과 힘(강압)'에 의존하는 중국이 될 가능성이 높다.

중국이 주장하는 '친성혜용'(親誠惠容)과 '의리'(義利)라는 외교 노선은 한 세대 안에 실천되기 어렵다. 또한 다자주의를 수용하고, 다자안보협력 체제 내에서 동북아의 평화와 협력을 선도하는 중국이 될 것으로 기대하기도 어렵다. 미국은 중국과의 경쟁과 협력 속에 동아시아 질서를 유지할 것으로 예상되지만, 미국의 글로벌 리더십 축소는 이미 시작되었고 장기화될 가능성이 크다. 미국의 예외주의, 일방주의, 고립주의와 더불어, 트럼프 행정부에서처럼 '거래'만 강조할 경우, 미국의 도덕적 권위는 더 빨리 허물어질 수 있고 (Bremmer, 2016), 국제질서는 제2차 세계대전 후 미국이 주도해 온 자유주의적 질서에서 현실주의자들의 주장대로 적대적 강대국 중심의 '제국', '진영' 또는 '세력권'이 할거하는 질서로 퇴행할 가능성이 크다(Ikenberry, 2017).

글로벌리즘의 후퇴와 글로벌 리더십의 부재로 인한, 민족주의 또는 국가주의 부활이라는 세계적 추세는 동북아에서 더욱 거세질 가능성이 높다. 그럼에도 불구하고, 한국은 한·미 동맹을 유지해야만 한다. 간헐적인 양국 간 오해와 마찰이 있었고 현재도 있지만, 한·미 관계 만큼의 신뢰를 다른 동북아 국가들과 쌓는 것은 더 요원하고 어려운 일이기 때문이다.

이와 같은 지정학의 부활과 경쟁관계로의 진입이라는 환경변화에도 불구하고, 지경학적 협력을 통한 동북아의 안정적 발전이 전혀 불가능한 것은 아니다. 동북아 각국이 처한 내·외부 환경의 변화에 따라 다자협력으로 안보 불안정을 줄이고, 경제협력을 우선하는 상황이 도래할 수도 있다. 예를 들면 미·중이 주도하는 6자회담을 통한 북핵문제의 극적인 해결로 '동북아 다자안보협력 체제'가 구축되는 경우, 또는 중국 경제의 침체로 중국이 주변국과의 본격적인 경제협력에 나설 경우 동북아는 지경학의 부활시대를 맞이할 수 있다. 그런 상황이 전개된다면, 한·중·일·러 4국 간 협력이 지역상생과 번영의 동력이 될 것이며, 경제와 문화적, 인적 교류는 더욱 활발해질 것이다. 물론 공동체 의식, 신뢰와 집단적 비전을 갖춘 동북아 지역주의 구축은 불가능할지 모르지만, 적어도 안보위기에 휘둘리지 않는 지역협력의 틀은 구축될 수도 있다.

현재 경제 중심의 한·중·일 삼각협력이 한·중·일·러 사각협력으로 발전되고, 당분간 개연성이 높지 않지만 미국과 러시아 간 적대관계가 해소된다면 더 우호적인 상황이 전개될 수도 있을

<표 7-2> 동북아 관련국의 경제 규모 및 순위 전망

단위: 10억 달러

국가		구매력 지수			시장 환율		
		2014	2030	2050	2014	2030	2050
중국	액수	17,632	38,112	61,079	10,355	26,667	53,553
	순위	1	1	1	2	1	1
일본	액수	4,788	6,006	7,914	4,770	5,994	7,914
	순위	4	4	7	3	4	6
한국	액수	1,790	2,818	7,575	1,449	2,557	4,142
	순위	13	13	17	13	13	15
러시아	액수	3,559	4,996	7,575	2,057	3,323	6,610
	순위	6	7	8	9	9	8
미국	액수	17,416	25,451	41,384	17,418	25,451	41,384
	순위	2	2	3	1	2	2

자료: PwC(2015) p. 3; 40.

것이다.

한편 일본의 위상은 중국의 지속적 성장으로 현재보다 상대적으로 추락할 것이다. '한·미·일 삼각' 대 '중·러·북 삼각'의 대립 구도로 동북아가 퇴행하지 않는 한, 일본은 중국과의 경쟁에서 우호세력을 필요로 할 것이고 지리적으로 역외 국가인 미국을 제외하면 한국과 러시아가 그 대상이 될 것이다.

문제는 과연 한국이 중견국으로서의 위상을 유지할 수 있는가인데, 전망은 경제 및 인구의 구조적 문제와 지나친 대외 무역의존도, 그리고 국내 정치의 분열로 낙관적이지 않다(Snyder et al., 2017). 12) 한국 내부의 과제 극복과 더불어 대외적으로 한·중·일

---

12) 특히 국내 정치 요인과 관련하여 펨펠은 한국뿐만 아니라 동북아 각국의 국내 정치가 국제관계에 중요한 영향을 미칠 것이라는 논지를 제시한 바 있다 (Pempel, 2014c).

삼각협력을 강화해야 하고, 한·일·러, 한·미·러 등 새로운 삼각협력 또는 한·중·일·러 사각협력의 구성을 위한 네트워킹을 부단히 해야만 중견국의 지위를 유지할 수 있을 것이다. 더불어 국제사회의 책임 있는 일원으로서 국제규범의 제정과 국제질서의 재편에도 적극 참여해야 당면한 북한으로부터의 도전을 넘어서 동북아 지역의 평화와 안정을 도모하는 데 도움이 될 것이다. 13)

한국의 동북아 전략 선택지14)

한국의 선택지는 ① 위험회피(hedging), ② 동맹, ③ 견제, 15) ④ 편승, ⑤ 중립, ⑥ 균형, ⑦ 지역주의(또는 다자주의), ⑧ 네트워킹이 있다. 16) 여러 논자들이 주장한 것처럼 이들 선택지는 상호배타적

---

13) 중견국으로서의 한국 외교의 중요성에 대한 논의는 이동휘(2013) 참조. 손열은 문재인 정부의 중견국 외교를 위한 제언에서 미·중 간의 양자택일 상황을 벗어나기 위해서 눈치보기와 단기대응을 넘어서 국제규범과 원칙에 근거한 외교관계 방향 재설정을 강조한다(손열, 2017).

14) 여기에서의 논의에 대해서는 다음을 참조(박철희, 2015; 오버홀트, 2016; 윤영관, 2015; Han, 2015; Kim, S. H., 2009; Rhee, 2014; Scalapino, 1998; Snyder et al., 2017).

15) 미·중 관계가 악화되어 북방 대 남방의 진영 구도가 대두되면, 미국은 대중국 견제를 위한 한·미·일 삼각 안보협력에의 적극적인 동참을 요구할 것이다. 스나이더 외(Snyder et al., 2017)는 한국은 한·미 동맹의 유지, 한·중 유대관계의 강화를 통한 위험회피 전략을 추구하되 만일의 사태, 중국의 패권화에 대응할 수 있는 '견제' 전략의 선택지를 남겨두어야 한다고 주장하고 있으나, 필자는 견제가 한국의 선택지가 되는 상황은 개연성이 크지 않다고 본다.

16) 한승주에 의하면 경사, 균형, 등거리, 위험회피, 가교, 동등한 경쟁, 지역공

이기보다는 특정 이슈, 여건, 전략적 환경에 대한 인지와 더불어 다양한 조합으로 추진될 수 있을 것이다.

'위험회피'는 냉전 종식 이후 한국정부가 그동안 추진한 전략이다. 한·미 동맹을 유지하는 가운데 중국과 우호적 관계를 조성하여 미·중 간의 갈등에서 오는 위험을 줄이고자 하는 것이다. 1992년 한·중 수교 이후 비교적 원활하게 작동되어 온 한국의 위험회피 전략은 2016년 사드 배치 결정으로 난관에 봉착했고, 앞으로 미·중 경쟁이 심화되면 이 전략은 지속 가능하지 않다. 만약 미·중 경쟁관계가 협력관계로 전환되고, 북핵문제가 협상의 길로 들어선다면 한국은 미·중 관계의 교량 역할을 일정 수준에서 할 수 있을 것이다(Pollack, 2014. 9. 29). 그러나 한·중 관계의 긴밀화는 일본에게는 부담으로 작용하여 결국 미·일 결속을 강화하는 방향으로 나아갈 수도 있고, 이 경우 한·일 관계의 재정립이 커다란 과제로 대두될 것이다. 17)

'동맹'은 한·미 동맹의 강화 지속을 의미한다. 한·미 동맹의 유지는 한국 내 반미 자주운동이 한국사회를 지배하지 않는 한 커다란 문제가 없을 것이다. 하지만 고민은 미국이 요구하는 한·미·일 삼각동맹을 어디까지 수용할 것인가이다. 한국은 최근 사드 사

동체, 현상 유지라는 8가지 전략적 선택지가 가능하며, 하나의 전략을 선택해야 하는 것이 아니라 어떤 순서로 어떤 조합의 전략을 가져 갈 것인지에 대한 논의가 필요하다고 한다(Han, 2015).

17) 기미야 다다시는 한·일 간 외교 협력의 자산을 활용하여, 양국 간 대미 동맹 관계 관리, 중국 대국화 대응, 북한문제 대응이라는 세 가지 측면에서 공통의 인식과 정책 조율을 이루어낸다면 한·일 관계의 긍정적 진화가 가능하다는 조심스러운 제안을 하고 있다(기미야, 2015).

태로 중국의 강압적 외교와 비합리적 보복에 시달리고 있지만, 아직까지 중국에 대한 강력한 반발은 자제하고 있다.[18] 중국 견제를 위한 한·미·일 안보협력의 선봉에 한국이 서게 된다면, 중국으로부터의 보복은 불 보듯이 뻔하다. 미·중 충돌의 결과를 정면으로 맞이해야 한다(Snyder et al., 2017). 한국 정부는 그간 한·미·일 삼각동맹에 대해서는 회의적이었는데, 북한의 도발이 본격화되고 중국이 북한 편을 든다면 불가피할 수도 있다. 이런 상황이 벌어진다면 한국의 외교적 입지는 크게 축소될 수밖에 없고, 동북아는 진영논리에 갇히게 된다. 장기적으로는 통일 후에도 한·미 동맹을 유지할 것인가의 여부를 결정해야 할 수 있다. 미국과의 축소 조정된 동맹을 유지하는 것이 중국의 지나친 한반도 간섭과 개입을 방지하는 데 유리할 수 있음은 자명하다(Scalapino, 1998).

'편승'은 중국의 패권세력화를 인정하고, 중국의 요구와 선호를 수용하는 것이다. 긴 역사에서 본다면 중국 '조공체계로의 재편입'이라고 할 수 있다. 당연히 미국과의 동맹은 약화되고 미군 철수 내지 감축이 뒤따를 것이다. 이 전략의 선택은 중국이 미·중 경쟁에서 승리하고, 아시아의 패권국이 된다는 전망에서 가능하다. 5장에서도 논의한 대로, 한 세대 이내에 중국이 미국을 대체하여 아시아의 패권을 잡기는 어렵다. 설사 그러한 상황이 도래하더라도, 현재 민족주의 성향이 강화되는 권위주의 체제의 중국이 한국의 이익을

---

18) 중국의 고압적 자세는 이미 2000~2001년 마늘파동에서도 드러난 바 있다. 이 외에도 동북공정 등 중국의 일방주의적 역사해석도 제국주의의 야망을 내비치는 징후다.

존중할 것이라고 기대할 수는 없다(Snyder et al., 2017).

‘균형’은 노무현 정부의 동북아 균형자론에서 검토한 바와 같이 한국의 경제력과 외교력으로 미·중·일·러 4국 사이의 동적 균형을 유지한다는 것은 현실성이 거의 없다고 보는 것이 맞을 것이다. 미국이나 일본과 거리를 두면서 중국 및 러시아와 밀접한 관계를 조성하여 한국의 정치, 경제, 안보 이익을 최대화하겠다는 전략은 한국인의 자존감을 높일 수는 있다. 하지만 현실적으로 미·중 양대국이 씨름판을 벌이는 상황에서 한국이 동북아의 전략적 환경을 변경하거나 통제할 능력은 없다(Snyder et al., 2017).

도발을 일삼는 북한이 존재하는 현 상황에서 ‘중립’이란 불가능하다. 한반도가 통일된다고 하더라도 중립은 균형과 마찬가지로 현실성이 떨어지는 선택지다. 동북아 다자안보협력 체제가 정착되고, 주변 강대국 모두 한반도에서의 영향력 확대를 도모할 필요성을 느끼지 못하는 환경이 조성된다면 중립은 가능할 수 있다(Scalapino, 1998). 과연 주변 4강의 평화협력 체제가 정착될 수 있을지, 또는 얼마나 지속될 수 있을지 많은 의문이 뒤따를 수밖에 없다.

‘지역(다자)주의’는 동맹전략과 함께 한국이 추구할 수 있는 바람직한 전략이다. 실제 한국은 노태우 정부 이후 ‘동북아 안보대화’에서 박근혜 정부의 ‘동북아 평화협력’ 구상에 이르기까지 다양한 지역기제 창출을 위해 노력했지만, 지역 강대국들로부터의 호응과 지원을 얻는 데 실패했다. 이념과 체제, 가치와 규범을 달리하는 동북아에서 다자주의가 정착되기는 어렵고, 강대국들의 이해관계가 일치하지 않을 경우 다자기구 형성은 더더욱 어렵다. [19) 다만 북핵문제 해결이 가시권에 들어오는 시점에는 6자회담에서 운영했던

'동북아 평화안보 기제'를 동북아 다자안보 협력체로 발전시키는 방안이 있을 수 있다(Kim, S. H., 2009). 한편 민족주의 성향이 증가하는 동북아에서 공동체를 상정하는 지역주의는 요원하다. 한국 입장에서는 다자주의를 통하여 다양한 파트너들 사이의 이해관계가 상충하는 것을 방지하고, 외교적 운신의 폭을 확보하는 것이 최상의 선택일 것이다. 물론 이도 한국의 외교력이 뒷받침되어야만 한다.[20]

'네트워킹'은 별도의 전략이라기보다 편승이나 균형을 제외한 모든 전략지와 함께 가야 하는 전략이다.[21] 냉전 후 한국이 강대국 간 긴장 완화를 위한 네트워크 중개자 역할을 수행해야 한다는 주장은 여러 정부에서 제기되었지만, 커다란 성과를 거두지 못한 것이 사실이다. 네트워킹 전략이 성공하기 위해서는 역내 주요국과 신뢰할 만한 수준의 전략적인 연계를 보유하고 있어야 하는데, 미국을 제외하면 현재 일본이나 러시아와는 그렇지 못하다(Snyder et al., 2017). 중국과의 신뢰도 훼손된 상태이고, 더구나 남북관계는 최악의 상황이다. 단기적으로 한국의 네트워킹 전략의 목적은 북한

---

19) 미국은 1950년대 초 동북아 다자안보기구〔덜레스(John Foster Dulles) 국무장관 제안〕에 관심을 표명한 바 있지만, 그 이후 동북아 다자안보기구에 대해 심각하게 고려하지 않았다. 중국도 다자주의를 적극 수용하지 않는다. 따라서 미국과 중국이 동의할 수 있는 명분과 구속력을 갖춘 동북아 다자안보기구의 틀을 정립해야만 하고, 여기에서 6자회담 참가국 간의 조율이 매우 중요할 것이다.

20) 정재호는 명민외교가 우리의 살 길이라고 주장한다(정재호, 2011).

21) 김상배는 망제(네트워킹) 정치라는 개념을 제시하고, 한국과 같은 중견국의 최상의 외교전략은 네트워크 강화라고 한다(조선일보, 2014. 3. 14).

발 위기사태나 동북아 세력변동에서 발생할지도 모를 피해를 최소화하는 것일 수밖에 없다. 미·중 간 협력관계가 정착되고, 미·러 간 적대관계가 해소되는 시점에서는 보다 적극적인 네트워킹을 통해 동북아 안보협력 및 동아시아의 지역평화 등 다자주의를 정착시키는 데 기여할 수 있을 것이다.

한국은 지경학적, 지문화적 측면에서 가교역할을 수행할 수 있는 지위와 잠재력을 갖추고 있지만, 동북아지역 안보에서의 역할은 매우 제한적이어서 이러한 가교역할 수행마저도 안보변수에 따라 흔들릴 가능성이 높고 실제 그러하다. 일부의 지적처럼 동북아의 균형자가 아니라 지역협력을 제도화시켜 일방적 패권주의를 방지하고 주변 강대국들의 갈등으로부터 자유로워지는 것이 아마 최상의 목적일 수도 있다.[22] 따라서 한반도의 지리적 입지 자산을 최대한 활용할 수 있는 가교역할을 한반도의 비전으로 세우고, 이를 위해 한·미 동맹을 유지하면서 열린 지역주의와 네트워킹을 강화하는 것이 최선의 전략적 선택이다.

---

22) 유사한 견해로는 박철희(2015)와 발비나 황(Hwang, 2017. 2. 24.) 참조.

제 8 장
북한을 변화시킬 전략은 무엇인가

한반도가 처한 지정학적 굴레에서 벗어나기 위해서는 동북아 차원의 전략과 더불어 북한을 변화시킬 전략이 있어야만 한다. 지난 20여 년을 반추하면, 북한을 변화시키는 길은 두 가지가 존재한다. 하나는 북한을 설득하여 개혁·개방으로 이끄는 길이며, 다른 하나는 북한이 체제 전환 없이는 생존하기 어렵게 만드는 길이다.

두 가지 길 모두 북한의 핵문제 해결방안을 제시해야 한다. 우선 북이 핵을 스스로 포기할 가능성은 매우 낮아 보인다. 대화론자는 우선 현재 수준에서의 핵 동결을 협상한 뒤, 북·미 평화협정, 남북관계 정상화를 통하여 핵 폐기로 유도 가능하다는 주장을 펼치고 있다. 이러한 상상은 과연 실현 가능한 것인가?

반면, 압박론자의 북한압박과 제재전략은 북한으로 하여금 핵이냐 체제생존이냐를 선택하도록 압박해 북한의 핵을 폐기시키고, 평화협정 체결 및 관계정상화를 통해 북한을 국제사회의 일원으로 편입하게끔 만들 수 있다는 주장이다. 과연 북한이 체제의 생존을 위해 핵을 포기할 수 있을까?

대화·협력 또는 도발·압박의 변주곡

지난 20여 년 넘게 한·미 양국에서 대화론과 압박론이 교차했으나 현재는 압박론이 좀더 힘을 얻는 모양새다. 우리 내부에서도 김대중, 노무현 정부의 대화·협력론을 거쳐 이명박 정부의 조건부 협력론으로 이어져 왔다. 박근혜 정부의 신뢰프로세스란 일종의 대화·압박 병행론인데, 북한의 4차 핵실험 이후 압박 쪽에 방점이 찍혀 있다. 최근 출범한 문재인 정부는 압박과 제재에 병행하여, 대화와 협상을 해야 한다는 병행론의 입장으로 보인다. 압박론이 보다 실천력을 가지기 위해서는 국제사회와의 공조로 북한 제재에 대한 고삐를 죄면서 북한 내부의 변화를 촉진시켜야만 가능하다. 어설픈 압박·대화 병행론은 두 마리 토끼를 다 놓칠 수 있다.

1990년대 이후 진행된 남북관계는 남측의 대화와 협력 기조, 때로는 북의 도발에 맞서는 억제, 그리고 북의 일시적 대화로 긴장과 완화가 반복되었지만, 기본적으로 도발과 협박을 주조로 하는 변주곡이었다. 남측의 입장에서 보면 대화와 협력이든, 압박과 제재든 북한체제의 변화 유도에 목적이 있었다. 물론 대화·협력 우선이냐 아니면 원칙 또는 조건부 관여냐에 따른 방법론에서 차이가 있었지만, 근본적으로 북의 체제변화를 통해서 남북의 평화공존을 달성하는 데 있었으며, 물론 통일은 그 이후의 문제이다.

북 압박은 두 가지 조건을 의미한다. 핵 포기와 개혁·개방이다. 핵 포기는 북한의 현 정권 입장에서는 자멸을 의미한다. 개혁·개방 또한 북한 현 정권의 유지에 이로울 것이 별로 없다. 김정은 세습 전제정권이 개방의 효과를 막아낼 수 있는 길이 없기 때문이다. 과연 북한은 핵을 포기하고 개혁·개방의 길로 나설 것인가? 이란과 미국 간 핵문제 해결방식이 북한에 적용될 수 있을까? 이란식 핵 타결이 북한의 체제안보 우려를 해소하면서 가능하다고 보는 견해도 있지만,[1] 높은 석유자원 수출 의존도와 막대한 해외자산을 보유했던 이란에 비해 북한이 제재로 인해 받는 압박은 크지 않아 보인다.

비록 핵 개발국가는 아니지만 형에서 동생으로 독재권력 이양을 이룬 쿠바의 경우, 사회주의 이념을 겉으로 내세우지만 비공식경제를 용인하는 방향으로 부분적 개혁·개방을 실시했다. 물론 쿠바의 당과 군 지배연합이 최근 미국과의 관계정상화를 수용한 것은 정치적 민주화나 주민들의 생활개선보다는 독재정권의 권력유지 때문일 수도 있다.[2] 중장기적으로 개혁·개방에 따른 정권 유지의 위험도 감수하겠다는 뜻이다. 과연 북한의 3대 세습정권에서 이러한 결단이 가능할까? 김정은과 그를 둘러싼 권력집단이 핵이라는 체제유지 수단을 포기하고 개혁·개방에 따른 체제불안을 감내하면서까지 북한 주민과 국가의 존속을 위해 대승적 결단을 내릴 수 있을까? 아마도 긍정적인 대답은 어려울 것이다.

---

1) 윤영관은 신문기고에서 이란식 핵 협상의 가능성을 언급한 바 있다 (조선일보, 2014. 1. 29).

2) 쿠바와 북한 간의 공식, 비공식 경제 혼합 정치경제의 전개 양상과 두 나라 간 유사점 및 차이점에 대해서는 박영자(2016) 참조.

북한 미래 시나리오

국내외 한반도 전문가들은 북한의 미래를 세 가지 시나리오로 요약한 바 있다. 첫째는 성공적 개혁, 둘째는 붕괴, 셋째는 그럭저럭 버티기이다(Eberstadt, 1993; Noland, 1997). 위로부터의 개혁·개방을 통해 북한 체제의 존속이 가능하다는 시나리오는 중국이 북한에 제시하는 대안이며, 동시에 한국의 대화·협력 우선론자들이 주장해온 바이기도 하다. 아래로부터의 개혁이 북한에서 시작되었다고 하는 일부 주장도 있으나, 중국이나 베트남과 유사한 방식의 개혁·개방이 북한에서 펼쳐질 가능성은 현재로서는 희박하다. 왜냐하면 북한 지도부의 생존이 위협받을 수 있기 때문이다.

북한의 개혁·개방은 1990년대 이후 간헐적으로 진행되었지만, 체제의 근본적 변화를 가져오는 수준은 아니었다. 1990년대 초 북한은 새로운 무역체계[3]를 도입하고, 나진·선봉 자유무역지대를 지정하여 대외무역 관계 개선과 개방을 통한 외자 유치를 시도했지만, 제도 미비와 열악한 기반시설 여건, 무엇보다 정책의지 부족으로 성과를 거두지 못했다.

2002년 '7·1 경제관리 개선조치'는 계획경제 체제를 유지하면서 부분적으로 시장기능을 활용하려는 의도에서 추진되었지만, 의도와 달리 공식 경제와 비공식 경제가 상호 공생하는 체제를 만들어

---

3) 새로운 무역체계란 무역 분권 조치로, 대외경제위원회는 물론 생산담당 내각 산하 위원회, 부처, 지역단위인 도에 무역회사를 설치하여 외국과 직접 무역을 수행하는 체계를 말한다(양문수, 2008).

냈다. 그 후 2005년 시장 통제조치와 2009년 화폐개혁을 통한 시장 억압에 나섰지만, 심각한 부작용으로 실패하고 말았다.

한편 개방을 위한 경제특구 정책은 2002년 〈신의주특별행정구역 기본법〉, 〈개성공업지구법〉 및 〈금강산관광지구법〉의 제정으로 본격화되었다. 북한 나름대로 개방을 통한 경제 회생을 본격 고민

<표 8-1> 1990년대 이후 북한의 개혁 · 개방 정책

연도	개혁	개방	비고
1991	새로운 무역체계 도입	나진 · 선봉 자유무역지대 지정	UNDP 두만강 개발계획 시작
1992		위탁가공	
1996	분조관리제 도입	한국 기업의 대북 투자	
1998		금강산 관광 시작	2008년 관광객 피살로 중단
2001		나진-하산 철도연결 합의	
2002	'7 · 1 경제관리 개선조치'	〈신의주특별행정구 기본법〉, 〈개성공업지구법〉, 〈금강산관광지구법〉 제정	2005년 하반기 이후 7 · 1 조치 중단 및 2009년 화폐개혁 시도, 양빈 체포로 신의주 특구 실패
2003	종합시장 및 소비재시장 합법화	개성공단 착공	2016년 핵실험으로 개성공단 중단
2010		나진 · 선봉 특별시 지정 및 〈나진 · 선봉 경제무역지대법〉 개정	
2012	'우리식 경제관리 방법' 점진 실시	황금평 · 위화도, 나진 · 선봉 경제무역지대 착공 및 〈황금평 · 위화도 경제지대법〉, 〈나진 · 선봉 경제무역지대법〉 개정	시장화 확대, 핵실험으로 북 · 중 공동 개발 답보 상태
2013		나진-하산 철도 완공	남 · 북 · 러 삼각협력 시작, 2016년 핵실험으로 중단
2013		〈경제개발구법〉 채택 및 각 도별로 개발구 지정	
2015		경제개발구 총 21개 지정	외자유치 어려움으로 유명무실
2016	'우리식 경제관리 방법'의 전면 확립		

자료: 양문수(2015); 김석진(2015); 북한정보 포털(http://nkinfo.unikorea.go.kr/).

했던 흔적이라고 할 수 있다. 비록 신의주 특별행정구역은 불발로 끝났지만, 개성과 금강산은 북한이 절실히 필요로 했던 외화수입의 기회를 제공했다. 2012년 '우리식 경제관리 방법'의 점진적 실시는 시장화를 부분적으로 수용하여, 경제의 효율화와 생산성 증대를 도모하려는 의도였다. 같은 해 황금평·위화도, 나진·선봉 경제무역지대 개발 착공은 유일한 후원자인 중국의 동북지역 개발과 연동하여 대중국 개방의 효과를 누리고자 한 시도였지만, 2013년 북한의 핵실험과 장성택 처형으로 답보 상태이다.

이러한 제한적 개혁·개방을 통한 경제회생 노력 이외에도, 북한이 종종 사용하는 수단은 위협을 통한 경제지원 갈취이다. 어떻게 보면 북한 정권은 남한을 포함한 주변국에 대한 도발과 위협을 통해 체제를 유지하고 있다고도 할 수 있다. 특히 남한에 대한 도발과 안보위협은 북한이 외부로부터 원조나 지원을 받아내는 도구로 작동했다. 이런 의미에서 위협과 도발은 어떻게 보면 북한이 가진 유일한 자산이자 정책 도구인데, 이를 포기하는 것은 쉽지 않은 일이다. 더구나 핵 탑재 대륙간 탄도미사일 보유에 바짝 다가선 북한이 위기 조성을 통해 한국이나 서방으로부터 경제지원을 얻어내는 전략을 계속할 것은 명약관화다.

설사 북한이 개혁·개방을 원한다고 해도 내외적 조건이 충족되지 않으면 어려울 것이다. 조건은 첫째, 핵 포기, 둘째, 전면적 개혁·개방, 셋째, 남북 화해와 공존, 넷째, 국제사회의 지원이다.

첫째 조건과 관련해서 핵무기가 정권 유지에 필수적이라고 믿는 북한 지도부가 쉽사리 핵을 포기하기는 어렵다.

둘째와 관련해서 과연 북한 군부가 개혁·개방을 지지할 것인지도 의문이다. 만약 북한이 개혁·개방으로 나설 경우에는 두 가지 선택지가 가능할 것이다. 하나는 개혁·개방을 통해 정권을 유지, 강화하는 것이다. 이미 핵무기를 보유한 북한이 개혁·개방을 하게 되면, 한국과 국제사회는 매우 난감한 상황에 처할 수 있다. 재래식 군사력 감축을 내걸고 한국과 미국의 반대급부를 요구할 수도 있을 것이기 때문이다. 결국 이러한 악순환은 다시 국제사회의 압박과 제재를 불러와 개혁 실패와 붕괴로 이어질 수도 있다. 둘은 북한이 본격적인 개방·개혁을 통해 정치체제의 변화까지 이루어 내는 경우이다. 경제상황이 악화되면서 북한은 핵 동결을 조건으로 대외협상에 임하고, 개혁·개방 정책을 시행하면서 경제회생을 도모하는 것이다. 만약 핵 동결을 시작으로 출발한 단계적 협상이 비핵화로 이어지고 한국과 국제사회의 경제지원이 본격 추진되면, 북한 정치체제의 변화도 기대해 볼 만하다. 현재의 유일지배 체제에서 중국식 집단지도 체제로 이행하면서, 정권의 안정화도 달성할 수 있을 것이다. 이러한 시나리오는 국제사회 모두가 바라는 바이나, 현재 북한이 처한 상황에서 그다지 개연성이 높지 않다. 4)

---

4) 박종철 외(2013)는 시장화와 정치적 다원화라는 두 개의 변수를 중심으로 북한의 체제변화 경로로서 북한식, 중국식, 동유럽식의 세 가지 유형을 제시한 바 있다. 현재 북한이 처한 외부압박을 감안하면 유일지배 체제와 경제·핵 노선을 유지하면서 부분적 시장화를 용인하는 북한식 경로는 개연성이 높아 보이지 않는다. 한편 북한 경제상황의 악화로 핵 동결 및 핵·미사일 실험 중단을 조건으로 대북제재 완화를 추구하면서 중국식 경로를 택할 가능성은 있지만 이 또한 진정한 핵 포기 의사가 없는 한 지속되기는 힘들 것이다. 시장화와 정치적 다원화를 전제하는 동유럽식 경로는 경제파탄, 지배 엘리트 집단의 균열, 주민의 저항 등이 발생하지 않는 한 개연성이 낮다고 할 수 있다.

두 번째 시나리오인 붕괴론은 한때 국내외에서 회자되다가 최근에 잦아들었다. 2016년 두 차례의 핵실험과 2017년 대륙간 탄도미사일 발사실험 및 6차 핵실험 이후 북한 붕괴론은 더 이상 거론되지 않고 있다. 다만 중장기적으로 북한사회의 이완과 주민의식 변화 등으로 붕괴할 것이라는 예상도 있지만, 여기에는 전략적 차원에서 붕괴로 이어지게 압박해야 한다는 당위적 논리도 작용하고 있다. 문제는 북한이 붕괴한다면 언제 어떤 형태로 붕괴할 것인가인데, 이에 대해서는 다양한 견해가 존재한다. 붕괴의 시기나 형태에 따라 한국이나 국제사회에 미치는 영향은 상이할 수 있다.[5]

북한 붕괴론은 소련·동유럽 사회주의 체제 해체 시, 1994년 김일성 사망 시, 2010~2011년 아랍의 봄에 이어 2016년 북한 4차 핵실험 이후 재등장했다. 되살아난 북한 붕괴론에도 불구하고 북한이 조만간 붕괴할 것으로 예상하는 사람은 많지 않다. 오래 전 하와이대학의 북한전문가 서대숙 교수가 경고했듯이 북한에 대한 예측은 점쟁이가 할 일이지 학자나 전문가가 할 일은 아니라고 했지만, 그럼에도 불구하고 수많은 전문가가 스스로 전문가로서의 수명 단축을 각오하면서도 예측하고 있다. 그 이유는 북한의 붕괴나 체제변화가 가져올 영향력이 한반도와 동북아에 그만큼 크기 때문이다.

달리 말하면 미래를 예견하는 정책이나 전략적 판단은 엄밀한 과학이라기보다 예견의 결과치에 대한 전문가의 가치나 신념이 투영될 수밖에 없는 주관적 영역을 내포하기 때문이다. 따라서 북한이

---

[5] 북한 붕괴 이후의 과제에 대해서는 랜드 연구소(Benett, 2013)에서 상세하게 다룬 바 있다.

붕괴할 것인가 아니면 지속될 것인가는 주관적인 판단이 개입될 수밖에 없는 사안이다.

또 한 가지 북한에 대한 예측이 어려운 이유는 정보의 부족과 수집된 제한적 정보에 대한 해석에서 주관성을 배제할 수 없기 때문이다. 북한의 붕괴가 결코 한반도와 동북아의 평화와 번영에 도움이 되지 않는다고 믿는 사람들은 북한 정권이 지속될 가능성을 염두에 두고 붕괴 가능성을 과소평가하게 되고, 반대로 북한의 붕괴 후 한국 주도의 통일만이 한반도와 동북아의 안정과 번영을 가져올 수 있다고 믿는 사람들은 붕괴 가능성을 과대평가하는 경향을 보인다. 후술할 북한 경제를 둘러싸고 상이한 평가나 해석이 나오는 것도 이러한 주관성의 경계를 넘어설 수 없기 때문이다.

북한의 붕괴 가능성을 두고 벌어지는 논란은 결국 대북정책이나 전략수립과 연결되기 때문에 중요한 의미를 지닌다. 붕괴 가능성을 높게 보는 경우, 당연히 압박과 제재를 통해 북한의 변화를 서둘러야 한다는 결론에 이르고, 붕괴 가능성을 낮게 보는 경우 압박과 제재 일변도에서 벗어나 대화와 협상을 병행해야 한다는 논리로 나아간다. 후자의 경우 압박과 제재는 북한의 변화를 결코 이끌어 낼 수 없다고 보는 반면, 전자의 경우 압박과 제재를 강화하면 변화를 유도할 수 있다고 본다. 따라서 북핵문제 해법에서도 차이를 드러낸다. 전자의 경우, 더욱 심한 압박을 통해 북한이 비핵화 협상테이블로 나오게 해야 한다는 주장을 펼친다. 후자의 경우 북한의 붕괴가 비현실적일 뿐만 아니라 바람직하지도 않기 때문에 압박과 유인을 적절히 배합하여 북한의 핵 및 미사일 동결 협상에서 출발, 순차적으로 비핵화의 과정을 밟아야 한다고 주장한다. 나아가 협상의 최종단계에서 정전협정을 평화협정으로 대체하는 것이 북한 비핵화의 해법이라고 본다.

반면, 전자의 경우 만약 북한이 압박과 제재에도 불구하고 도발과 대결적 자세로 나온다면, 정권교체를 통해서라도 체제변화를 시도해야 한다는 결론에 이를 수 있다.

정권교체와 같은 극단적 처방은 피하면서도, 보다 강한 압박과 제재를 가함으로써 북한을 협상테이블로 불러내야 한다는 것이 현재 미국과 한국의 주된 대북전략이다. 다만 이 전략의 관건이자 동시에 약점은 중국과의 공조이다. 과연 중국이 북한의 붕괴를 불러올 수도 있는 강한 압박과 제재전략에 동참할 것인가? 일부에서는 북한의 6차 핵실험 및 장거리 미사일 발사 이후 중국의 강화된 유엔 제재 동참 입장으로 제재효과가 본격화될 수 있을 것으로 보는 반면, 다른 쪽에서는 중국이 결코 북한의 붕괴를 불러올 만큼의 심한 압박과 제재에는 동참하지 않을 것이라고 본다.

결국 북한의 체제변화 가능성은 동북아 안보와 경제를 포함한 지역질서의 새로운 체계수립 여부와 맞닿아 있다고 볼 수 있으며, 동북아 질서 전반에 대한 논의와 연동되지 않으면 실효가 없을 것임을 시사한다.

북한의 붕괴 가능성에 대한 상반된 입장은 미국의 외교전문지 *Foreign Affairs* 2014년 10월 17일자에 실린 딜러리(John Delury)와 문정인(Chung-In Moon), 그리고 테리(Sue-Mi Terry) 사이의 논쟁에 잘 드러나 있다. 논쟁의 주요 내용을 간추려 소개한다.

먼저 딜러리와 문정인은 미국이나 한국의 일부에서 제기된 북한 붕괴론은 과장되어 있다고 한다. 단적인 예로 장성택의 처형에도 불구하고 엘리트의 대량 탈북도 없었으며, 중국도 관계 단절이나 국경 봉쇄를 하지 않았음을 강조한다. 이들은 북한 경제도 꾸준히 성장 중이라고 본다. 또한 김정은은 경제개발에 우선순위를 두고 주민들이 굶주리지 않도록 하기 위해 포전제도, 기업에게 관리 권한 제공, 다수의 경제특구 신설 등 경제관리의 개선조치를 실시했고, 그 결과는 대단하지 않지만 정권을 강화하는 긍정적 방향으로 작용하고 있다고 한다. 이들은 설사 북한의 엘리트가 김정은을 축출하더라도 국가는 생존할 것이며, 쿠데타가 발생하더라도 남한에 권력을 넘겨 줄 장군이나 당 원로는 없으며, 아랍의 봄 이후 전개된 상황에서도 알 수 있듯이 오히려 북한의 새 지도부는 김정은 정권보다 더 못할 수 있다고 한다.

북한의 이웃인 중국은 국경에서 재앙이 발생하는 것을 원치 않는데, 그 이유는 첫째로 완충지대의 상실을 바라지 않기 때문이다. 러시아도 극동지역 개발을 위해 완충지대를 필요로 한다. 일본도 김정은 정권에 대한 적대감에도 불구하고 통일한반도에 대해서는 한국과의 잠재적 경쟁 때문에 석연치 않은 입장을 보이고 있다. 한국 시민들도 북의 공격위협에 시달리지만, 북한의 붕괴와 이에 따른 비용에 대해 흔쾌히 수용할 태세는 아니라고 한다. 동북아 어느 나라에서도 북한 붕괴 또는 전복을 원치 않고, 이를 밀어붙일 정치적 의지가 없다고 하는 것이 이들의 판단이다. 특히 북한의 핵 보복 가능성 때문에 한국이건 미국이건 김정은 정권 전복을 시도할 수 없다고 본다. 결론적으로 흡수통일이 아닌 점진적 통합이 필요한 이유가 여기에 있다고 주장한다.

이들의 논지에 대한 테리의 반론은 우선 점진적 통합보다는 북한 붕괴의 가능성이 높다는 것이다. 점진적 통합을 위해 10년간 지속된 햇볕 정책의 결과는 명백한 실패이며, 한국에서 제공한 80억 달러의 투자와 지원에 돌아온 것은 북한의 핵·미사일 개발 외에 아무것도 없다는 주장이다. 딜러리와 문정인은 김정은 정권이 의미 있는 경제개혁을 하고 있다고 주장하지만 이를 뒷받침할 증거가 없다는 것이 테리의 주장이다. 또한 딜러리와 문정인은 북한 붕괴를 전혀 실현될 가능성이 없는 시나리오로 보지만, 소련, 동독, 여타 공산주의 국가들이 사례가 보여주듯이 북한도 언젠가 실패 국가의 선례를 따를 것이라고 테리는 주장하면서, 북한의 독재체제가 유지될 것으로 믿기보다는 붕괴를 대비하는 것이 현명할 것이라고 주장을 펼친다.

세 번째 시나리오는 '시간 벌기'로 뚜렷한 방향 없이 '그럭저럭 버티는' 것이다(Eberstadt, 1993; Noland, 1997; 2000). [6] 개혁이 가져올 체제 불안정으로 본격적인 개혁은 택할 수 없고, 단지 부분적 경제개선 조치만 추구하면서 정권의 수명을 연장하는 것이다. 1990년대 이후 북한경제의 변화과정을 보면, 이러한 '그럭저럭 버티기' 전략이 통한다는 사실을 알 수 있다(〈그림 8-1〉).

1990년대 구소련의 붕괴로 원조성 무역이 중단되고, 1990년대 중반 이어진 자연재해로 농업파탄과 대기근 등 심각한 경제난에 직면한 북한은 1990년대 말부터 시장화의 진전과 대외 경제관계의 확대로 어느 정도 경제 회복을 이루었다(김석진, 2015). 그러나 2006년 북한의 1차 핵실험으로 북·일 교역이 중단되고 이어진 2차 핵실

---

6) 양문수도 북한의 전반적인 경제정책 기조는 그럭저럭 버티기라고 설명한다(양문수, 2015).

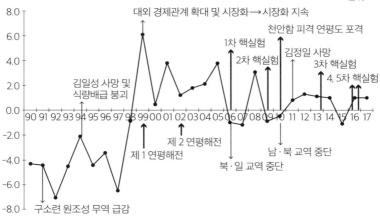

〈그림 8-1〉 북한의 주요사건, 도발과 경제성장률

단위: %

대외 경제관계 확대 및 시장화→시장화 지속

천안함 피격 연평도 포격

1차 핵실험

2차 핵실험

김정일 사망

3차 핵실험

4, 5차 핵실험

김일성 사망 및
식량배급 붕괴

제 2 연평해전

제 1 연평해전

남·북 교역 중단

북·일 교역 중단

구소련 원조성 무역 급감

자료: 한국은행(http://ecos.bok.or.kr); 국민계정; www.tradingeconomics.com/. 재구성.

험과 천안함 폭파 및 연평도 포격으로 2010년 남북교역이 중단되면
서 중국과의 무역에만 의존하는 왜곡된 대외경제 구조를 가지게 되
었다. 이후 계속된 북한의 핵실험과 미사일 도발에도 불구하고, 북
한 경제가 버티는 것은 북·중 무역의 확대와 시장화, 즉 비공식 사
경제의 발전 때문이라고 할 수 있다(양문수, 2015). 2015년 북한 경
제가 부의 성장률을 보인 것은 국제 원자재 가격 하락, 중국의 광물
자원 수입 수요 감소와 대중국 노동자 송출 정체로 인한 이유가 크
다(이석, 2015). 6차 핵실험 및 중장거리 탄도미사일 실험발사 이후
유엔 제재의 강화와 미국의 강도 높은 압박, 그리고 중국이 보다 적
극적인 대북제재로 돌아설 기미가 보임에 따라 또 다시 경제적 난
관에 봉착할 가능성이 높다.

북한의 그럭저럭 버티기에 근접한 사례로는 루마니아가 있다. 북
한도 김정은 정권 출범 이후, 2012년 농업 분야에서 '포전 담당 책

임제', 공장기업소에 '사회주의 기업관리 책임제' 등 일련의 경제 개선조치, 즉 '우리식 경제관리 방법' 실시와 다수의 특구 지정 등을 통해 경제 회복을 시도하는 점이 그 반증이다. 7) 다만 루마니아와 확연한 차이점은 이와 같이 체제 유지를 위한 최소한의 개혁과 개방을 통해 경제 회복을 도모하면서, 동시에 핵무기를 개발하며 군사 현대화를 추구한다는 점이다. 설사 북한 지도부가 개혁·개방으로 나서고 싶다고 해도, 현재 안팎의 여건이 허락지 않는다. 유엔 제재와 더불어 다수 국가의 독자적 제재조치가 시행되는 상황에서 개방은 무의미하다. 보다 본질적으로 개혁·개방은 북한 정권의 입장에서 수단이지 목적이 아니다.

북한은 핵을 포기할 것인가

북한이 결코 핵을 포기하지 않을 것이라는 주장도 있지만, 8) 국제사회의 주류는 북한 스스로 핵 포기를 하지 않더라도 강제적으로

---

7) 김정은 정권은 2013년 3월 31일 당 중앙위원회 전원회의를 통해 경제 핵무력 건설 병진노선을 경제 정책의 기조로 선포하면서 '우리식 경제관리 방법'을 일부 경제단위에서 실시한 바 있다(통일부 북한정보포털).

8) 에버스타트는 북한이 절대 핵을 포기하지 않을 것이라고 본다. 핵 포기는 북한 지도부로서는 모욕이며 수치일 뿐 아니라 정권의 정당성을 상실하고 불안정을 초래할 것이기 때문이다(Eberstadt, 2017). 란코프도 북핵 포기란 불가능하다고 본다. 북한 내부의 불만이 폭발할 정도의 강도 높은 제재(예, 북·중 국경봉쇄와 원유수송 중단)가 아니라면, 제재를 통한 북한의 핵 포기는 기대하기 어렵다고 본다(Lankov, 2017).

핵 폐기를 시켜야 하고, 압박과 적절한 시점에서의 관여를 통해 폐기시킬 수 있을 것이라는 희망을 가지고 있다. 북핵 폐기와 관련한 한·미 양국 전문가의 입장은 궁극적인 비핵화에는 이견이 없지만, 그 경로에서는 다소 차이가 있다. 강경파와 유화파로 나뉘며 북한의 2016년 1월의 4차, 9월의 5차 핵실험, 그리고 2017년 수차례의 미사일 발사와 9월의 6차 핵실험 이후 한·미 양국의 일부 전문가들은 보다 강경한 반응을 내놓고 있다. 강경론자의 주장은 북한을 압박하여 핵 포기냐 체제 생존이냐를 선택하게끔 만들어야 한다는 것이다. 9)

평양을 압박하여 북한의 정책 선택지를 좁혀 통일을 위한 내부 변화를 촉진시키는 것이 유효한 전략이라는 주장은 이미 한국이나 미국 정부의 정책으로 수용, 추진되고 있다. 한국 정부는 포용정책의 상징이었던 개성공단을 중단시켰고, 미국은 유엔 제재에 추가하여 독자적인 추가 제재조치를 발표했다. 이를 통해 고립이냐 외부와의 통합이냐의 선택을 강요하여 핵무기를 포기하게 만들겠다는 것이다(Fitzpatrick, 2014; Cha & Gallucci, 2016. 1. 8).

이러한 강경론의 배경에는 과거 20년 넘게 수차례 반복된 대화와 협상이 끝내 도발로 이어지는 악순환의 고리를 끊겠다는 의지가 반

---

9) 가장 강경하고 구체적인 압박정책을 제시한 빅터 차와 로버트 갈루치의 제안 (Cha & Gallucci, 2016. 1. 8)은 실제 상당부분 오바마 행정부의 정책에 반영되었다. 이들은 북의 비대칭적 압박점에 초점을 두고 정책을 작성해야 한다고 주장했는데, 2005년 방코델타아시아 계좌동결과 같은 금융제재와, 2014년 유엔 안보리에 북한지도부의 국제형사재판소 회부 요구와 같은 인권문제 압박이 북한의 취약점을 공략하는 길이라고 제시했다. 또한 북한의 해외인력 송출을 막아야 한다고 제시한 바 있다.

영되어 있다. 정권 교체까지도 염두에 둔 강경론도 있지만, 다수의 견해는 북한이 비핵화할 경우에는 체제 생존의 길이 있음을 강조하고 있다. 핵 포기를 대가로 경제지원을 제공하는 이른바 패키지 방식이다. 10)

압박을 통해 북한의 선택지를 좁히되, 핵 포기에 대한 경제지원을 약속한다는 것이다. 이명박 정부에서 제시한 '비핵 개방 3000'과 같은 정책이 대표적이다. 채찍과 당근의 조합을 일거에 처리하느냐 아니면 협상 단계별로 다르게 처리하느냐에 따라 전문가들 간에 약간의 견해 차이가 있다.

강경파의 입장보다는 다소 유연한 대북전략은 북한의 핵 포기가 현실적으로 불가능하기 때문에 우선 협상을 통해 북한 핵무기, 기술, 재료의 해외이전 위험을 최소화하는 것을 단기목표로 해야 한다고 주장한다. 북한지도부는 핵무기를 협상카드로 생각지 않으며, 오히려 핵은 북한의 정체성과 안보의 핵심요소로 간주하고 있다(Pollak, 2011). 실제로 2012년 북한은 핵 보유를 사회주의 헌법에 명시했다. 따라서 북핵 폐기라고 하는 현실성 없는 정책보다는 좀더 실질적인 정책을 필요로 한다는 주장이 제기되고 있다. 북한의 행동변화를 이끌어내고 중국의 협조를 얻어내는 정책이다. 북한의 핵 제한과 더불어 유인을 제공하는 패키지 협상이다.

북의 핵실험 동결, 핵 인프라 제거가 중단기 목적이다(O'Hanlon, 2016. 1. 11). 장기적인 목적은 물론 철저한 비핵화이지만, 단기에

---

10) 하영선 외(2013), 스나이더(Snyder, 2015a), 폴락(Pollak, 2011) 등 다수의 전문가들이 패키지 방식을 제시한다.

서 북의 핵활동 제한, 일정거리 이상의 미사일 생산과 시험 중단, 비무장지대(DMZ) 부근에서 일부 무기 철수 등을 조건으로 한 유인책은 기존 제재조치의 단계적 해제가 패키지 협상의 내용이 될 수 있다. 장기적으로는 비핵화와 관계정상화를 협상할 수 있을 것인데, 만약 북한이 재래식 병력의 감축과 중국식 또는 베트남식 경제개혁 절차에 착수한다면, 국제사회는 외교관계의 정상화와 함께 인도적 지원, 개발지원을 할 수 있을 것이다. 이러한 합의는 물론 완전한 비핵화를 전제로 한 것이다.

단기에서 이러한 협상을 달성하는 것은 비현실적이지만, 북한과의 패키지 협상에서 이러한 장기 비전을 제시하고 북한의 호응을 이끌어 낼 수 있다면 일부 강경파들의 북한 체제변화 대안보다는 성공확률이 높을 수도 있다. 물론 이러한 확률은 어디까지나 외부의 시각이지 결코 북한 내부의 시각은 아니다.

2016년 9월 미국 외교협회에서 발간한 보고서(Mullen et al., 2016)에는 이보다 좀더 진전된 대안을 제시하고 있는데, 요지는 다음과 같다.

미국의 대북전략은 동북아 안정과 번영을 가져 올 수 있는 전략하에서 북한의 비핵화와 인권 존중을 달성하도록 짜야 하며 동시에 미국의 해양아시아 전략과 통합된 대북정책이라야만 성공 가능하다. 그렇지 못할 경우 둘 다 실패하고 말 것이다. 대북전략의 핵심은 북한에 보다 뚜렷한 선택지를 제공하는 것이다. 즉, 북한 핵문제에 대한 유엔 결의안을 준수하는 협상에 나서든지 아니면 심각하고 중대한 비용을 지불할 것인지를 선택하게끔 한다는 것이다.

이러한 전략의 실천에는 정교하게 짜인 각본을 가지고 단계별로 집행해야 한다. 물론 한·미·일 공조를 통한 대북 제재강화와 억지력을 증강하는 동시에, 북한이 실질적 대화에 나설 수 있도록 유인책을 제시하는 협상의 틀을 재구성할 필요가 있다. 만약 북한이 거부할 경우 새로운 다자제재를 실행하고 또한 북한이 대화와 협상을 시간을 끄는 용도로 이용하지 못하도록 방지한다.

그리고 한반도의 안정과 비핵화 달성을 위해 미국의 중국 전략도 바뀌어야 한다. 우선 중국과 한반도의 미래에 대한 대화를 통해 한반도 문제의 전면적 해결방안을 찾는 것은 양국의 안보이익에 부합한다. 미·중 공조만이 한반도 문제의 영구적 해결방안을 찾고 동북아 안정과 번영을 달성하는 데 가장 실질적이고 바람직한 길이다.

이러한 논지는 과거 미국 전문가들이 제시한 대북전략과는 몇 가지 차이점을 드러낸다. 첫째, 미국의 대북전략이 동아시아 전략과 통합되어 추진되어야 한다는 점이다. 이 보고서에서 미국의 동아시아 전략에 대한 상세한 언급은 없지만, 방향 설정은 옳다고 하겠다.

둘째, 대북전략의 성공적 수행을 위해서는 중국과의 협의 및 협력을 강조한 것도 중요한 대목이다. 중국의 대북제재 및 압박을 일방적으로 강요하기보다 협의와 협력을 통해 미·중 공조를 이루겠다는 것은 암묵적으로 '협력적 미·중 관계'를 설정한 것으로 간주된다.[11] 더 나아가 통일한반도에서의 중국의 이익을 보장할 수 있

---

11) 미·중 협력관계는 아니더라도 적어도 북한문제로 인해 미·중 관계의 악화는

도록 하는 주한 미군의 조정 문제까지도 미·중 협의 내용에 포함
시킨 것은 중국의 전향적 입장을 끌어내기 위한 노력이라고 보인
다. 다만 이 보고서에서 북한 정권의 붕괴를 추구하지 않는다면서
통일한반도를 언급한 것은 논리의 상충이다. 12)

셋째, 대북 압박을 위해 인권문제를 내건 것은 도덕적 정당성을
지닌 것으로 북한 정권을 압박하는 데에는 유용하지만, 비핵화 협
상 국면에서 문제를 복잡하게 만들 가능성도 있다. 13)

결론적으로 이 보고서에서 제시한 대북전략의 관건은 중국과의
공조를 이루어내는 데 있다. 중국에 대한 견제와 협력정책을 펼쳐
온 오바마 행정부에서도 이루어내지 못한 중국 공조를 트럼프 행정
부에서 과연 만들어 낼 수 있을 것인가는 한국뿐 아니라 동북아 모
든 나라의 지대한 관심사항이 될 것이다.

이런 측면에서 미국의 아시아 소사이어티(Asia Society)와 캘리포
니아 샌디에이고 대학이 공동으로 제출한 보고서는 좀더 다듬어진
대북전략을 트럼프 행정부에 제시하고 있다(Schell & Shirk, 2017).
핵심은 종합적인 패키지 접근을 통하여 중국과 협력하에 북한의 비
핵화를 시도하고, 만약 실패할 경우에는 미국은 필요한 모든 조치
를 취해야 한다는 것이다. 북한의 비핵화를 위해 미·중·남·북을

피해야 한다는 입장이 미국 내 대다수 의견이다.

12) 북한의 붕괴를 추구하지는 않지만, 북한 정권의 경제관리 실패와 북한 주민들
에 대한 잔인하고 비인간적 행위의 결과로 붕괴 가능성을 언급함으로써 붕괴
를 예상하는 듯한 인상을 주고 있다(Mullen et al., 2016).

13) 스태퍼드는 인권문제 거론은 핵문제 해결에서 오히려 걸림돌이 될 것이라고
보며, 주한 미군을 조정하는 문제도 통일 후가 아니라 핵협상 성공 시에 가능
하다고 제시하는 것이 바람직하다고 주장한다(Stafford, 2016. 10. 6).

포함하는 4자 협상을 추진하고, 협상이 진전되면 북한의 핵 및 미사일 프로그램 동결 및 폐기에 대한 반대급부로 평화협정, 미·북간 외교관계 수립을 도모한다는 것이다. 북한이 비핵화의 길을 따른다면, 미국과 우방은 이란 핵 협정에서와 같이 순차적 제재해제 수순을 밟는다. 만약 북한이 비핵화에 필요한 조치를 취하지 않을 경우, 위와 같은 외교적 단계는 중지된다. 이러한 패키지 협상을 성공으로 이끌기 위해서는 삼중 경로 접근이 필요한데, 미·중 조율, 북한과의 다자협상, 한·미·중 협의가 그것이다. 특히 군사배치, 정책공조, 정보공유 등에서 한국과의 공조와 한·미·중 3자간 대화는 필수적이라고 보고서에서 밝힌다.

한편 유화론자들은 대화와 협상이 유일한 길임을 강조한다. 압박과 제재로 북한을 변화시키려 드는 것은 역효과만 낼 뿐, 북핵 포기라는 목적을 달성할 수 없다고 본다. 14) 수차례의 유엔과 국제사회의 제재에도 불구하고, 북한 정권의 핵 개발 의지는 더 강고해졌고, 북한 경제 또한 큰 충격을 받지 않았다고 유화론자들은 주장한다. 북핵과 관련해서 유화론은 비핵화와 평화체제 논의가 동시 진행되어야 한다고 본다. 북한의 논리대로 정전체제에서 벗어나 북한의 체제와 안보를 보장하는 평화체제가 구축되어야만, 비핵화 협상에 나설 수 있다는 논리이다.

---

14) 국내에서는 대표적으로 문정인 (2012) 과 김근식 (2014) 을 들 수 있다. 미국 전문가 중에는 리언 시걸 (Sigal, 2016. 1. 18) 과 프랭크 자누지 (Januzzi, 2016) 등이 대화와 협상만이 유효한 전략이라고 본다.

이러한 유화론의 이면에는 압박과 제재 일변도의 정책이 설사 성공하더라도 북한 정권 붕괴 또는 변화에 따르는 위험요소들과 막대한 비용을 감안해야만 한다는 논리가 자리 잡고 있다. 대화와 협력을 통해 북한의 변화를 도와야만 붕괴에 따른 혼란과 손실을 막을 수 있다는 주장이다. 압박은 하더라도 대화와 협상의 여지는 남겨 두어야 한다는 것이 유화론자들의 주장이다.[15] 이는 북한의 거듭된 핵실험에도 불구하고 유엔 제재 국면에서 중국이 제재는 하되 민생과 안정을 강조하는 논리와 흡사하다.

자칫하면 이러한 유화론자의 북한 정권 유지 전략은 북한주민의 고통을 연장시킬 뿐이며 통일을 지연시켜 남북통합을 어렵게 만들 수도 있다는 사실을 잊어서는 안 될 것이다. 그럼에도 불구하고 한국 내 이른바 포용론자나 중국의 입장은 수미일관(首尾一貫) 하다. 즉, 대화와 협력을 통해 북한의 행위를 변화시킬 수 있고, 그렇게 해야만 남북 모두 큰 피해를 방지하면서 이른바 '평화통일'을 이룰 수 있다는 것이다. 남북한이 처한 구조적 여건이나 북한의 행위나 의도와 상관없이 무조건 관여해야 한다고 주장하는 사람들 중 일부는 '낭만적 민족주의'에 젖어 있는 듯이 보인다. 민족 공조를 강조한 김대중 정부의 햇볕정책과 노무현 정부의 포용정책이 가져온 결과를 보면, 민족을 앞세운 무조건적 포용이나 관여는 대안이 아니라는 것이 분명해 보인다.

한편 대북 유화론자이건 강경론자이건 정책의 지향점은 크게 다

---

15) 문정인은 대화와 협상이 최선의 대안이며, 협상은 동결, 축소, 폐기의 단계로 진행되어야 한다고 주장한다(Moon, 2017).

르지 않다. 북의 핵 폐기 및 체제변화를 유도하여 한반도의 평화를 정착시키는 것이다. 1990년대 이후 북·미 간, 남·북 간, 그리고 6자회담 등을 통해 시도된 핵 협상과 경제협력 논의에도 불구하고 북한체제는 근본적인 변화의 조짐을 보이지 않고 있다. 일부에서는 북한의 장마당 활성화, 다수의 경제특구 확대지정 등 경제분야에서의 변화 조짐을 근거로 북한체제의 변화 가능성을 예상하기도 하지만, 유일지배 체제와 핵·경제 병진노선 유지, 그리고 폭압정치가 지속되는 한 근본적 체제변화를 기대하기는 힘들다. 장성택 처형을 시발점으로 김정은 3대 세습체제가 정착된 북한에서 중국식 집단지도 체제와 개혁·개방을 기대하는 것은 국내외 대북 유화론자 중 소수에 지나지 않을 것이다.

김정은 정권이 천명하는 핵·경제 병진노선의 주된 논거는 핵무기로 재래식 군사력을 감축하면서도 자체 방어할 수 있고 비용절약으로 경제를 살릴 수 있다는 것이다. 과연 북한은 이 두 가지 목적을 달성할 수 있을까?

현 상태에서 북한의 가능한 선택지는 첫째 핵 보유와 부분적 개혁·개방, 둘째 핵 동결 및 미사일실험 중단 조건으로 제재완화 및 외부지원으로 경제상황 개선, 셋째 핵 포기를 조건으로 평화협정 체결 및 한국을 포함한 국제사회와의 협력으로 본격적 개혁·개방을 실시, 경제회생을 도모하는 것이다. 16)

---

16) 성채기의 연구결과(2013)에 의하면 북한이 핵을 유지하면서 중국의 지원으로 부분적 개혁개방에 성공하는 경우, 북한의 그럭저럭 버티기가 가능해 질 수 있

먼저 핵·경제 병진노선은 국제사회의 압박과 제재로 지금보다 더 심한 경제파탄으로 이어질 수밖에 없어 지속 가능하지 않다고 보는 견해가 주를 이루었지만,[17] 이러한 예상은 빗나가고 있다. 이미 북한은 사실상 핵보유국에 들어섰다. 개연성이 높은 북한의 선택지는 핵 보유를 기정사실화하고 핵무기 위협을 통해 경제지원을 얻어내고 경제발전을 이루는 것이다. 이른바 '갈취경제'(extortion economy)의 본격화다. 이는 곧 북한 정권이 주장한 핵·경제 병진노선의 완성을 의미한다. 핵 탑재 대륙간 탄도미사일 개발이 완성단계에 이르면, 북한은 더 이상의 핵실험이나 미사일 발사 중단을 조건으로 평화협정 체결, 북·미 관계 정상화, 경제제재 해제를 주장할 것으로 보인다.

과연 한국과 미국이 이를 수용할 것인가의 여부는 곧 판가름이 날 것이다. 한국을 포함하여 주변국이 가장 바라는 완전한 핵 폐기와 개혁·개방은 현재 북한의 선택지는 아닌 것이 분명하다.

과연 제재 효과는 있는 것인가

북한의 핵 개발을 억제하지 못했다는 측면에서 지금까지의 대북제재 효과는 없었다는 것이 정직한 대답이다(임강택, 2013). 그러나

다. 이는 한국이나 미국 등 국제사회의 입장에서는 가장 곤혹스러운 상황에 처하게 된다고 볼 수 있다.

17) 마크 피츠패트릭도 북한이 '총'이냐 '버터'냐의 선택이지, 양자 모두 선택할 수는 없다는 논지를 펼치고 있다(Fitzpatrick, 2014).

대북 유화론자의 주장처럼 압박과 제재전략은 지금까지 효과가 없었고 향후에도 유효하지 않을 것이며, 따라서 대화와 협상 이외에는 다른 방안이 없다는 결론은 성급하다. 대북 강경론자 및 비교적 중립적 전문가들은 대북제재 효과가 전혀 없었다고 볼 수 없으며, 앞으로는 더 큰 효과를 발휘할 것이라고 주장한다. 18)

주된 근거는 지난 10여 년간 북한 경제의 대외 개방도와 시장화의 증가이다. 북한의 대외 무역의존도는 2000년 이후 꾸준히 증가 추세이며, 북한 국내총생산(유엔 추계)의 거의 60%에 육박한다. 2008년 한국 정부의 5·24 조치 이후 북한의 대외무역은 거의 중국에 의존하고 있어, 중국의 대북 영향력은 증대되었다고 할 수 있다. 북한경제의 시장화는 기근과 고난의 시기였던 1990년대 중반 이후 시작된 것으로, 북한 당국의 묵인과 북한 권력기관과의 유착 아래 확대되어 왔다. 즉, 북한의 시장화는 공식 경제의 붕괴를 막기 위한 고육지책이었으며, 실질적인 국제사회의 대북제재가 시작된 2006년부터는 제재를 견디는 탈출구로서 발전했다고 볼 수도 있다.

개발도상국 대부분에서 관찰되는 비공식 사경제의 발전은 북한의 경우 권력자들의 부패고리로 연결되어 있고, '돈주'로 불리는 신흥 엘리트의 기득권층 형성으로 이어질 수 있다. 북한 공식 경제의 파탄을 메꾸기 위해 시장경제를 활용하고 있다는 점에서 '바람직한 시장경제'라고 평가하기는 어렵다(김석진, 2015).

물론 시장경제의 확산은 장기적으로 통일 경제의 토대를 마련할

---

18) 스테판 해거드는 〈중앙일보〉 기고에서 이란 사례를 들면서 제재효과를 과소평가해서는 안 된다고 주장한 바 있다(해거드, 2016. 3. 12).

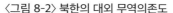
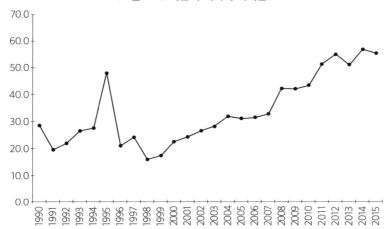

〈그림 8-2〉 북한의 대외 무역의존도

자료: KITA 및 중국해관(http://stat.kita.net/) 북·중 무역 통계, 북한의 GDP는 UN(http://unstats.un.org/unsd/nationalaccount).

수도 있다는 점에서 긍정적인 측면도 없지 않다(Babson, 2017. 2. 27). 북한의 시장화 규모나 수준, 또는 경제성장에 미치는 효과에 대해서는 신뢰할 만한 정보가 많지 않다(양문수, 2016). 일부에서는 시장화가 북한 GDP의 약 30%에 달한다는 주장도 있다. 만약 시장화의 규모나 수준이 북한 경제에 대한 기여도가 높다면, 대북 제재의 효과는 예상 외로 클 수가 있다. [19] 즉, 대북제재로 인해 북한 당국이 시장활동을 통제하거나, 시장활동과 공식경제와의 고리에서 관료들이 지대추구 행위를 강화한다면, 시장활동에 매달리는

---

19) 통일연구원의 최근 연구에 따르면, 북한의 사적 경제활동이 북한의 공식 경제에 재정 확충, 생산능력 및 자본 조달능력 확대, 자원배분의 효율성 제고, 경제 안정화 등 긍정적 효과를 미치고 있다고 한다. 부정적 효과로는 공식 경제로부터의 절취·유용이 있다(조한범 외, 2016).

주민들과 북한 당국 간의 갈등은 증폭될 수 있다.

이외에도 북한은 국제 원자재 가격 하락, 중국의 광물수입 수요 감소, 식량생산의 감소 등 제재 취약요인도 안고 있어 제재 효과가 본격화될 수도 있다.[20]

제재 효과를 부정하는 입장에서는 유엔 안보리의 대북제재가 여전히 많은 구멍을 보이고 있고, 제재 회피수단도 많아 커다란 효과를 내지 못할 것이라고 본다. 북한의 대외 무역의존도 증가도 반드시 제재 효과를 담보하지 않을 수도 있으며, 역으로 북한의 시장화는 오히려 제재를 포함한 외부 충격에 견딜 수 있는 경제구조를 촉진시키는 효과가 있을 수 있다는 주장도 있다.[21] 그러나 시장화가 계획경제의 실패와 제재에 직면한 폐쇄적 체제의 특성에 따라 발생했다고 보면, 사적 경제에 가까운 시장경제가 제재로 인해 더 심한 왜곡과 부패로 이어질 수도 있다는 점에서 '북한식 시장경제'의 긍정적 기능을 과대평가하는 것은 위험할 수도 있다.

북한의 5차 핵실험 후 2016년 11월 30일 통과된 〈유엔 안보리 결의안 2321호〉에 이어 2017년 두 차례의 대륙간 탄도미사일 시험발사에 따른 〈유엔 안보리 결의안 2371호〉, 그리고 2017년 9월 6차

---

20) 이석은 2016년 상반기까지 북한경제는 대북제재로 인한 심각한 경기 침체를 겪고 있지는 않지만, 앞에서 언급한 경제 내부의 취약요인으로 인해 타격을 입을 수도 있다고 지적한다(이석, 2016).

21) 양문수는 북한의 대외 무역의존도 증가가 대북제재 효과를 불러온다고 보지는 않으며, 브래들리 밥슨은 제재가 오히려 북한의 수출구조 또는 경제구조 조정의 촉진효과를 가져온다고 본다(양문수, 2016; Babson, 2016. 3. 21). 실제 북한의 수출구조는 2010년과 2015년 사이 자원중심 상품에서 임가공 상품으로 바뀌고 있음을 알 수 있다(이석, 2016).

핵실험에 따른 〈유엔 안보리 결의안 2375호〉에서는 비록 원유 공급 중단은 포함되지 않았지만, 대북 제재의 유형과 강도가 한층 강화되었다. 따라서 제재가 일정기간 지속되면, 제재 효과에 대한 논란의 여지는 줄어들 것이다. 대북제재로 북한 경제가 침체하고, 시장경제 활동이 위축되면 제재 효과를 느끼는 계층이 양산될 수밖에 없고 이는 결과적으로 북한 경제의 취약성을 강화하는 방향으로 작용할 것이다. 북한 당국과 주민들 간의 이해 대립이 격화되면, 북한 체제의 안정성도 위협받을 수 있다(이석, 2016).

중국과의 대북 공조는 가능한가

대북 유화론자이건 강경론자이건 모두가 동의하는 바는 대북 제재가 효과를 발휘하기 위해서는 중국의 실행의지가 전제되어야만 한다는 것이다. 과연 중국은 미·중 대립에서 북한의 완충지로서의 역할을 부인하고 대북 제재에 적극 동참할 것인가? 대답은 긍정적이지 않다.

비록 중국이 무역과 경제지원을 통해 북한에 대한 지렛대를 확보하고 있지만, 중국의 대북지원이 중단되었을 때 발생할 수 있는 동북 3성으로의 북한 주민의 대규모 탈북과 같은 불안정성을 감내할 수 있을지는 의문이다. 어떤 측면에서 보면 중국이 북한에 볼모로 잡혀 있다고 볼 수도 있다(Snyder, 2009). 중국의 일관된 주장이 한반도의 안정과 전쟁 예방이라는 점을 감안하면, 북한 정권은 중국의 잠재적 군사충돌이라는 지정학적 두려움을 활용하고 있는지도 모른다(Snyder, 2015b).

　　북한을 '전략적 자산'이 아니라 '전략적 부채'로 보는 중국의 대북한 인식변화는 가능할까? 박근혜 정부가 출범 이후 한·중 관계 강화를 통해 중국의 대북한 인식과 정책을 변화시키기 위해 많은 노력을 기울인 것이 사실이다. 결과는 실패이지만, 중국으로 하여금 한반도 미래에 대한 선택지를 고민하게 했다는 점에서는 의미 있는 시도였다. 북한의 핵·미사일에 대응하기 위한 한·미의 사드 배치를 둘러싼 중국의 한국에 대한 보복은 중국의 한반도 문제에 대한 패권적 인식에서 비롯된 것으로 한·중 관계를 훼손하는 결과를 가져왔다.

　　중국의 한반도 안정 우선 및 남북한 모두에 대한 영향력 확보를 위한 전략은 한반도 불안정과 남북한 모두로부터의 영향력 상실이라는 결과를 가져올 수도 있다. 양손에 떡을 쥐고 먹을 수는 없다. 중국은 이제 북핵문제와 한반도 전략에 대한 인식을 바꿀 때가 왔다. 남은 순서는 한·미·중 3자 사이의 북핵문제를 포함한 한반도의 미래에 대한 협의다. 핵 능력을 갖춘 북한이 중국이 원하는 동북아의 안정과 평화에 기여할 것인지, 아니면 불안정과 위험을 초래하는 요인인지 미국과 중국이 한국과 더불어 진지하게 고민하고 협의할 때이다.

　　비핵화된 한반도에서 남북이 평화롭게 공존하거나 통일된 한반도가 중국의 이익을 훼손하지 않고 오히려 동북아의 새로운 질서를 형성하는 데 기여할 수 있음을 중국이 이해하게 된다면, 중국과의 대북 공조는 가능할 것이다.

6차 핵실험과 최근의 미사일 도발에 이르기까지 중국의 일관된 태도는 제재는 하되 제재 자체가 목적이 되어서는 안 되며, 북한의 체제 붕괴 또는 정권 교체가 아닌 협상을 통한 비핵화를 이루어야 한다는 것이다. 과연 미국은 중국을 어디까지 압박할 수 있을 것인가? 미국이나 중국의 입장에서 한반도 문제가 타이완 문제나 남중국해, 미·중 무역관계 등 다른 현안보다 중요하고 시급한 것인지, 또는 이들 문제와 맞거래가 가능한지를 따져봐야 할 것이다. 미국 오바마 정부의 '전략적 인내' 정책이란 비판적으로 해석하면, 핵 문제나 한반도 문제는 시급하지 않다는 인식의 반증이고, 중국의 되풀이되는 한반도 '안정' 강조는 북한에 대한 '중국판 인내' 정책에 다름없다. 트럼프 미국 행정부의 출범으로 양국의 이러한 인식이 변할 것인지는 두고 보아야 할 것이다.

미국 트럼프 정부의 대북 전략이 무엇인지 확실하지는 않지만, 적어도 현재까지 드러난 수사에서 보면 대북 강경책을 구사할 것으로 보인다. 대북 압박과 제재 수위를 최고로 높여 북한을 대화와 협상의 장으로 불러내겠다는 의도인 것처럼 보인다. 특히 환율이나 통상, 무역에서 중국을 압박해 대북한 핵 문제에 대한 협력을 이끌어 내겠다는 것이 트럼프 행정부의 복안으로 드러나고 있다. [22]

---

22) 일부에서는 중국에 대한 무역제재보다는 3자 제재의 실행을 강조하고 있다. 북한과 거래하는 중국기업이나 은행 및 개인에 대한 제재를 단계적으로 높여 나간다면 일석이조의 효과를 거둘 수 있다고 본다. 하나는 북한의 비타협적 태도를 다룰 수 있고, 다른 하나는 중국에 대해 보다 강경한 메시지를 발신하는 효과이다. 반면 무역제재는 중국의 낮은 대미 무역의존도나 중국의 맞대응 조치로 미국 경제에 미칠 부정적 효과를 감안할 때, 그다지 유효한 방안이 되지 못한다는 주장이다(Haas & Dollar, 2017. 8. 3).

그러나 미국이 중국과의 관계 악화를 각오하면서까지 대북제재 수위를 높일지는 알 수 없다. 더구나 중국이 핵·미사일 실험 중단과 한·미 군사훈련 중단, 그리고 비핵화와 평화협정 협상의 동시 병행 추진을 줄곧 강조하고 있고, 핵 동결 수준의 협상이 시작되면 다시 북한의 안정을 강조하는 기본 노선으로 선회할 수도 있다.[23]

중국의 북핵 관련 미국과의 협조는 전술적 차원이지 전략적 차원이 아닐 수 있다는 얘기다. 왜냐하면 중국은 남북한 양쪽 모두에 영향력을 놓치고 싶어 하지 않는다. 근본적인 중국의 대한반도 및 동북아 인식 변화를 불러 올 가장 큰 변수는 미·중 양국 간 동(북)아시아 세력구도에 대한 전략적 경쟁과 협력이다(전재성, 2016). 만약 미·중 간 경쟁구도의 변화가 없거나 오히려 과거의 진영 구도로 회귀한다면, 중국의 인식 변화는 기대하기 어렵다.[24]

북한의 새로운 핵·미사일 도발이 없는 한, 북핵문제나 한반도 문제의 해결은 또 다시 미궁에 빠질 수 있다. 만약 미·중이 동(북)아시아의 남중국해, 한반도, 타이완 등 불거진 갈등요인을 해소하

---

23) 중국의 한반도 정책 우선순위는 전쟁 불용, 안정, 비핵이다. 평화와 안정을 유지하는 것이 최우선이다. 중국은 북핵에 반대하지만 비핵화는 차순위 관심 사안이다. 북한의 핵 개발이나 핵무기 누출은 반대하지만 북한의 안정을 해치지 않는 범위에서만 그렇다. 3개 우선순위에 이어 중국은 외세와 국경을 마주하고 싶어 하지 않는다. 북한이라는 완충막이 필요하다는 말이다. 미국의 대한반도 정책의 우선순위는 첫째 북한의 비핵화, 둘째 북한의 위협에서 동맹인 한국과 일본을 보호하는 것, 그리고 셋째 한국 주도의 통일이다(Glaser & Billingsley, 2012).

24) 최근 사드 배치를 둘러싼 한·중 갈등, 한·미·일 미사일 방어체제 가능성에 대한 중국의 예민한 반응은 동북아에서 미국의 잠재적 봉쇄전략을 용인하지 않겠다는 의지를 표명한 것이라고 볼 수 있다.

면서 새로운 협력적 동(북)아시아 질서를 만드는 데 포괄적 합의를 이룬다면, 북핵을 포함한 한반도 문제는 보다 용이하게 해결될 수 있을 것이다.

한국의 전략적 선택은 무엇인가

현재 국제사회의 대북제재 국면에서 한국의 선택은 당연히 제재 강화와 압박의 지속이다. 압박과 제재에 덧붙여 북한 정권 및 체제 변화를 유도하는 적극적 관여정책도 필요하다.[25] 이와 달리 일부에서는 북핵문제의 해결 노력과 함께 인도적 지원 등을 통해 남북 간 교류를 재개하고, 남북 협력의 상호의존 연결고리를 확대할 필요가 있다는 주장도 있으며(윤영관, 2015), 성급하게 개성공단과 금강산 관광을 재개해야 한다는 대북 포용론자들의 주장도 있다. 논리적으로 압박과 제재가 북핵 폐기를 이끌어 내기에는 적합지 않다는 반론[26]도 있지만, 현재 국면에서 긴급한 재해 관련 인도적 지원을 제외한 어떠한 경제지원이나 협력은 북한의 비핵화 협상 의지를 약화시켜, '그럭저럭 버티기' 상황을 연장시키는 결과를 가져올 수도 있

---

[25] 여러 전문가들이 주장한 바 있으며, 북한 내 시장화와 정보화 확산을 통해 아래로부터의 변화를 도모해야 한다는 내용이다(신종호 외, 2016; Eberstadt, 2017).

[26] 제재만으로 비핵화는 불가능하며, 비핵화라는 정책목표에 걸맞은 전략을 세운 뒤 제재는 하나의 수단으로 활용해야 한다는 지적도 경청할 필요가 있다(Dethomas, 2016).

음을 경계해야 한다. 이는 문제의 해결이 아니라 지연에 지나지 않을 뿐이다.

미·중을 비롯한 국제사회의 압박과 제재에도 불구하고, '대기권에서의 수소탄 실험'[27]이나 한·미·일 영토를 향한 대륙간 탄도미사일 발사를 감행한다면 한국의 선택은 한·미 공조를 통한 고강도 압박 및 도발 억지 역량을 키우는 수밖에 없다. 북한의 핵 공격에 대한 대책은 완벽할 수는 없지만, 사드 배치와 미국 전략무기의 순환배치, 전술핵 조건부 재배치 및 한국 자체 방어역량 증강이다. 만약 북한이 미·중의 압박으로 협상에 임한다면, 아마 첫 단계는 한·미 연합훈련 중단을 조건으로 한 핵·미사일 실험 중단일 것이다. 둘째 단계에서 한국과 미국은 핵 폐기를 요구할 것이고, 북한은 평화협정과 제재해제 및 경제지원을 요구할 것이다.

그러나 이러한 북한의 요구를 수용하는 것은 지난 20여 년의 경험에서 볼 때, 또 다시 북한의 협상술에 말려드는 결과를 가져올 수 있다. 한국이나 미국의 입장에서 동결·제한 협상에서 제시할 수 있는 조건은 민간인 식량지원과 한·미 연합훈련의 규모축소 또는 강도조정 정도가 바람직할 것이다. 핵 폐기 협상단계에서도 북·미관계 정상화 및 대북제재 완화를 조건으로 제시할 수 있을 것이다.

협상의 단계별 일정을 예상하는 것은 어려운 일이지만, 첫 단계인 핵실험 및 장거리 미사일 동결은 미국의 현 행정부 임기 초반이

---

27) 북한 외무상 리용호는 2017년 9월 유엔 총회에서 태평양 상공에서의 수소탄 시험 등 고강도의 도발을 언급했다.

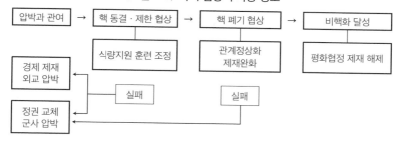

〈그림 8-3〉 북핵 협상의 가상 경로

```
┌──────────┐    ┌──────────────┐    ┌──────────┐    ┌──────────┐
│ 압박과 관여 │ →  │ 핵 동결·제한 협상 │ → │ 핵 폐기 협상 │ →  │ 비핵화 달성 │
└──────────┘    └──────────────┘    └──────────┘    └──────────┘
                      │                  │                 │
                ┌──────────────┐   ┌──────────────┐   ┌──────────────┐
┌──────────┐    │ 식량지원 훈련 조정 │   │  관계정상화    │   │ 평화협정 제재 해제 │
│ 경제 제재  │    └──────────────┘   │  제재완화     │   └──────────────┘
│ 외교 압박  │ ←                     └──────────────┘
└──────────┘      ┌──────┐             ┌──────┐
┌──────────┐ ←    │ 실패 │             │ 실패 │
│ 정권 교체  │ ←   └──────┘             └──────┘
│ 군사 압박  │
└──────────┘
```

어야 할 것이다. 그렇게 일정을 짜야만, 두 번째 단계인 핵 폐기 협상으로 이어질 수 있게 된다. 비록 미국 트럼프 정부의 대북전략에 대한 국제사회의 신뢰가 두텁지 않지만, '예측불가' 트럼프 대통령이 의외로 협상을 성공시킬 가능성을 전혀 무시할 수는 없다.[28] 지난 20여 년의 경험상, 북핵 폐기에 이르는 과정은 순탄치 않을 것이고 협상 중단, 또는 파기와 재협상이 반복될 수도 있다.[29]

만약 핵 동결 단계를 지나 북한이 핵 폐기를 실천하지 않는다면 어떻게 하나? 한국으로서는 바람직하지 않지만, 미국의 전술핵 '조건부 한시적' 재배치 또는 핵미사일 탑재 잠수함의 동해 배치가 대안이 될 수 있다.[30] 이에 대해 북한이 과민반응을 보일 수도 있고,

---

[28] 트럼프 대통령의 '좌충우돌' 즉흥적 대북접근은 미국 내에서도 많은 우려를 낳았다. 가능성은 낮지만, 올바른 정책과 일관된 리더십, 그리고 비전을 보여 준다면, 북핵문제 해결에 성공할 수도 있다(Revere & Pollack, 2017. 9. 5).

[29] 지난 25여 년간 수많은 남·북 합의, 북·미 합의, 그리고 6자회담의 합의사항이 제대로 이행된 경우가 없다는 사실은 북한과의 협상에서 합의 파기에 따른 대비책이 반드시 있어야 함을 시사한다.

[30] 이러한 측면에서 북한 비핵화와 국가안보를 위해 전성훈이 제시한 '이중경로 정책'을 깊이 있게 검토할 필요가 있다. 그 요지는 주한 미군의 전술핵 재배치

중국의 반발도 불러올 수 있다. 그럼에도 불구하고 이와 같은 조건부 한시적 전술핵 재배치론은 북핵에 대응한 한·미 양국의 확고한 억지의지를 내보인다는 점에서 북한에 대한 강력한 협상수단, 그리고 중국에 대한 압박수단이 될 수 있다.[31] 또한 북한의 5, 6차 핵실험 및 장거리 미사일 발사에 따라 한국 내 일부에서 제기된 독자적 핵 무장론보다는 위험부담이 적고 현실적인 방안이라고 하겠다(윤상호, 2016. 2. 16).

만약 한·미·중이 합의한다면, 정권 교체와 군사적 압박도 대안이 될 수 있을 것이다. 한국으로서 가장 곤혹스러운 상황은 북·미 간 북한 핵·미사일 동결 협상으로 마무리되어 사실상 북한이 핵보유국으로 인정받는 경우다.[32] 현재 미국 내 정치적 요인으로, 이

옵션을 협상카드로 활용하면서 한시적으로 북핵폐기 협상을 진행하되, 시한 만료 시까지 협상이 성공하지 못하면 전술핵을 한국에 재배치하고, 이후 북핵 폐기 협상을 통해 북한 핵과 주한 미군 전술핵을 동시 감축 또는 폐기하는 방안이다(전성훈, 2012).

31) 전술핵 재배치에 대한 국내 여론은 분열되어 있다. 일부는 전술핵의 실효성에 의문을 제기하고, 다른 쪽에서는 북핵 위협에 대한 억지 또는 협상 수단으로 필요하다고 주장한다. 핵심은 한국이 북한과의 수 싸움에서 밀리고 있다는 점이다. 사드 배치 결정에서도 알 수 있듯이, 한국이 북핵에 대응하는 군사적 수단을 스스로 지연 또는 배제하려는 전략은 억지 및 방어 차원에서나 협상에서도 결코 유리할 것이 없다.

32) 중국의 일부 전문가들은 북한이 사실상의 핵보유국으로 인정받을 개연성이 높으며, 오히려 핵을 보유한 북한이 동북아 안정에도 기여할 수 있다는 견해를 밝혔다. 이는 미·중 간의 경쟁구도에서 한반도 문제로 인해, 중국과 타이완 간의 문제에 대해 미국이 개입할 여지를 축소시킨다는 점을 고려할 때, 북한의 완충역할은 중국의 경제지원을 충분히 받을 만한 전략적 가치가 있다고 본다(Shen, 2006).

경우 수의 개연성도 작지 않다. 북한은 핵 탑재 장거리 미사일 개발이 완성되면, 핵 보유를 기정사실화하고 이를 토대로 흥정을 할 가능성이 크다.[33] 그렇다면 한국의 대응책은 무엇인가? 북·미 협상에 따른 비용 청구서를 잠자코 수용해야 하나? 아니면 나름대로 흥정거리를 준비하는 것이 바람직한가? 당연히 상대방의 수를 보고 적절하게 대처할 수 있는 흥정거리를 준비해야 할 것이다. 또 미국과 북한 간 협상이 핵 동결과 미사일 사거리 제한으로 끝날 경우에도 대비해야 한다. 미국의 최우선 관심사는 북한의 핵 보유 자체보다 핵 탑재 대륙간 탄도미사일에 있는 듯이 보인다. 북·미 간 협상에서 현 수준의 핵 동결 및 미사일 사거리 제한에 합의하고, 북·미 관계개선 및 평화협정을 체결하는 선에서 결론이 날 수도 있다. 그렇게 되면 한국은 이를 순순히 받아들이고 남북관계 개선을 시도할 것인가? 아니다. 북한의 핵 위협과 국지적 도발, 뒤이을 흥정에 휘둘리지 않도록 만반의 대응태세를 갖추어야 한다.[34] 그렇지 못하면, 한국은 북한의 핵과 미사일을 머리에 이고 살아야 하고 북한의 경제지원 요구에 굴복할 수밖에 없는 상황도 벌어질 수 있다. 북한의 핵무기에 인질이 되고 마는 것이다. 그리고 북한의 본격적인 갈

---

33) 이동휘는 북한의 핵문제가 가진 보유와 흥정의 두 가지 측면을 염두에 두고, 북핵 협상의 경로를 설명한 바 있다(이동휘, 2017).

34) 핵을 보유한 북한이 재래식 무기를 사용하여 한국 사회 내부균열을 초래하고 한·미 동맹 이완을 노리는 서해나 비무장지대 등에서 국지적 도발을 일으킬 확률이 높아질 것이라는 예상도 있다(Bush, 2017. 8. 9). 또한 핵 폐기가 단기간에 이루어질 것이 아니라는 점에서 북의 핵 위협에 효과적으로 대응하면서 북한 사회의 변화를 유도할 수 있는 장기관리 전략이 필요하다는 주장도 있다(전성훈, 2017; 최강, 2017).

취경제는 그 대상이 한국, 일본 및 서구사회가 될 공산이 크다. 35)

핵을 보유한 북한이 택할 모든 경우의 수를 감안해 보면, 한국의 대북전략은 최악의 상황을 염두에 두고 북핵 위협과 국지적 도발을 억지하고 최소화하는 3중 고리 전략이 되어야 한다. 〈그림 8-4〉에 요약한 바와 같이, 3중 고리 전략이란 '외교 · 협상', '억지 · 봉쇄', '체제 전환'의 세 가지 고리의 복합 연동을 의미한다. 즉, 세 개의 고리가 별개의 대안이 아니라 상호 연동된 하나의 전략이다. 첫째 고리는 국내 유화론자들이나 중국과 러시아의 북핵 평화적 해결 주장을 수용하여 북핵 폐기를 외교적 수단 및 협상을 통해 시도하는 것이다. 둘째 고리는 협상이 실패로 돌아갈 경우에 대비하여 억지와 봉쇄에 초점을 두고 모든 대비책을 사전에 강구하는 것이다. 36) 외교와 협상을 통한 노력이 무위로 돌아간다면, 억지와 봉쇄에 대한 국내 유화론자들이나 중 · 러의 반발을 불식시킬 수 있을 것이다. 셋째 고리는 체제 전환이다. 이는 북한 내 외부정보 유입 확산 및 대북 심리전을 통한 주민의식 변화와 경제제재 강화를 통한 장마당 흔들기로 북한 사회의 근본적 변화를 유도하는 것이다. 37) 특히 중국

---

35) 1993년 북한의 핵확산 금지조약 탈퇴 후 벌어진 북 · 미 협상에서 핵 동결과 경수로 제공을 합의한 바 있으며, 경수로 건설의 분담비용은 한국이 70%, 일본이 약 20%, 나머지는 유럽연합이 맡았다. 미국은 중유를 제공하는 조건이었다.

36) 북한이 북 · 미 관계 수립, 경제제재 해제, 경제지원 및 투자, 그리고 평화협정을 포함하는 핵 폐기 협상을 수용할 것이라고 보기는 어렵지만, 한국 정부나 중국과 러시아의 제안을 따라 협상을 시도해 볼 필요는 있다. 다만 지나친 기대는 금물이며, 미국 내에서는 핵을 보유한 북한이 개혁하거나 균열될 때까지 억지, 봉쇄, 고립시키는 장기전략을 추진해야 한다는 주장이 힘을 얻고 있다. 사실 핵 폐기 협상과 억지 · 봉쇄는 하나의 전략으로 간주할 수 있다. 이러한 견해에 대해서는 Einhorn(2017. 8. 14)과 Bader(2017. 8. 8) 참조.

〈그림 8-4〉 대북 3중 고리 전략

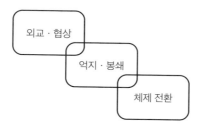

외교 · 협상

억지 · 봉쇄

체제 전환

과 러시아의 탈북자 수용 또는 용인 정책으로의 전환은 북한체제
변화에 결정적인 요인이 될 수 있다. 이러한 3중 고리 전략은 북한
의 핵·경제 병진노선에 정면으로 맞서면서, 북한이 그동안 보여
온 기만술과 벼랑끝 전술을 저지하는 최적의 대안이 될 수 있다.

한편 핵 동결 및 비핵화 협상이 시작되기 위해서는 우선적으로
대화 재개의 조건에 대한 합의가 반드시 필요하다. 미·북 간 접촉
이 있기 전에 한·미·중 3자 간 협의하에 조건을 제시할 수 있을
것이다. 예를 들면, 비핵 한반도와 지역안정을 포함하는 2005년 6
자회담 공동성명[38]의 원칙을 재확인하고, 협상 각 단계에서 핵문

---

37) 협상을 통한 핵 폐기는 불가능하다고 보는 에버스타트는 대북전략을 '관여'에
서 '위협 감소'로 전환해야 한다고 주장한다. 체제 변화를 유도하기 위해서는
외부정보 유입과 북한 인재의 제3국 기술교육 확대가 유용하다고 본다
(Eberstadt, 2017). 전성훈도 이와 유사하게 북한의 정치군사적 위협 제거와
북한 내부의 건설적 변화를 유도하는 전략을 채택해야 한다고 주장한다(전성
훈, 2017).
38) 2005년 제4차 6자회담 공동성명에서는 한반도의 검증 가능한 비핵화, 국제연
합의 목적과 원칙 및 국제관계에서의 인정된 규범 준수, 에너지, 교역 및 투자
분야에서의 경제협력을 양자 및 다자적으로 증진, 동북아시아의 항구적인 평
화와 안정을 위해 공동노력, '공약 대 공약', '행동 대 행동' 원칙에 입각하여 단

제 해결의 진전상황을 점검할 수 있도록 하는 것이다. 39) 이와 같이 국제사회의 압박과 제재로 북한이 비핵화 협상 테이블에 나오게 되면, 북한을 제외한 미·중·한·일·러 5자회담을 통해 협상테이블에 올려놓을 당근과 채찍, 그리고 단계에 대해 합의할 필요가 있다. 40)

5자회담에서 비핵화 협상의 내용과 시간표가 나오면, 남북대화를 재개하고 비핵화 단계와 연동된 남북관계 개선방안을 논의하는 것이 바람직하다. 비핵화의 초기 단계에서는 인도적 지원, 그리고 북한경제 회생과 장기적인 통일기반 조성에 도움이 될 수 있는 간접적 지원을 시작할 수 있을 것이다. 예를 들면 북한의 노동규모 확대나 노동의 질 향상을 위한 제3국에서 교육·훈련 지원방안이나 또는 중국을 경유한 위탁가공 등이 있을 수 있다(이석, 2013; 이재호 ·김상훈, 2015).

나아가 북한이 진정성을 지니고 핵 폐기 협상에 임할 경우, 협상의 내용과 결과에 연동하여 남북경협을 확대해 나가는 것이 바람직하다. 41) 일차적으로 한국에서 취한 5·24 조치의 부분적 완화를

계적 방식으로 합의 이행을 포함하고 있다.

39) 이외에도 앞에서 언급한 미국 외교협회 보고서에서는 핵실험과 스커드 이상의 미사일 발사 중단, 협상 진행 중 북한에 대한 인도적 지원, 한·미 연합훈련의 규모와 내용 조정 등도 언급하고 있다.

40) 대북 핵 해결 해법은 대동소이하다. 다만 협상 전에 미·중 합의를 우선시하는 하는 것이 미국 정책 관계자들 대부분의 입장인 반면, 구체적인 협상과정에서 미·중·남·북 4자회담을 우선으로 하느냐 아니면 6자회담 참가국 중 북한을 제외한 5자회담을 우선으로 하느냐는 다소 이견이 있다. 5자회담으로 해야 한다는 주장은 리처드 하스(Haas, 2017. 8. 4) 참조.

41) 윤영관은 최근 저서에서 대북 3단계 전략을 제시했는데, 1단계로 남북대화를

고려할 수 있을 것이다. 동시에 6자회담의 틀을 활용하여, 남북한만의 경협에서 벗어나 남·북·중 또는 남·북·러 등 3자 경제협력[42]이나 미국, 러시아, 일본까지 포함하는 다자경제협력을 적극 추진한다면, 북한의 중국 및 러시아 지렛대를 활용하는 이중적 행태를 막을 수 있을 것이다.

한국의 대북전략은 결국 북한의 비핵화에 대한 판단 여부에 달려 있다. 북한이 협상으로 나서는 경우에는, 협상 단계별 남북관계 개선 및 경협 논의에 임할 수 있을 것이다.[43] 다만 현재의 제재 국면에서는 경제, 인권, 군사, 정보 등 북한이 취약성을 보이는 다수의 압박지점을 임계치에 달할 때까지 최대한 활용해야 한다. 금융압박, 불법거래 차단, 대량살상무기 확산방지 노력의 재가동과 노동력 해외송출 차단 등이 포함될 수 있다.

과거의 경험에서 얻을 수 있는 가장 큰 교훈은 압박과 제재를 일

위한 국내 조치 시행, 대화 분위기 조성 이후, 2단계로 비핵화와 남북관계 개선을 위한 남북회담, 3단계로 협력 가능 분야에서 남북 간 논의이다. 특히 3단계에서 일차적으로 핵과 미사일 활동 동결과 남북경협 확대 조치 연동이라는 안을 내놓았다(윤영관, 2015).

42) 남·북·중 및 남·북·러 3자협력에 대해서는 다수 전문가의 제언이 있었지만, 핵심은 북한의 일방적 계약파기 행위를 제3국을 동참시켜 억제하고 장기적인 한반도와 동북아 협력의 기반을 다진다는 데 초점이 있다(신범식, 2015a; 이재호·김상훈, 2015).

43) 이와 같이 국면에 따라 대북정책을 '억제-관여-신뢰'를 포괄하는 복합 대북전략으로 해야 한다는 주장도 있다(하영선 외, 2013). 이들의 주장을 요약하면, 북한의 핵무장과 군사위기 조성을 능동적으로 억제하고, 북한이 경제·비핵안보 병진론을 추진하도록 지원, 북한의 신(新) 병진노선을 지원할 수 있도록 한국 주도의 국제공진화를 추진하고 국면별 한반도 신뢰구축 방안을 마련해야 한다는 것이다.

관되게 추진해야 한다는 점이다. '가다 섰다'하는 대북정책은 전혀 도움이 되지 않고, 오히려 북한의 제재에 대한 내성만 키워준다는 점을 명확히 인식할 필요가 있다.[44]

한편 북한이 버티기 작전에 들어가고 중국의 대북지원이 계속된다면, 한국은 매우 곤혹스러운 입장에 처하게 된다. 대북 억지력 강화를 위해 사드 배치가 완결되고, 전략무기 순환 배치나 전술핵 조건부 배치가 이루어지면서 제한적이나마 한·미·일 군사협력 체계가 구축되면, '중·러·북' 대 '미·일·한' 진영 구도가 재부상하게 되고 북핵 해결과 동북아 안보를 위한 6자회담 틀은 깨지고 말 것이다. 한반도 비핵화와 통일기반 조성은 물거품이 되고 만다. 만약 한국이 사드 배치를 유보 또는 철회하고 제한적인 한·미·일 군사협력을 주저하게 되면, 미국은 한·미 동맹의 가치를 평가절하하고 서태평양에서의 전략적 방어선을 조정할지도 모른다.

한국은 막다른 골목에서 선택해야 하는 상황에 있고, 시간은 많지 않아 보인다. 위기를 기회로 활용할 수 있는 길은 좁지만, 아직은 열려 있다. 북한의 장기적 관리를 위해서는 우선 미국과 3중 고리 전략에 대한 합의와 이를 실천하기 위한 빈틈없는 준비가 있어야 할 것이다. 중국이나 러시아에 대해서도 북핵문제의 외교와 협상을 통한 노력에 한국과 미국이 최선을 다할 것이지만, 북한의 거부 또는 기만술로 협상이 실패로 돌아갈 경우에 한·미가 억지·봉쇄, 나아가 체제 전환 대안을 택할 수밖에 없다는 점을 명백히 알리

---

44) 조슈아 스탠튼 등은 대북 제재의 일관성을 강조한 견해를 밝혔다(Stanton et al., 2017).

고 동참을 설득해야 할 것이다. 우선은 북한의 핵 폐기 협상을 위한 한·미·중 삼각 전략 대화와 후속 5자회담을 준비하면서, 협상 실패 후 위기 발생 시 대응방안에 대한 협의를 한·미·중 세 나라 간에도 시작해야 할 것이다.

제 9 장
비핵화와 동북아 안보·경제협력

북한: '균열'에서 '통합'의 매개로

해방 후 지금까지 북한은 동북아 협력을 저해하면서 안정적인 동북아 질서 창출에 걸림돌로 작용했다. 그럼에도 불구하고 북한 체제의 생존이 유지되는 이유는 크게 보면 두 가지이다. 하나는 중국의 '지역안정' 명분의 북한 정권 유지에 대한 지원 전략이며, 둘은 북한 스스로의 핵과 미사일 개발을 통한 방어 전략이다.

동북아의 안정과 한반도의 현상 유지를 원하는 중국의 입장에서는 북한 정권이 핵 개발을 지속하면서 개혁·개방으로의 정책 전환이 없더라도, 심지어 동북아에서 국지적인 도발을 일삼더라도 미국과의 경쟁에서 북한 변수를 이용하여 완충막을 형성하는 것이 유리하다고 본다. 그간 다섯 차례의 핵실험에도 불구하고 중국의 북한 감싸기는 기본 전략으로 고착되어 왔고, 북한도 중국이 자국의 안보이익을 위해 북한을 쉽게 버리지 못한다는 점을 충분히 이용해 왔다. 물론 6차 핵실험 이후 중국의 태도 변화가 감지되고 있지만, 기본 전략의 변경인지 아닌지는 좀더 두고 보아야 한다.1)

러시아도 한 때 북한과의 소원했던 관계에서 최근 러·북 관계의 복원을 통해 북한에 대한 영향력을 조금이라도 확보하려 하고 있다. 이는 중국과의 보조를 맞추면서, 동북아에서 미국에 대응하기 위한 전략에 편승하는 것으로 이해할 수 있다. 동시에 대북 연결고리를 통하여 중국에 대한 최소한의 견제력을 확보한다는 의미도 된다. 지정학적 차원 또는 안보 관점에서 동북아 국가 간 관계 전개는 미·중 양자 간 힘겨루기 양상을 띠면서 사태 전개에 따라 '중·러·북' 대 '한·미·일' 삼각협력의 가능성도 예고한다. 만약 이러한 '중·러·북' 대 '한·미·일' 삼각구도가 전개된다면, 동북아 협력과 평화질서 창출은 요원한 꿈이 되고 말 것이다. 결과적으로 북한은 동북아 균열의 촉매제 역할을 계속하게 될 것이라는 의미다.

이러한 북한의 동북아 '균열'과 '불안정'의 진원 역할은, 뒤집어 보면 '협력'과 '통합'의 기회를 의미한다. 북한이 핵 개발로 동북아

---

1) 중국의 '안정 우선' 대북전략이 최선이 아니라 북핵 위기에 대한 준비를 해야 한다는 주장이 조금씩 나오기 시작했다. 북한의 비상사태에 대비하여 대량 탈북난민, 핵무기 처리, 치안 회복, 한반도 통일 준비, 사드 철거 문제 등에 대한 한·미·중 협의가 시작되어야 한다는 조심스러운 의견 개진도 있다(Jia, 2017. 9. 11). 그러나 중국의 대북정책 변경은 2017년 10월에 열린 19차 공산당 전국대표회의 이후 중국 지도부의 논의를 거친 뒤라야 알 수 있을 것이다.

에 긴장과 갈등을 조성한 것은 북한 나름대로의 생존을 위한 계책이고, 중국에게는 미국에 대응하는 다소의 여유 공간을 제공하면서 생존보장의 지원을 받아 온 것이 1990년대 이후의 현실이다.

북한은 과연 이러한 동북아 균열을 초래하고 한반도의 긴장과 갈등을 조성하는 역할을 지속할 수 있을까?

이에 대한 해답은 간단하지 않다. 두 가지 요인에 의해 좌우될 것이라고 추측할 수 있다. 하나는 중국이나 러시아의 경제발전에 대한 요구와 의지가 얼마나 크게 국가 전략에 투영되는가이고, 다른 하나는 미·중 관계의 향방이다. 미국의 대아시아 전략의 노선과 내용, 그리고 이에 대한 중국의 대응이 관건이 될 것이다.

첫 번째와 관련하여 중국으로서는 최근 경제성장률 저하 추세를 제고하고 산적한 국내 문제를 극복하기 위해 보다 적극적으로 대외 확장과 구조개혁 정책을 펼칠 수밖에 없게 될 것이며, 이는 중국으로 하여금 북한에 의한 장애요인을 축소시키기 위한 방향으로 동북아 전략을 바꾸도록 작동할 것이다. 미국과 유럽 국가들의 제재와 경제침체에 직면한 러시아는 이미 동방정책을 통하여 경제활로를 모색 중이므로, 최대한 동북아에서의 경제협력을 조속히 확대하고자 할 것이다. 이러한 경제 측면에서의 구심력은 최소한 동북아 다자 또는 3자협력을 촉진시키는 역할을 할 것이다. 물론 중국이나 러시아 모두 북한의 안보적 완충역할에서 오는 이득과 경제적 측면에서 발생하는 잠재적 손해를 저울질하게 될 것이다.

여기에서 만약 미국의 대아시아 전략이 중국과 북핵문제 공조를 통해 중국에 대해서는 사안별 협력과 적절한 수준의 견제, 러시아에 대해서는 러시아의 세계개입 전략 수정 가능성에 대응하여 미·

러 간 협력의 여지를 남겨 두는 방식으로 전개된다면 북한의 안보
·군사적 의미는 대폭 축소될 수밖에 없다. 이렇게 되면 비핵화이
든 아니든, 북한은 개혁·개방과 체제변화를 추진할 수밖에 없다.

미국 트럼프 행정부 출범 이후 논의 중인 북핵관련 양자 및 다자
협상의 결과는 북핵동결로 끝날 수도 있고, 완전한 비핵화 달성이
될 수도 있다. 만약 북한의 비핵화가 이루어진다고 가정하면, 동북
아의 안보 불안정 우려는 상당부분 해소될 것이다. 안보와 경제 축
간의 동적인 균형은 다시 경제 쪽으로 무게가 이동할 수 있다.

현재까지 중국과 러시아를 포함한 동북아 모든 국가들의 국가적
관심인 경제발전의 관점에서 보면, 북한은 중국이나 러시아의 지역
발전에 도움이 되기는커녕 커다란 장애물로 작용해 왔다. 실제 중
국 동북지역의 성장률은 중국 전체 평균 이하인데, 이는 부분적으
로 북한이라는 요인 때문이다. 따라서 북한의 핵 포기와 개혁·개
방은 동북지역의 경제발전에 긍정적 효과를 불러올 것으로 기대하
는 것이 대체적인 국내외 전문가들의 시각이다(전재성·김성배,
2014; 진징이 외, 2014).

시베리아 횡단철도와 석유, 천연가스를 전략적 자산으로 활용하
여, 아태지역에서 경제활로를 찾고자 하는 러시아의 극동지역 개발
전략은 북핵문제가 해결된다면 상당한 탄력을 받을 수 있다(정여
천, 2013). 북한의 5차 핵실험으로 중단된 나진 -하산 지역 남·북
·러 삼각협력도 재개될 수 있을 것이다. 지정학적 측면에서 갈등
과 분열을, 또한 지경학적 측면에서 동북아 경제협력과 통합의 걸
림돌로 작용해 온 북한은 비핵화 이후, 개혁·개방을 통하여 동북
아 협력과 통합의 촉진제로서의 역할로 전환될 수 있다.

이와 같이 동북아에서 북한 변수의 의미와 전략적 가치는 이중성을 띤다. 현재 북한은 한국, 미국, 일본에게는 위협, 중국과 러시아에게는 부담이 되고 있다. 만약 비핵화된 북한이 스스로이건, 또는 외부 조력에 의해서이건 개혁·개방을 하게 되면 주변국에 위협이나 부담이 되지 않고 오히려 동북아 동반발전과 상생공간 창출의 기폭제가 될 수 있다. 이 경우 동북아 지역에서 북한의 전략적 가치는 음에서 양으로 전환될 것이다.

북한의 인적 자원은 적절한 훈련을 거쳐 동북아 개발사업의 일원으로 활용 가능하고, 북한의 토지는 환경정비와 기반시설 구축을 통해 동북아 범지역 부가가치 창출의 원동력으로 활용할 수 있을 것이다(전홍택·이영섭, 2012). 동북아 범지역 부가가치란 북한이 개방을 통해 중국이나 러시아, 몽골과의 통로와 노동집약적 산업의 생산기지 역할을 수행하여, 한반도와 북방지역의 경제통합이 촉진되면서 부존 요소의 상호보완성을 이용해 생산성이 향상되고, 새로운 투자기회의 창출로 동북아 전 지역에 혜택이 돌아가는 것을 의미한다. 동시에 북한이라는 '늪'이 사라지면서 한반도와 동북아 북방지역은 새로운 개발과 성장의 공간이 창출됨을 의미한다.

지정학적 경쟁구도에서
지정·지경학적 협력구도로의 전환

그렇다면 북한의 군사·안보적 가치를 축소하고 동북아 경제협력의 부가가치를 확대시키기 위한 우선 과제는 무엇인가? 이는 바로 동북아 다자안보협력이다. 한반도의 비핵화가 이루어지면, 동북아 다자협력의 가능성은 커진다. 물론 북한의 핵위협 제거로 한국에서의 미군 주둔과 한·미 동맹의 역할에 대한 중국의 문제제기가 뒤따를 수 있고, 중국 입장을 고려한 다자안보협력 구조에 여하히 반영시킬 것인가라는 중요한 과제가 등장할 것이다(Schell & Shirk, 2017; Snyder & Byun, 2011).

미·중 양국이 적절한 균형을 찾지 못하고 갈등관계로 접어들면, 미국은 중국 견제를 위한 한·미·일 삼각안보협력을 강화할 것이고, 중국은 당연히 반발할 것이다. 결국 동북아 다자협력은 난관에 봉착하게 될 것이다. 이러한 부정적 시나리오의 개연성을 부인할 수는 없지만, 미국과 중국의 빠듯한 국내 정치·경제 상황을 비추어 보면 확률은 그다지 높지 않다고 할 수 있다.[2] 이와 같은 비관적 시나리오가 전개되지 않는다면, 동북아 다자협력은 보다 희망적일 수 있다. 물론 한국의 역할과 전략은 미·중 관계가 어떻게 전개되느냐에 따라 달라질 수 있다.

동북아에서 중국의 공세적 패권 추구로 한국이 부득이 한·미·일 안보협력에 가담하여 중국 견제에 동참할 수밖에 없는 상황이라면 한국의 전략적 선택지는 매우 좁아질 것이다. 반면 미·중 간 경쟁이 관리되는 상황이거나 협력이 우선되는 상황에서는 한국의 전략적 선택지는 다양해질 수 있고, 운신의 폭도 훨씬 커진다. 따라서

---

[2] 미국은 2016년 대선 시 러시아 개입문제 조사 및 국내 건강보험을 비롯한 다수의 정책 이유로 심한 분열상을 보이고 있고, 중국은 경제구조 조정, 부패, 소득불평등 문제 및 지도부 교체 등 산적한 국내 문제로 양국 모두 대외정책에서의 운신의 폭이 좁다.

한국의 동북아 전략은 우선 미·중 관계, 다음으로 주변국 간의 다양한 연대 또는 협력 양상에 따라 달리 전개될 수밖에 없을 것이다.

동북아 지역질서에 대한 전망은 복잡다기한 요인과 관련되어 있지만, 단순화시킨다면 미·중 관계의 전개에 가장 큰 영향을 받을 것이다. 다음으로 미·중·일·러와 남북한 간의 양자관계, 그리고 다양한 조합의 3자 관계가 상호보완 또는 상쇄기능을 하게 될 것이다. 비핵화 이후 동북아 지역구도와 관련하여 세 가지 시나리오를 상정해 볼 수 있다(〈표 9-1〉).

〈시나리오 Ⅰ〉은 냉전 시기의 진영 구도로의 회귀를 의미하는바, 그 개연성을 무시할 수 없다.[3] 이 경우 북한의 지정학적 가치는 유지될 공산이 크며, 특히 미·중 간 지정학적 경쟁에 따른 원심력의 작용으로 지경학적 구심력은 크게 제약을 받을 것이다.

〈시나리오 Ⅱ〉는 미·중 경쟁관계가 적절히 관리되면서 사안별 협력이 진행되는 경우이다. 중·일 관계도 이러한 경쟁과 협력의 복합적 관계로 진화해 나갈 가능성이 크다. 이 경우 동북아의 안보와 경제 간의 균형이 어느 정도 달성 가능하고, 한·중·일 3자협력을 포함하는 다양한 소(小)다자협력에 대한 요구가 증대하게 될 것이다. 미·러 간 대립관계가 지속되더라도, 러시아의 영향력이 미·중보다 크지 않은 만큼 동북아 안보에 미치는 효과는 크지 않을 것으로 예상된다. 다만 북한이 러시아와의 관계를 활용하면서

---

3) 로즈만 같은 동북아 전문가는 진영 구도로의 회귀가 임박했다고 본다 (Rozman, 2015a; 2015b).

<표 9-1> 동북아 국제관계 변동 시나리오

변동 시나리오	미·중 관계	중·일 관계	미·러 관계	안보와 경제	동북아 세력구도
I	경쟁/ 갈등	경쟁/ 갈등	대립	안보 우선	중·러·북 삼각 대 미·일·한 삼각 구도 중국 포위와 중·북 밀착 가능성
II	경쟁/ 협력	경쟁/ 협력	대립	안보·경제 복합	한·미·중·일 협력 및 남북협력 북한의 체제 변화 (단, 러·북 간 관계변수로 작용 가능)
III	협력/ 경쟁	협력/ 경쟁	경쟁/ 협력	경제 우선	5자 협력을 통한 북한의 동북아 질서 편입 및 동북아 지역통합

다자협력에 장애물을 설치할 가능성을 배제할 수는 없다.

〈시나리오 III〉은 미·중 양국이 아시아 질서 전반에서 협력을 우선하는 관계로 진화하는 경우이다. 이 경우 동북아 다자협력의 안정적 기반이 마련되고 안보와 경제에 걸친 모든 문제들을 포괄적으로 다룰 수 있을 것이다. 여기에 덧붙여 미·러 간 대립이 해소되고 선택적 협력이 이루어진다면, 동북아 지역안정과 다자협력 여지는 크게 개선될 수 있고, 한국의 전략적 선택지나 역할은 확대될 수 있을 것이다. 이러한 상황이 도래하면, 북한은 미·중·일·러·한의 5개국이 제시하는 체제변화를 수용할 수밖에 없을 것이다. 한국의 입장에서 보면 두말할 필요 없이 이 시나리오가 가장 바람직하다. 이 경우 동북아는 안정적인 지정학적 구도하에서 경제협력을 심화시켜 나갈 수 있게 될 것이고, 북한은 자연스럽게 동북아의 새로운 질서에 편입될 수밖에 없는 결과를 가져올 것이다.

그러나 현 시점에서 〈시나리오 III〉의 개연성은 크지 않아 보인다. 또한 미·러 관계의 단기적 개선 가능성도 높지 않다. 4) 아마도 가장 개연성이 높은 것은 〈시나리오 Ⅱ〉가 아닐까 싶다.

한국의 전략이 한반도를 둘러싼 지정학적 갈등요인을 최소화하면서, 동북아 국가 간 협력을 통한 지경학적 가치를 최대화하는 것이라고 한다면, 〈시나리오 Ⅰ〉의 발생을 최대한 저지하면서 〈시나리오 Ⅱ〉를 중간 상태, 그리고 〈시나리오 Ⅲ〉을 최종 상태로 설정하는 것이 당연할 것이다. 가장 우선적인 과제는 동북아 다자안보협력을 조기에 정착시키는 것이다. 이를 위해서는 2005년 6자회담에서의 틀과 내용을 준용할 필요가 있다. 물론 6자회담에서 논의된 '동북아 평화안보 기제'가 완벽하지는 않지만, 동북아 평화와 안보를 위한 토대를 제공할 수는 있다. 또한 6자회담 공동성명에서 밝힌 대로 북한의 개혁·개방과 지역경제 편입 및 동북아 경제·에너지 협력을 중점 대상으로 하고 있다는 점에서 준거가 될 수 있다.[5]

북한이 본격적인 개혁·개방으로 나아가면, 육상교통과 에너지 인프라가 동북아 경제를 하나로 묶어내는 중요한 연결고리가 될 수 있다(Haggard & Noland, 2008). 덧붙여 자유무역과 투자보호, 금융을 포함한 제도적 기반 구축을 통해 동북아 경제통합의 불씨를 살려 낼 수 있을 것이다.

---

4) 러시아가 우크라이나 사태 등에서 보여 준 방식에서 탈피하여, 시리아 및 중동에서의 극단적 테러집단 퇴치 등을 통해 미국과 새로운 협력관계를 구축한다면 미·러 관계의 부분적 회복이 가능할 것이며 동북아의 다자안보협력 체제 형성 가능성은 한층 높아질 것이다. 이런 측면에서 러시아의 역할이 중요하며, 한·러 협력도 한 차원 격상될 수 있을 것이다.

5) 6자회담의 틀은 동북아 안보건축을 위해 설계된 것이 아니라, 북한의 핵문제를 위해 설계된 것이다. 양자 관계를 주로 다루고 있으며, 다자 관계의 정착을 도모하기 위한 것은 아니다(Cossa, 2009).

한국의 입장에서는 장기적으로 동북아 안보·경제 협력체를 지향하되, 우선적으로는 물적 기반 조성에 초점을 맞춘 '동북아 기반시설 공동체' 형성을 추진하는 것이 보다 실현 가능성이 높을 것이다.[6] 물론 동북아 각국은 기반시설 공동체에 대한 상이한 비전과 생각을 가지고 있지만, 제3장에서 논의한 대로 최대한의 교집합을 찾아내고, 이를 선도하는 것이 한국의 역할일 수도 있다.

　예를 들면, 중국 정부가 대로 구상의 일환으로 추진 중인 중·몽·러 경제회랑 개발계획이나 러시아의 극동·바이칼 지역 개발계획, 일본의 서해안 개발과 북방도서 개발구상 등과 남북관계 개선을 통한 한반도 개발구상의 접목을 시도할 수 있을 것이다. 초기단계에는 거대 개발 사업에 앞서, '남·북·중' 및 '남·북·러' 삼각협력을 활성화시켜 지정학적 구도의 막힌 부분을 유연화할 필요가 있다.

　무엇보다 동북아 경제협력의 가장 중요한 축인 한·중·일 삼각협력을 보다 적극적인 셔틀외교(shuttle diplomacy)를 통하여 활성화시킬 필요가 있다. 한·중·일 삼각협력은 역사, 영토, 정체성 등의 문제가 얽혀있어 실타래를 풀기가 쉽진 않지만, 한·중·일 자유무역협정을 체결할 수 있도록 한국이 적극적으로 나서야 한다. 한·중·일 자유무역협정은 3국 사이의 민감한 분야에 대한 이해관계가 엇갈려 합의 도출이 난항을 겪고 있지만, 성사된다면 동북아

---

6) 다자간 협력에 의한 동북아 기반시설 구축이 시작되면, 이를 토대로 하는 이른바 물리적 개발 중심의 동북아 개발 공동체의 형성이 가능할 것이다. 개발공동체의 개념에 대해서는 모리시마(Morishima, 2000)와 김원배(2015; Kim, W. B., 2006) 참조.

의 불안정 요인을 불식시킬 수 있다는 점에서 커다란 상징성을 가진다(한정민, 2015; Lee, 2010).

한편 동북아 지정학적 구도의 핵심 변수는 아니지만, 미·러 관계도 동북아 협력에 부분적으로 중요한 역할을 할 수 있다. 미·러 대립관계가 단기에 협력관계로 전환되기는 쉽지 않겠지만, 적어도 불신과 대립관계에서 벗어난다면 한·일·러 삼각협력도 적극 모색해 볼 필요가 있다(신범식, 2010b). 이렇게 되면 국내에서 북방지역으로 불리는 '동북아 프론티어' 지역의 일축(一軸)과 한·중·일 및 한·일·러 양환(兩環)으로 보다 안정적인 경제협력의 구도를 안착시킬 수 있다.[7]

요약하면 북한의 비핵화 과정은 동북아 다자협력에 분명히 청신호이다. 한국의 입장에서는 한·미 동맹을 기본으로 하되 동북아의 평화와 안정을 가져올 수 있도록 양자, 3자협력을 활성화시켜 다자 안보·경제협력 체제를 보완해 나갈 필요가 있다(Kim, S. H., 2009). 즉, 비핵화 협상과정에서 6자회담의 틀을 확대 보완하여 안보협력을 정착시키지 못하면, 한국 정부가 추진하고자 하는 남북협력이나 동북아 협력은 성과를 만들어 낼 수가 없다. 김대중 정부의 '햇볕 정책', 노무현 정부의 '평화번영 정책', 박근혜 정부의 '동

---

7) 북방지역과 동북아 프론티어는 그 지리적 범위가 대동소이하지만, 명칭에 있어서의 함의는 분명히 다르다. 북방 지역은 한국의 북방에 위치해 있다는 점에서 작명된 것이므로, 관련국 모두를 포괄하는 명칭이라고 볼 수 없다. 동북아 프론티어는 다국 간 협력을 전제로 한 보다 중립적인 개념으로 관련국의 동의와 참여를 끌어내는 데에도 유리하다.

북아 평화협력 구상'이나 '유라시아 이니셔티브'는 북핵 등 안보문
제와 분리 추진됨으로써, 현실적으로 북한의 핵·미사일 도발 등
안보위기 발생 시 급격하게 동력을 상실하는 결과를 가져왔다는 점
을 명심해야 한다.

따라서 향후 동북아에서 미·중 관계가 어떤 방향으로 전개될 것
인지, 그리고 주변 4강의 개별적 국가전략이 어떤 방향으로 전개될
것인지를 주의 깊게 살펴보면서 변동하는 상황에 기민하고 유연하
게 대응하는 동북아 및 한반도 협력을 위한 통합전략을 수립해야
할 것이다.

동북아 경제통합의 길

동북아 경제공동체 구상은 많은 전문가들이 20년이 넘게 주장해 왔
지만, 실현 가능성은 아직도 미지수다. 안보를 회피한 경제협력이
나 통합은 근본적으로 가능하지 않다는 것이 현실적 결론이다. 한·
중·일 3국 간 역사와 영토를 둘러싼 해묵은 분쟁과 북한발 핵·미사
일 위협은 경제협력의 동력을 떨어뜨리고, 자칫하면 경제협력을 훼
손할 수도 있는 것이 현 상황이다. 어떤 형태로건 동북아의 다자안보
협력이 구축되지 않으면, 동북아 경제통합은 어려울 수밖에 없다.
따라서 다자안보협력이 북한의 비핵화 과정에서 기틀을 마련한다고
가정하고, 동북아 경제협력과 통합의 방안을 논의해 보기로 하자.

지금까지의 논의 중 가장 실현 가능성이 높고, 명분도 갖춘 대안
은 한·중·일 자유무역협정이다. 한·중·일 3국 간 협정이 체결

되면, 북한, 몽골, 러시아(극동지역)와의 자유무역협정에 준하는 제도적 통합을 도모하자는 것이 중론이다(이창재·방호경, 2011; 전홍택·박명호, 2012). 물론 경제 하부구조인 교통과 에너지 인프라 등도 경제통합의 중요한 항목이다. 후술하겠지만 이에 대한 별도의 논의가 필요하다.

자유무역협정에 대해서는 한·중·일 3국이 원칙적으로 동의한 바 있지만, 그 실현 시기와 관련해서는 다양한 국내외 변수가 작용할 수 있다. 대외적으로는 역내 포괄적 경제동반자협정(RCEP)의 체결과 미국의 탈퇴로 불발에 거친 환태평양 경제동반자협정(TPP)의 재론 여부 등에 따라 한·중·일 자유무역협정이 탄력을 받거나 잃을 수도 있다.[8] 물론 한·중·일 자유무역협정이 동북아 경제통합의 핵심이긴 하지만, 궁극적 목표는 자유무역협정을 통해 동아시아 경제공동체를 이루어야 한다는 데에는 커다란 이견이 없다.

여기에서 동아시아의 범위가 어디까지인가는 두 가지 견해가 있다. 하나는 아세안 10개국과 한·중·일(아세안+3)을 동아시아로 규정하거나, 둘은 아세안+3에 인도, 호주, 뉴질랜드를 포함한 아세안+6으로 규정하기도 한다. 아세안+6은 역내 포괄적 경제동반자협정 참가국이기도 하다(라미령·김제국, 2017). 중국 전문가의 제안도 동아시아 경제공동체를 내세우고 있으며, 그 범위는 아세안+3을 축으로 해서 인도, 호주, 뉴질랜드와 러시아(극동), 몽골, 북

---

8) 현재 한·중·일 자유무역협정은 3국의 동북아 평화협력 공동선언에도 불구하고 추진의지가 강하지 않으며, 오히려 역내 포괄적 동반자 협정이 한·중·일 자유무역협정보다 우선 추진될 것이라는 예상이다(Lee, 2017).

한을 양 날개로 하는 일축 양익(兩翼) 모형을 제안한다(Song & Yu, 2014).

　더 복잡한 문제는 한·중·일 자유무역협정 또는 동아시아 자유무역지대가 형성되더라도 북한, 몽골, 극동 러시아를 어떤 방식으로 동북아 경제에 통합시키느냐 하는 것인데, 일부에서는 한·중·일 자유무역협정을 동북아 자유무역협정으로 단순 확대하자는 주장이 있고, 또 다른 일부에서는 자유무역협정에 준하는 형태의 제도적 통합을 우선 양자 형태로 추진한 뒤 동북아 자유무역지대를 창설하자는 주장도 있다(이창재·방호경, 2011; 전홍택·박명호, 2012). 예를 들면, 일본은 이미 몽골과 경제동반자협정을 체결한 바 있고,9) 한국에서도 한·러, 한·몽 자유무역협정을 추진해야 한다는 주장이 제기된 바 있다(이재영 외, 2015).10) 물론 경제통합의 제도화는 시간이 걸리겠지만, 러시아(극동)나 몽골은 동북아 안보 불안정이 해소되면 한·중·일 중심의 동북아 경제에 편입되는 데에는 커다란 난관이 없어 보인다. 다만, 자유무역협정을 통한 경제통합이 북한, 극동 러시아, 몽골의 실질적인 경제발전에 획기적인 도움을 줄 것으로 기대하기는 어렵다. 왜냐하면 국가 간 자유무역협정이란 지리적 특성을 고려하지 않는 비공간적 제도 통합이기 때문이다.

---

9) 일본은 2015년 2월 10일 몽골과 경제동반자협정을 맺고, 2016년 6월 7일 발효에 들어갔다(http://www.mofa.go.jp/).

10) 러시아를 포함하는 유라시아경제연합(러시아, 카자흐스탄, 벨라루스, 아르메니아, 키르기스스탄, 타지키스탄)과 한국 간 자유무역협정을 추진해야 한다는 주장도 제기되고 있다(이재영 외, 2017).

한국의 머리 위에 존재하는 북한, 몽골, 극동 러시아는 편향된 자원의존적 산업구조와 대외연계 기반시설의 미비로 인해 자유무역의 효과가 단기에 달성되기 어렵기 때문이다. 이러한 이유로 중국은 러시아나 몽골과 전략적 동반자 관계를 통해 제도화의 수준은 낮을지라도 매우 긴밀한 정치·경제협력을 시도하고 있고, 대로(帶路) 구상의 일환인 중·몽·러 경제회랑을 통해 이를 구체적으로 추진하고 있다. 이렇게 되면 중·몽·러 간에는 비교적 안정적인 토대 위에서 자원개발과 교통연계 개발을 통해 경제협력을 심화해 나갈 수 있을 것이다.

문제는 북한이다. 북한은 비록 표면적으로 중국과 동맹관계, 러시아와 긴밀한 협력관계, 그리고 몽골과도 우호적 협력관계를 유지하고는 있지만, 실질적으로는 중국과의 일방적 무역의존관계를 제외하면 몽골이나 러시아와는 경제협력이 미미한 상태이다. 만약 북핵문제가 해결된다면, 북한과 이들 구사회주의권 국가들과의 교역관계는 부분적으로 회복되겠지만, 북한 경제의 본격적 회복과 동북아 경제로의 편입은 용이하지 않다. 시장경제에 근간을 둔 자유무역을 실행하기에는 북한의 체제와 제도, 기반시설과 기업환경이 열악한 상황에 있기 때문이다.

또한 북한의 일부 자원과 노동력에 기반을 둔 비교우위를 감안했을 때, 북한이 가장 큰 혜택을 누릴 수 있는 경제협력 동반자는 중국, 몽골, 러시아가 아니라 가깝게는 한국과 일본이며, 멀게는 미국과 유럽이다. 11) 따라서 북한을 동북아 경제에 편입시키기 위해

---

11) 마커스 놀런드는 2000년도 발간된 책에서 북한이 '정상적'인 국가로 변모하면,

서는 남북한 경제협력과 통합이 필수적이다. 비핵화 과정에서 한국은 중국과 홍콩 간 '경제긴밀화협정'(Closer Economic Partnership Agreement) 또는 중국과 타이완 간 '경제협력 기본협정'(Economic Cooperation Framework Agreement)을 차용하여, 남북한 경제긴밀화 협정을 추진할 수 있을 것이다.12) 일본도 비핵화 과정에서 납북자 문제가 원만히 해결되면, 양국 간 외교관계 수립과 함께 일본과 몽골 간 체결한 경제동반자협정과 유사한 형태의 일본과 북한 간 경제협정을 고려할 수 있을 것이다.

핵 동결에서 비핵화에 이르는 6자회담을 통한 북한의 비핵화 과정은 동북아 다자안보협력과 경제통합의 여건을 조성하는 결정적인 계기를 제공할 수 있다. 동북아 경제통합과 관련해서 첫 번째 단계는 한·중·일 자유무역협정 체결이다. 두 번째 단계는 첫 단계와 병행 또는 순차적으로 한국 및 일본과 러시아, 몽골, 북한 사이에 양자 간 경제협력협정을 맺는 것이다. 세 번째 단계에서는 한·중·일과 러시아, 몽골, 북한을 포함하는 동북아 다자무역협정을 맺음으로써 동북아 경제통합의 틀이 완성될 수 있다.

두 번째 단계인 양자 경제협력에서도 이미 맺어진 일본과 몽골 간의 경제동반자협정과 몽골의 비핵, 민주체제 국가로서의 중개인

북한의 가장 중요한 교역 대상국은 한국이며 다음으로 일본, 중국, 미국이 될 것이라는 추정을 한 바 있으며, 보다 최근 추계에서는 한국, 중국, 일본, 미국, 러시아의 순이 될 것이라고 추정했다(Noland, 2000; 2013. 11. 18).

12) 중국 -홍콩, 중국 -타이완 간의 경제통합에 관해서는 양평섭 외(2013), 남북한 경제긴밀화협정 제안은 임수호 외(2016) 참조.

역할을 감안하면 한·몽 경제동반자협정을 우선 체결하고, 남북한 경제긴밀화협정 및 한·러 또는 한·유라시아경제연합과의 자유무역협정을 체결하는 순서가 바람직할 것으로 보인다.[13]

그러나 첫 번째 단계에서 다음 단계로의 경제통합이 진전되기 위해서는 국가 간 자유무역협정과 같은 제도화만으로는 부족하다. 북한을 포함한 중국 동북지역, 몽골, 러시아 극동지역은 변방지역으로 연계 교통시설, 에너지 등 기본 인프라가 부족할 뿐만 아니라, 기업환경에서도 중국 연해부나 러시아 유럽부보다 상당히 열악한 수준에 있다. 하부지역 차원의 개발환경 개선이 이루어지지 않는다면, 국가 차원의 자유무역 효과를 제대로 발휘하기 힘들다. 따라서 이들 지역이 처한 특수한 여건을 고려하여, 자유무역협정을 보완할 수 있는 지역개발 방안이 반드시 강구되어야만 하는 이유다. 제3장에서 논의한 바와 같이. 1990년대 이후 유엔 개발계획에서 추진해 온 두만강 개발계획, 현재 진행 중인 중·몽·러 경제회랑 건설, 러시아 극동지역 개발계획 등은 이러한 하부지역 개발 공동체 형성에 매우 유용한 접합 도구가 될 수 있다.

이상에서 논의한 동북아 안보·경제 협력체의 의미나 궁극적 지향점은 어디인가? 안보 측면에서 북대서양조약기구와 같은 집단 안전보장 체제는 동북아에서 가능한 지향점이 아니다. 국경장벽을 없

---

13) 몽골은 동북아에서 가장 소국이지만, 민주체제를 갖춘 국가이며 최근에는 중국과 러시아에 대한 의존도를 줄이기 위해 제3자 외교를 추진하고 있다. 또한 북한과도 비교적 원만한 관계를 유지하고 있으며, 동북아 다자안보협력에도 관심을 기울이고 있다. 몽골의 중개자 역할을 최대한 활용할 필요성은 충분하다(Caprara et al., 2015. 1. 20; Minton, 2015. 4. 30 참조).

애고 제도 통합을 이루어내는 유럽경제공동체도 동북아에서는 어렵다. 자유무역협정을 통한 좁은 의미의 경제공동체는 가능하지만, 이 또한 장기적인 효과나 의미가 크지 않다. 동북아 국가 간 상이한 정치체제, 하부지역 간 상당한 발전격차, 북한과 같은 경제 함몰구(陷沒口)의 존재는 부분적 국경장벽 해소와 시장경쟁을 지향하는 자유무역협정으로는 경제공동체를 일구어 낼 수 없다. 우선적으로, 또는 한·중·일 자유무역지대 협의와 병행하여 '동북아 기반시설 공동체'의 형성을 도모하는 것이 그나마 실현 가능한 경제공동체의 기초를 닦는 길이다. 이를 위해서는 한·중·일 3국이 합의한 '협력 비전 2020'에 기초하여 3국 간 협력을 지속적으로 추진하되, '동북아 프론티어' 지역의 기반시설 개발협의체를 구성하고 지금까지 각국이 제안하고 추진 중인 초국경 개발협력 사업 및 동북아 협력구상을 당사국들이 모여 보다 종합적이고 체계적인 계획으로 발전시킬 필요가 있다.

한반도와 동북아 프론티어:
개발협력의 현황과 미래

동북아 자유무역협정의 지리적 범위가 한, 중, 일 3국에 북한, 러시아(극동), 몽골을 포함하는 것으로 정의한 바 있다. 그러나 한국의 머리 위에 존재하는 북방지역은 중국 전체가 아닌 중국 동북지역과 몽골, 북한, 극동 러시아를 합친 지역으로 간주할 수 있다. 이 지역은 방대한 면적과 부존자원에도 불구하고 안보문제, 기반시설 미비, 체제 및 제도문제 등으로 낙후지역으로 머물러 있다. 북방지역이 동북아 전체 인구와 GDP에서 차지하는 비중은 대략 9%와 8%에 달하지만, 수출입에서는 단지 3%에 머물고 있다. 이 지역의 비개방적 특징을 단적으로 드러낸다고 하겠다.

역으로 보면 북방지역 개방 시 확대될 교역과 이에 따른 경제발전을 가늠케 하는 증좌가 된다. 단순히 경제적 측면만이 아니라 이 지역의 개방과 통합이 가져올 동북아의 심대한 지경학적, 지문화적 변화를 예상해 보면 이 지역을 '동북아 프론티어'로 규정해도 손색이 없다.

〈표 9-2〉 2015년 동북아와 하부지역 경제현황

국가	면적 (천 km²)	인구 (100만 명)	구매력 지수 GDP (10억 달러)	시장환율 GDP (10억 달러)	구매력 지수 1인당 GDP (달러)	수출 (10억 달러)	수입 (10억 달러)
중국	9,597	1,387	19,390	10,980	14,120	2,270.0	1,596.0
중국 동북지역[1]	790	109	1,668	944	–	79.8	95.4
한국	99	49	1,849	1,377	36,500	535.5	430.8
북한	121	25	40	28	1800	4.4	5.2
일본	378	127	4,830	4,123	38,100	624.0	625.0
몽골	1,564	3	36	12	12,100	5.3	3.9
러시아	17,098	142	3718	1325	25,400	337.8	197.3
극동 러시아[2]	6,169	6.2	201	72	–	28.5	10.5
동북아 (극동 러시아만 포함)	17,928	1,597	26,346	16,592	–	3,468.0	2,671.0
한반도 + 북방 지역[3]	9,121	319	8,623	6,556	–	1,278.0	1,171.0

주 1) 중국 동북지역 인구는 2014년도 수치, GDP는 2014년 중국 전체의 점유 비중 8.6%를 적용한 수치, 수출입 액수는 2014년도 수치.
　　2) 극동 러시아의 인구는 2014년 수치, GDP는 2012년 러시아 연방에서의 점유 비중 5.4%를 적용한 수치, 수출입은 2014년 수치.
　　3) 중국 동북지역, 남북한, 몽골, 극동 러시아만 포함.
자료: CIA WorldFactbook; 제성훈(2014); 박정호(2016).

중국의 본격적인 개혁·개방 이후 지난 20여 년간 동북아 역내 교역은 주로 한·중·일 3국 중심으로 크게 확대되어 왔다. 동북아 역내 교역 비중에서 한·중·일은 2015년 19.5%를 점하여 2000년의 20.3%에서 0.8%포인트가 감소하였다. 한·중·일 3국에 몽골과 러시아를 합한 수치를 비교하면, 2000년에 20.3%였던 것이 2015년에 21.3%로 증대하였다. 증가 폭이 1.0%포인트로 한·중·일 역내 교역 비중 감소를 메꿔 주는 것으로 나타났다. 즉, 한·중·일 3국과 몽골, 러시아 등 체제전환 경제와의 교역은 안보문제 및 제도적 상이성, 불리한 접근성, 경제발전 수준 차이 등으로 교역 규모가 매우 작긴 하지만, 지난 15년 간 나름대로의 역내 교역 확대의 가능성을 보여 주었다.

최근 무역 통계를 보면 한·중·일을 제외한 나머지 국가들은 비록 이들 국가의 전체 교역에서 동북아 국가와의 교역 비중이 높기는 하지만, 그 규모에서 아직은 미미한 수준이다. 다만 러시아와 중국의 교역규모는 중·러 간 전략적 협력강화가 시작된 2000년 이후 상당히 큰 폭으로 증가하고 있다. 또한 러시아와 몽골 간의 교역 규모도 크게 증가했다. 중·러·몽 3국 간의 교역규모는 확대 중에 있음을 알 수 있다. 특히 몽골은 대중국 의존도가 엄청나게 높은 특징을 보여 준다. 이는 체제의 낮은 개방성과 발전 수준을 반영하는 것이다.

한편 러시아 극동지역, 중국 동북지역, 몽골, 북한을 포함하는 동북아 프론티어 지역으로 좁혀 보면, 러시아 극동지역과 몽골은 자원기반 경제로서 잠재력은 크지만 경제규모나 무역규모가 아직은 크지 않다. 북한은 폐쇄적 고립경제로 경제규모나 무역에서 세력이 매우 약하다. 결과적으로 동북아 프론티어 지역은 여전히 안보적 장애, 수송 장애 그리고 제도적 차이로 인한 장애를 안고 있는 지역이다.

2000년대 이후 교역 현상의 한 가지 특징적인 변화는 중국 동북지역의 부상이라고 할 수 있다. 중국 경제의 영향력 확대는 동북아 전체뿐만 아니라 동북아 프론티어 지역에서 더 두드러지게 드러난

〈표 9-3〉 동북아 역내교역 비중

단위: %

	2000년	2005년	2010년	2015년
한·중·일	20.3	23.7	22.1	19.5
한·중·일+러·몽	20.3	23.9	23.4	21.3

자료: IMF DOTS.

〈표 9-4〉 동북아 국가 간 교역

단위: 100만 달러

2000년					
	중국	한국	일본	러시아	몽골
중국	-	34,500.5	83,174.3	8,002.7	322.6
한국	31,253.3	-	52,294.0	2,846.4	56.7
일본	85,858.8	50,809.7	-	5,124.2	38.2
러시아	6,180.6	1,330.6	3,338.1	-	222.8
몽골	376.6	67.8	81.4	251.4	-
2015년					
	중국	한국	일본	러시아	몽골
중국	-	275,717.5	278,612.7	67,955.0	5,324.8
한국	227,374.2	-	71,430.3	15,994.0	291.9
일본	204,628.9	136,027.7	-	20,867.0	305.8
러시아	63,552.2	18,060.6	21,312.0	-	1,161.4
몽골	5,140.9	312.2	326.1	1,269.2	-

자료: IMF DOTS.

〈표 9-5〉 2000년과 2015년 중국 동북지역, 극동 러시아, 북한, 몽골의
대동북아 교역 비중

단위: %

지역	연도	교역 총액(억 달러)	대중국	대러시아	대북한	대몽골	대일본	대한국	동북아 합계
중국 동북	2000	246.0	-	6.69	1.40	0.24	33.47	13.47	55.26
	2015*	1358.0	-	12.17	2.26	0.26	10.75	6.63	32.06
극동 러시아	2007	183.0	23.35	-	0.06	0.01	32.51	29.26	85.20
	2016	225.0	27.24	-	-	-	23.14	24.48	74.86
북한	2000	19.7	22.88	1.95	-	-	10.49	21.58	56.91
	2015	62.5	91.36	1.34	-	-	-	-	92.70
몽골	2000	11.5	33.04	21.74	-	-	7.04	5.91	67.74
	2015	84.0	61.19	15.12	-	-	3.93	3.69	83.93

주: 중국 동북지역의 교역 총액은 2015년 수치, 비중은 2013년 수치.
자료: UN comtrade DB; K-Stat(한국무역협회); Kotra 2016년 북한의 대외무역 동향; 극동연방관구
관세청; 주블라디보스토크 총영사관.

다. 북한과 몽골, 극동 러시아 모두 개발과 개방 수준이 낮은 지역
이나, 대중국 교역 의존도는 매우 높은 편이다. 〈표 9-5〉에서 보
면, 작은 교역 규모에도 불구하고 이들 세 지역은 2000년대 이후 대
중국 교역 의존도가 증가한 반면 한국 및 일본과의 교역 비중은 감
소했다. 중국의 동북지역 자체도 한국 및 일본과의 교역 비중이 크
게 감소했다. 이 지역의 최근 대외 교역 축소와도 무관치 않아 보인
다. 어쨌든 북한, 몽골, 극동 러시아 전이경제에서 중국이 차지하
는 비중과 중요성은 체제의 특수성과 과거 국가관계를 반영하는 것
으로 이들 국가에서 향후 체제전환과 구조개혁이 어떻게 전개되느
냐에 따라 달라질 것이다. 북한의 비핵화와 개혁·개방은 한반도
북방지역 전체의 개혁·개방을 촉진하고, 통합의 힘을 제공하는 계
기가 될 수 있다.

한편 중국 동북지역의 러시아, 북한, 일본, 한국과의 교역 규모는 큰 폭으로 증가했는데, 이는 동북지역이 서서히 개방도를 높이면서 동북아 프론티어 경제 전체를 주도할 가능성을 시사하는 대목이다.[14] 중국 동북지역만큼의 규모는 아니지만, 러시아 극동지역도 중국, 일본, 한국과의 교역 규모가 증가하고 있음을 알 수 있다. 만약 한반도 북방지역에서 앞서 언급한 안보, 기반시설, 제도라는 세 가지 장애 요인들이 극복된다면, 중국 동북지역과 러시아 극동지역, 북한 그리고 몽골은 한·일과 상당한 교역 및 투자 확대와 더불어 전혀 다른 모습의 새로운 경제권을 탄생시킬 수도 있을 것이다.

일반적으로 개방경제에서 적용되는 중력모형을 상정해 보면, 이와 같은 예상을 쉽게 도출할 수 있다. 즉, 개방경제인 한국 및 일본과 저(低) 개방 경제인 북방지역 간 교역의 규모는 앞서 언급한 장애 요인들이 제거된다고 했을 때 폭발적으로 확대될 것으로 미루어 짐작할 수 있다.

역설적으로 중국 내에서 개혁·개방의 정도가 상대적으로 낮은 중국 동북지역과 몽골, 체제 전환이 느리게 진행되는 러시아 극동지역, 그리고 쇄국·자주를 주장하는 북한, 이들 네 지역은 상대적인 경제성장의 가능성이 큰 지역들이다. 이러한 인식으로 2000년대

---

14) 북방지역에서 중국 동북지역의 구심성이 강화되고는 있지만, 몽골과 극동 러시아와 같은 자원중심 경제와 실패한 북한 경제 등에 둘러싸인 동북지역의 미래는 북한의 비핵화와 개혁·개방, 이에 따른 한반도와 북방지역의 경제통합과 같은 획기적인 계기가 마련되지 않는다면 어두울 수도 있다. 왜냐하면 동북 3성은 이미 급속한 고령화와 인구 유출로 어려움을 겪고 있기 때문이다(*The Economist*, 2015. 1. 3).

들어와 중국, 몽골, 러시아는 나름대로 초국경 협력을 통한 지역개발 전략을 수립, 추진하고 있다. 만약 한반도 비핵화가 달성되고 관련국들이 체제 개혁과 제도 개선 및 초국경 기반시설 네트워크 구축을 본격화한다면 엄청난 무역 확대와 투자, 산업구조 조정에 따른 성장 효과를 누릴 수 있다. 바로 이웃국가인 한국, 일본, 그리고 중국 연해지역과의 지리적 근접성과 경제적 상호보완성 때문이다.

이러한 사실은 지경학적 측면에서 그 의미가 크다. 왜냐하면 2000년대 시작된 중국의 동북지역 발전전략(김천규 외, 2011; 원동욱 외, 2013)은 낙후된 동북지역의 산업구조 전환 및 고도화를 통해 균형적 지역발전을 도모하는 국내적 이유에서 출발했으나, 최근 대외 개방과 협력을 통해 주변지역까지 확대하는 개발 전략으로 전환되었기 때문이다. 중국 정부는 중·러 간 '중국 동북지역과 극동 러시아 및 동시베리아 지역 협력계획 강요'(2009) 및 북·중 간 '압록강 및 두만강 지역에 대한 협력계획 강요'(2011)를 통해 중국 동북지역 중심의 북방 지역 개발을 적극 주도하고 있다. 특히 주목할 부분은 중·북, 중·러 간 철도 및 도로의 확대 연결을 통해 동해로의 해상통로 확보인데, 이는 단순히 경제권 구축의 목표를 뛰어넘는 안보·군사적 의미도 내포하고 있다는 점을 유념할 필요가 있다. 15)

시진핑 정부 출범 이후 본격적으로 추진되는 대로(帶路) 구상에서는 중·몽·러 경제회랑을 6대 경제회랑의 하나로 지정하고, 러

---

15) 중국의 환동해권 진출은 미·일 중심의 동북아 정치경제 구도 경쟁에서 중요한 의미를 지닐 수 있다(원동욱, 2009).

시아 및 몽골과 함께 북방지역의 안정과 협력을 추구하고 있다. 북한은 이 회랑에 포함되지는 않았지만, 지경학적 측면에서 보면 당연히 북한도 염두에 둔 중국의 초국경적 지역개발의 장기적 포석이다.[16] 중국 정부가 밝힌 중·몽·러 회랑 건설의 추진 방향은 다섯 가지이다(이현주 외, 2016). 간단히 요약하면 ① 전략적 인식의 공유 및 정책 지원, ② 교통의 상호 연결, ③ 세관 건설, ④ 단순한 수송이 아닌 경제회랑 조성, ⑤ 인적, 문화적 교류 확충이다.

그러나 중국 주도의 중·몽·러 경제회랑 구축이 순조롭게 진행될 것이라고 기대하기는 어렵다. 중·몽·러 3국 간 과거 사회주의 이념을 공유하고 동시에 경제협력을 절실히 필요로 하지만, 각국의 동북아 프론티어 지역 전체에 대한 비전이나 이해관계가 반드시 일치하지는 않기 때문이다(이현주 외, 2016). 만약 중국이 일방적으로 초국경 협력을 밀어붙인다면, 결국 이해관계의 상충으로 협력의 동기가 약화될 수도 있다. 반대로 상호 존중의 자세로 이해관계의 접점을 찾아 간다면, 동북아 초국경 개발협력의 기반을 마련할 수 있을 것이다.[17]

푸틴 정부 이후 러시아의 극동지역 개발정책은 아태지역 경제와의 통합이라는 전략적 목표를 가지고, 2007년에 '2013 극동·바이칼 지역 경제·사회발전 연방 특별프로그램'을 그리고 2014년에

---

16) 2016년 11월 11일 개최된 제 9회 한반도국토포럼에서 토론자로 나선 중국 푸단대학의 스위안화(石源華) 교수는 중국의 일대일로 구상의 6대 경제회랑에 추가로 한반도와 동북지역을 잇는 제 7 경제회랑 건설을 제안한 바 있다.
17) 중국 전문가들도 이러한 제약요인을 인지하고 있으며, 구동존이(求同存異)의 접근을 제시하고 있다(李新, 2016; 范麗君, 2015).

'2025 극동·바이칼 지역 경제·사회발전 국가프로그램'을 시행했다(제성훈 외, 2014). 2013년 계획의 내용을 대내외 경제여건을 고려하여 일부 축소하고 2015년까지 동 계획을 통해 역내 경제구조를 개선하고 교통, 전력 등 기반시설을 개발할 예정이었다. 계획의 핵심은 에너지 자원과 유라시아 수송로를 아태지역과 연계시켜 그 전략적 가치를 최대한 살려내겠다는 것이다. 또한 에너지 의존도를 낮추고 러시아의 자국 생산경쟁력 강화를 위해 극동지역에 선도개발구를 지정하고 분야별로 특화된 산업기지를 조성하겠다는 것이 주 내용이다. 덧붙여 블라디보스토크를 비롯한 연해주 남부지역에 자유항을 지정하여 외국인 투자 및 화물을 유치, 통관 간소화, 수입관세 면제, 법인세 감면, 외국인 무비자 제도 등의 혜택을 제공한다고 되어 있다(김학기 외, 2016).

푸틴 정부는 동방경제포럼을 발족, 2015년, 2016년, 2017년 세 차례 블라디보스토크에서 개최하고 이후에도 매년 포럼을 개최할 예정이며, 한국, 일본 등 아태지역 국가들의 러시아 극동지역 투자 유치를 적극적으로 모색하고 있다(이재영, 2016). 일본이나 한국 모두 러시아의 극동지역 개발에 관심을 표명한 바 있고, 일본의 아베 정부는 일·러 관계 정상화를 위해 극동지역 투자 확대 및 북방도서 공동 개발을 추진하고 있다(Ministry of Foreign Affairs of Japan, 2016. 5. 7). 한국도 비록 북한의 핵·미사일 개발로 하산 - 나진 물류 사업에서의 3자협력이 좌초되었지만, 극동지역 개발을 통한 러시아와의 경제협력 강화 및 북한 연계를 모색하고 있다(박정호 외, 2017).

몽골은 내륙국가로 출해구(出海口)가 없으며, 국토에 비해 인구

규모가 작다. 경제적으로도 중국과 러시아에 대한 의존도가 절대적이며, 광물자원 의존적 산업구조이다. 몽골은 전력, 일상용품, 의복, 식품 건자재, 석유제품을 중국으로부터 수입하고 광물, 가죽, 모, 캐시미어를 중국에 수출하는 교역 구조이다. 중국에 대한 의존도가 높아질수록 몽골 입장에서는 불리한 교역 구조가 고착될 것이라는 우려가 상존한다(Otgonsuren, 2015). 또한 중·몽·러 경제회랑 건설계획에서 중국이 몽골의 울란바토르-톈진 철도와 톈진항 이용을 보장하고는 있지만, 몽골의 입장에서는 이 또한 중국에의 예속 심화라는 우려를 가지고 있다(Campi, 2015. 8. 18).

몽골의 대중국 의존도 증대에 대한 두려움은 상상의 영역이 아니라 현실이다.[18] 최근 추진되는 몽골의 외교 다변화 및 산업 다각화 계획은 이러한 우려를 줄이기 위한 노력의 일환이며(Rinna, 2016), 특히 일본이나 한국과의 경제협력을 중요시하고 있다. 한국과 일본 등이 몽골과의 경제협력을 강화하면서 몽골 동부에서 두만강지역 항만으로 이어지는 수송로를 지원한다면, 몽골이나 중국의 동북지역 모두 혜택을 누릴 수 있고 나아가 환(環)동해 경제권 형성에도 크게 기여할 것이다(이현주 외, 2016).

동북아 자유무역협정에 따른 경제협력의 제도화나 동북아 프론티어 지역에서의 지리적 경제통합에서 북한을 끌어들이는 것은 지

---

[18] 달라이라마의 2016년 몽골 방문 후, 중국은 중·몽·러 경제회랑 계획의 취소를 언급하면서, 국경통과 차량에 대한 통관세를 부과하는 보복조치를 단행한 바 있다(〈중앙일보〉, 2016. 12. 19).

난한 과제이다. 핵·경제 병진노선을 추구하면서, 도발과 위협을
일삼아 온 북한이 동북아 프론티어 지역에서의 경제협력에 자발적
으로 참여한다는 것은 상상하기 어렵다. 따라서 비핵화 과정에서
북한의 진정한 개혁·개방이 시작되고, 북한과 한국, 미국, 일본과
의 관계가 정상화되어야만 북한은 동북아 경제권의 일원으로서 초
국경 개발협력에 참여할 수 있을 것이다. 과거 20여 년간 북한이 취
해 온 개방정책과 주변국과의 개발협력 시도는 향후 비핵화된 북한
이 택해야 할 경로와는 다를 수밖에 없지만, 적어도 북한 당국이 원
하는 것이 무엇인지에 대한 시사점은 줄 수 있다.

북한의 개방 전략은 기본적으로 자본주의 황색바람을 차단하기
위한 '섬'을 만드는 것이었다(조동호 외, 2002). 즉, 모기장식 개방
이었는데, 대표적인 예가 개성공단과 나진·선봉 자유무역경제지
대이다. 둘 다 접경지역에 위치하고 있어 시장경제의 영향을 차단
하기 쉽기 때문이다. 그러나 나진·선봉 경제특구는 물류 및 기업
환경이 열악하고, 제도적 보장이 되지 않으면서 성공하지 못했다.
개성공단은 한국 정부의 지원으로 비교적 성공적으로 운영되었지
만, 북한 당국의 과도한 경영 개입과 무엇보다 한국에 대한 안보위
협으로 중단될 수밖에 없었다.

김정은 정권은 국내 특구를 다수 지정하고(양문수 외, 2015), 개
방정책을 시도했지만 북한이 촉발시킨 한반도 안보위기 상황에서
외국인 투자 유치는 불가능하다. 북핵문제 해결의 가닥이 잡힌다
면, 북한의 경제특구는 다자간 협력방식의 개발이 가능할 것이다.
특히 '남·북·중', '남·북·러', '남·북·일' 등 3자 또는 국제사
회가 참여하는 다자간 공영개발 방식으로 추진한다면, 동북아 프론

티어 지역의 경제협력에 촉매제가 될 수 있을 것이다. [19]

한편 지금까지 북한과 중국 동북지역 및 러시아 극동지역과의 경제교류는, 크게 보면 생필품과 원유를 수입하고 광물자원과 노동력을 수출하는 구조였다. 일부 관광 및 유통업에서 중국 기업과의 협력이 진행되지만 소규모에 지나지 않는다. 정부 차원에서 중국과 북한 간 협력 사례로는 2010년 '나진·선봉 경제무역지대와 황금평·위화도 경제지대 공동 개발 및 공동 관리에 대한 협정'을 맺고 추진하고 있으나, 성과는 당연히 부진하다(김천규 외, 2014). 북·중 접경지역에서 특구 개발을 공동 개발·관리한다는 측면에서 과거의 특구 개발과는 차별화된다고 할 수 있다. 북한의 의도는 중국의 식량, 자재, 에너지 등을 확보하면서, 중국 자금을 수출산업 구축 및 외화 획득에 이용하겠다는 것이다.

한편 중국의 전략적 의도는 중·북 간 협력을 통해 동북지역의 외연을 확대하면서 북한의 안정을 도모하겠다는 것이다. 중국이 오랫동안 관심을 표명해 온 나진항을 통한 동해 진출은 중국 동북지역 중심의 동북아 프론티어 지역 또는 환(環) 동해 경제권 구축에 중요한 계기가 될 수 있다는 점에서, 북한은 이를 십분 활용하고 있다. 바로 하산 - 나진 철도 연결을 비롯한 북·러 협력 사업이다. [20]

러시아의 입장에서 보면 하산 - 나진 철도와 나진항 3호 부두 확

---

19) 국제 공영개발 방식은 남북한이 개발, 운영한 개성공단이 불안정한 남북관계의 영향을 받아온 점을 감안할 때보다 안정적인 특구 개발과 운영에 유리할 것이다(양문수 외, 2015).

20) 2010년 이후 강화된 북·러 협력은 북한 나름대로 대중국 의존도를 줄이고자 택한 균형전략으로, 이이제이(以夷制夷)의 원리를 차용하고 있다.

보는 장래 시베리아 횡단철도와 한반도 종단철도의 연결 및 극동지역 가스관의 한반도 연결 구상의 발판을 마련해 준다. 북한으로서는 러시아로부터 북한 내 철도 현대화 등 기반시설 투자 지원과 극동지역에서의 식량 확보 및 노동력 수출 확대라는 이익을 거둘 수 있다.

동북아 프론티어 통합의 전망

이상에서 살펴 본 중국 동북지역, 몽골, 러시아 극동지역, 북한의 초국경 개발협력은 아직 공동의 비전이나 목표가 뚜렷하게 설정된 것은 아니다. 상호 간에 신뢰도 그다지 두터운 편도 아니다 (Rozman, 2011b). 각 나라의 경제발전을 위해 초국경 협력을 상정하고는 있지만, 국가 간 또는 하부지역 간의 이해관계가 반드시 일치하는 것도 아니다. 중국의 중·몽·러 경제회랑 건설 구상이 그나마 가장 포괄적인 구상으로 실현 가능성이 높지만, 세부적인 방안에서는 중앙정부와 지방정부의 의견이 반드시 일치하지는 않는다. 몽골이나 러시아 극동지역은 동북아 프론티어 지역 전체의 개발협력을 주도할 만한 자본과 역량을 갖추고 있지 않다. 더욱이 북한은 국제사회의 제재를 받는 입장에서, 스스로를 구제하기에도 급급한 실정에 있다.

설사 북한의 비핵화 과정에서 동북아의 안보 불안이 다소 해소되고, 동북아 프론티어 지역 4국이 개발협력에 적극 동참한다고 하더라도, 한국과 일본의 참여 없이는 동북아 프론티어 지역 초국경 협력의 경제적 효과는 크지 않을 수 있다. 왜냐하면 동북아 프론티어 지역의 교역대상과 투자 원천은 한국과 일본을 중심으로 한 아태지역이기 때문이다. 한국과 일본의 동북아 프론티어 지역에 대한 관심과 구상이 중요할 수밖에 없다.

우선 한국의 동북아 프론티어 지역에 대한 전략과 구상을 살펴보고, 다음에 일본의 전략과 구상을 들여다보기로 하자.

한국 정부의 북방 정책

한국 정부의 동북아 프론티어, 즉 북방지역에 대한 정책은 노태우 정부로 거슬러 올라간다. 냉전 종식 이후 사회주의권 국가들과의 관계 개선을 통해 남북 화해와 협력을 추구했던 '북방 정책'은 유사한 내용으로 김대중, 노무현, 이명박 정부에서도 명맥이 이어졌고, 박근혜 정부에서는 동북아 평화협력 구상과 유라시아 이니셔티브로 나타났다. 현 문재인 정부에서도 북방 정책의 내용은 아직 뚜렷하지 않지만 계승되고는 있다. 초기 한국의 북방 정책은 구체적인 지리적 장소를 의미했다기보다는 한반도 북쪽의 구 사회주의권 국가들과의 경제협력을 총칭하는 의미였다.

구체적 사업으로서의 북방 정책이 논의되기 시작한 것은 김대중 정부에서의 시베리아 횡단철도와 한반도 종단철도 연결, 즉 '철(鐵)의 실크로드'가 처음이었고, 이후 노무현 정부에서 '동북아 철도망 구축', 이명박 정부에서도 '신 실크로드' 구상이 발표된 바 있다. 박근혜 정부의 유라시아 이니셔티브는 한반도와 유럽을 연결하는 '실크로드 익스프레스', 북극 항로, 에너지 네트워크 구축 등을 포함하는 방대한 구상이었다. 그러나 지금까지 제출된 북방 정책이나 구상은 지나치게 포괄적이고, 지리적 범위도 특정되지 않아 실질적인 사업내용이나 추진방식에서 구체성을 결여한 것이 사실이다.

대부분의 국내 전문가들이 동의하듯이, 북방 정책의 기본 취지는 한반도 배후의 중국 동북지역, 몽골, 러시아 및 중앙아시아의 교통연계를 구축하고, 이들 나라의 자원과 산업을 공동으로 개발, 이용하여 한국의 경제동력을 되살리면서 동시에 남북한의 경제통합을 달성하겠다는 것이다(원동욱 외, 2013; 2015; 이상준 외, 2015; 정여천, 2013). 핵심은 교통연계와 천연가스 및 전력 등 에너지 네트워크였다. 북방 정책의 초기 구상부터 교통연계와 에너지 네트워크 건설의 주 대상은 러시아였고, 한·러 협력 및 남·북·러 삼각협력에 편향되어 있었다. 중국 동북지역이나 몽골과의 협력은 중요한 고려대상이 아니었다는 점에서 북방 정책의 장소적 의미나 협력 대상이 축소되었다고 할 수 있다. 21)

또한 북핵문제로 인해 남북관계의 정상화를 달성하지 못하면서 한국의 북방 정책은 장밋빛 구상에 그치고 말았다. 그러나 지난 30년 가까이 한국이 추진해 온 북방 정책은 적어도 정권의 변화에 관계없이 맥을 이어왔다는 점에서, 북한의 비핵화와 남북관계 개선이 진행되면 재개될 수 있는 여지를 남겨두고 있다. 향후 과제는 좀더 장소 특정적인 동북아 프론티어 지역을 설정하고, 관련국의 전략적 이익과 합치하는 계획을 설계하는 일이다. 22)

---

21) 일부 전문가들은 한·중 협력을 통해 한국의 유라시아 이니셔티브와 중국 일대일로 구상을 접목시켜야 한다는 제언을 했다(원동욱, 2015).

일본의 동북아 프론티어 개입

일본은 동북아 프론티어 지역과의 교류에서 정경분리 원칙을 유지하지만, 북한의 위협과 중국과의 경쟁 등으로 미·일 동맹을 강화하면서 중국이나 러시아와의 협력에서 운신의 폭이 크지 않다. 그러나 아베 정부에서는 러시아와의 관계개선을 적극적으로 추진하고 있는데, 이는 중국 중심의 동북아 구도를 희석시키려는 의도로 보인다. 지경학적 차원에서 러시아 극동지역, 몽골, 북한에 대한 일본의 일차적 관심은 에너지와 광물자원의 확보에 있다. 또한 일본은 러시아나 몽골에서의 에너지 자원 수입에서 중국 동북지역의 중계 수송기지 및 생산가공기지로서의 역할에도 주목하고 있다. 중국의 경제성장으로 동북 3성의 시장가치도 새롭게 인식하고 있다.

동북아, 특히 프론티어 지역에서 다자간 초국경 협력이 진전을 이루면 일본은 이 지역에서의 경제협력 사업에 참여할 의지가 더욱 높아질 것이다. 동북아 프론티어 지역 개발 협력과 관련해서 일본은 그간 국교 미수립의 이유로 두만강 개발 계획 등 다자협력 사업에 소극적이었지만, 중앙정부 대신 지방정부나 기업, 민간단체를 내세워 동북아 프론티어 지역 협력의 추세를 면밀히 주시하고 있다. 23)

특히 경제발전에 뒤처진 일본의 서해안 지방자치단체들의 요구를 무시할 수 없는 중앙정부의 입장에서는 북한의 비핵화를 포함한

---

22) 정여천은 중국 동북지역과 러시아 극동지역을 중심으로 북방지역을 설정하고, 이들과의 경제협력을 추진할 것을 제안하고 있다(정여천, 2013).
23) 일본은 두만강 개발계획에 정식 회원국이 아니며 참관자 형식으로 참가하고 있다.

동북아의 안보 여건이 개선되는 시점에서 이른바 '환동해(일본해) 권'의 교류와 협력에 적극적으로 나설 가능성이 크다. 24)

두만강 개발 계획

한국과 일본의 동북아 프론티어에 대한 관심은 북한의 비핵화 이후 전개될 동북아 다자개발협력의 모습을 가늠해 볼 수 있는 준거가 될 수 있다. 그러나 동북아 다자안보협력과 동북아 자유무역협정을 추구하면서 이를 보완해야 할 동북아 프론티어 다자개발협력을 위한 지금까지의 논의에서 빠뜨릴 수 없는 부분은 바로 20년 넘게 유엔 개발계획의 기치하에 추진된 두만강 개발계획이다. 25)

두만강 개발계획은 1991년 출범해 회원국인 중국, 러시아, 몽골, 남북한이 협력하여 추진했다. 초기의 개발범위는 북한의 나진, 중국의 훈춘(琿春), 그리고 러시아 포시에트를 포함하는 지역을 소(小) 삼각과, 북한의 청진, 중국의 옌지(延吉), 러시아 블라디보스토크/나홋카를 잇는 대(大) 삼각으로 구성되었다.

동북아 최초의 다자개발협력 사업이었던 두만강 개발계획이 커다란 진전을 이루지 못한 이유는 초기에는 당사국들의 미온적 태도

---

24) 1990년대 초 일본 서해안 니가타 현을 중심으로 '환일본해(동해) 교류 서일본 협의회' 및 환일본해(북동아시아) 경제연구소를 출범하고, 지방 차원에서 환동해권에서의 초국경 협력을 논의했다. 일본이 2014년 수립한 '국토 그랜드디자인 2050'에서 일본(서) 해 및 태평양 2면 활용형 국토를 언급한 것은 앞으로 환동해권 교류가 본격화되리라는 기대를 반영한 것이다(伊集院敦, 2015).

25) 두만강 개발계획의 초기 개발 개념과 구상에 대해서는 버스톡(Behrstock, 1995) 참조.

〈그림 9-1〉 두만강 개발계획(TRADP)의 지리적 범위

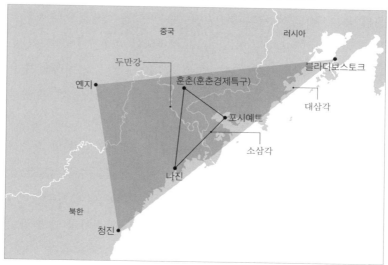

자료: 기획재정부(2013) 보도자료 재구성.

〈그림 9-2〉 광역 두만강 개발계획(GTI)의 지리적 범위

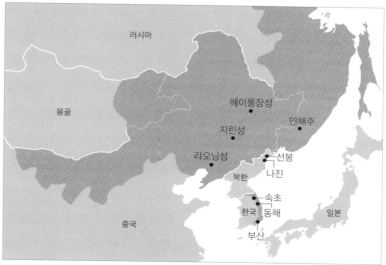

자료: 기획재정부(2013) 보도자료 재구성.

와 동상이몽(同床異夢) 때문이었다. 물론 1990년대 말의 아시아 금융위기와 북한의 핵 개발 추진으로 다자협력을 적극적으로 추진할 분위기가 아니었던 탓도 있다. 유엔 개발계획 자체평가에서도 안보환경을 외면한 비현실적 목표, 자금, 기술, 인력대책 미흡과 명확한 비전 결여 및 참여국의 지원 불충분 등을 이유로 제시한 바 있다 (배종렬, 2009; 조명철·김지연, 2010).

가시적인 성과를 내지 못했던 두만강 개발계획은 2005년 창춘회의에서 '광역 두만강 개발 계획'(GTI: Greater Tumen Initiative)으로 명칭을 변경하고, 개발협력의 지리적 범위도 러시아 연해주 일부, 중국 동북지역, 몽골 동부지역, 북한의 나진·선봉지역 및 한국의 동해안지역까지 확대하였다(GTI, 2010).

2009년 북한은 국제사회의 경제제재와 핵 사찰 등을 이유로 협정에서 탈퇴했으나, 나진·선봉지역을 특별시로 운영함으로써 GTI 및 중국 주도의 초국경 개발협력의 직, 간접적 효과를 누리겠다는 심산이다(박동훈, 2010). 현재 GTI는 중국, 러시아, 몽골, 한국 네 나라가 회원국이며, 주로 역내 교통, 무역투자, 관광, 에너지, 환경 등 분야에서의 다자간 협력을 위한 기초조사 및 연구와 민·관 및 연구기관 교류협력 증진을 위한 위원회를 운영하고 있다. 최근에는 관련 지자체간 협의체와 자금조달 지원을 위한 수출입은행 협의체 등이 출범하였고, GTI의 국제기구 전환도 논의되었다. 그러나 이 지역의 개발사업을 지원할 수 있는 자금조달의 문제, 국제기구의 명칭문제 등에 이견으로 회원국 간 합의를 이루지 못하면서, 구체적인 사업이 커다란 진전을 이루지 못하고 있는 실정이다(최장호 외, 2016).

지난 20년 넘게 두만강 유역을 포함한 동북아 프론티어 지역에서의 다자간 협력이 성과를 내지 못하고 있는 상황에서 중국은 2000년대 이후 동북지역 개발전략을 국내 차원에서 점차 주변지역까지 포함하는 초국경 협력 전략으로 전환해 왔다. '동북진흥 전략' 및 '창지투(長吉圖) 개발계획'과 가장 최근의 '중·몽·러 경제회랑 건설계획'이 대표적이다. 중국은 공통의 경제적 이해관계와 구사회주의 체제 유산을 가진 러시아, 몽골, 북한과의 양자협력 또는 중·몽·러 3자협력을 통해 동북아 프론티어 지역 개발의 주도권을 장악하고 있다. 어떻게 보면 GTI는 중국 중심의 계획으로 전락할지도 모른다.[26] 자금조달 능력과 정책의지가 가장 강한 중국이 동북아 프론티어 지역 개발을 주도하게 되면 개발의 성과는 빨리 달성할 수도 있다.

그러나 러시아, 몽골, 한국, 심지어 북한까지 중국 중심의 개발을 우려하는 상황에서, 과연 개발의 혜택이 중국에 편중되지 않고 공평하게 주어지고 동북아 프론티어 지역 전체가 함께 누릴 수 있을지는 의문이다. 이런 측면에서 관련국 모두가 함께 개발협력 계획을 수립하고, 개발사업을 공동 관리할 수 있는 거버넌스 체제가 수립되어야만 지속가능한 동북아 프론티어 지역의 발전을 이룰 수 있을 것이다.

비록 GTI가 그간 괄목할 만한 성과를 내지 못했지만, 적어도 다

---

26) 실제 광역 두만강 개발계획은 창지투 개발계획과 그 지리적 범위가 거의 일치할 뿐만 아니라 대부분의 기반시설 사업도 중국의 투자로 진행되고 있다(원동욱, 2011).

자간 초국경 개발협력에 대한 기본적인 틀은 만들어 냈다는 점에서 이를 적극 활용하는 지혜가 필요하다. 이를 위해서는 첫째, 2013년 이후 논의되어 온 GTI의 독립된 국제기구로의 전환이 필요하고, 만약 국제기구 설립이 어렵다면 '동북아 개발협력체'와 같은 국가 간 협의기구를 두는 것도 한 가지 방안이 될 수 있을 것이다. 둘째, 초국경 개발협력 사업의 재원조달을 위한 관련국 간 금융협력기구나 기금의 설립이 필수적이고, 셋째, 일본의 가입 및 북한의 재가입이 가능하도록 명분과 동기를 부여해야만 한다. 27) 북한의 비핵화와 개혁·개방은 위와 같은 초국경 개발협력에 북한이 적극 참여할 수 있는 중요한 전기를 마련할 수 있다.

지역 공공재로서의 기반시설 구축

동북아 프론티어 지역은 요소부존에 있어 상호보완성이 매우 높은 지역이다. 구소련 해체 이후 1990년대 초 이러한 상호보완성에 주목하여 이 지역에서 경제권 출현이 임박했다는 기대도 있었다. 선부른 기대가 꿈으로 그치고 만 현 시점에서 되돌아보면, 동북아의 안보 불안과 그 뒤에 개입되어 있는 강대국들 간의 세력경쟁을 안이하게 판단한 측면이 있다. 물론 북한 체제가 지닌 돌발성을 예측

---

27) 북방지역에서, 크게는 동북아시아에서 다자협력의 필요성에 대해서는 국내 전문가 대부분이 동의한다(신범식, 2013; 원동욱 외, 2015; 이정철 외, 2013; 정여천, 2013).

하지 못한 것도 또 하나의 이유가 될 것이다.

이 지역에서 경제적 상호보완성과 지리적 근접성에 기초한 경제협력이 실현될 수 없었던 또 하나의 이유는 체제를 포함한 제도와 규범의 차이라고 할 수 있다. 30년 가까이 지난 현재 동북아 프론티어 지역에서 이러한 안보 불안과 체제 상이성을 얼마나 극복했는지를 반문해 보면, 향후 2~30년의 미래를 낙관적으로 보기 어려운 것이 현실이다. 지정학 중심의 현실주의적 논리가 개연성을 갖춘 것은 사실이지만, 한편으로 지난 30년 동북아에서 진행되어 온 상호보완성에 기초한 경제교류와 협력의 확대라는 지경학적 흐름은 동북아, 특히 동북아 프론티어 지역에서의 점진적 여건 변화가 불가능하지만은 않다는 희망을 갖게 한다.

동북아의 지정학적 갈등구도를 지정·지경학적 협력구도로 전환시키는 핵심은 지역 기반시설의 구축과 제도적 통합에 달려있다. 물론 지역 기반시설의 구축이 안보 제약요인을 쉽게 극복하기 어렵다는 것은 경험칙이다. 이와 관련해서 앞에서 언급한 동북아 질서 형성에 대한 세 가지 시나리오 중 〈시나리오 III〉에서 가장 낙관적 전망을 얻을 수 있다. 한편 〈시나리오 I〉은 가장 비관적이다. 미·중이 대립 관계로 들어서고 미·러 관계도 더욱 악화되어 '북·중·러' 대 '한·미·일' 간 진영 구도가 부활된다면, 동북아 프론티어 지역에서의 지역 기반시설 구축은 기대하기 어렵다. 또한 한·중·일 간에 배타적 민족주의의 분출로 인해 갈등이 증폭되는 경우에도 지역 기반시설 구축은 어려울 것이다.

미·중이 협력관계를 유지하고 미·러가 최소한 대립관계를 해소하게 되면, 이 지역에서의 기반시설 구축은 탄력을 받게 될 것이다. 사회문화적 교류의 증대로 동북아 국가 간 이해와 신뢰의 폭이 넓어져 지역의 정체성에 대한 인식이 제고되고, 역사와 영토 문제 등 해묵은 문제가 해결된다면, 러시아 -중국 -한반도 천연가스 파이프라인, 그리고 러시아와 한반도 간 철도 및 송전망, 한·중 간 고속철도 등 동북아 기반시설 네트워크가 구축될 가능성은 매우 높아질 것이다(Rozman, 2004). 이와 같이 기반시설 건설과 지역개발을 위한 다자간 협력의 여건이 성숙하면, 동북아 프론티어 지역에서의 기반시설 중심, 특히 철도 수송 중심의 '동북아 기반시설 공동체' 형성이 가능해지고 동북아 경제 전체에 미치는 파급효과도 매우 클 것으로 예상된다. 28)

그렇다면 비관적 시나리오에서 한국 정부는 손을 놓고 있을 것인가? 〈시나리오 I〉인 '중·러·북 삼각'과 '미·일·한 삼각'이 대립하는 경우에서 한국 정부의 역할은 매우 제한적일 수밖에 없다. 국지적 차원에서의 양자협력은 일부 가능하겠지만, 지역 기반시설 구축을 선도·지원하는 역할은 불가능하다. 다만 두만강 유역에서 진행되는 다양한 사업들 중 안보적 함의가 크지 않은 관광, 환경 등에서의 협력사업 참여는 가능할 것이다. 특히 기존의 GTI가 국제기구화 된다면, 이러한 국제기구를 활용하여 다자간 협의를 통한 초국경 협력사업을 점진적으로 추진할 수 있을 것이다.

---

28) 모리시마는 철도를 시작으로 하는 동북아 공동체의 가능성을 제시한 바 있고, 원동욱은 국제운송 회랑을 통합한 동북아 경제회랑 구축을 제시한 바 있다 (Morishima, 2000; 원동욱 외, 2015).

한편 〈시나리오 Ⅱ〉나 〈시나리오 Ⅲ〉의 경우, 지역 기반기설 구축에서 한국은 보다 선도적 역할을 수행할 수 있을 것이다. 중국이 주도하는 아시아 인프라투자은행의 본격 출범과 더불어 지역기반시설 구축에 필요한 재원조달은 지금보다는 훨씬 수월해질 것이다. 특히 동북아 프론티어 지역에서의 지역 기반시설 구축에서 한국은 아시아 인프라투자은행과 연계된 관련기구를 구성하고 물류 수송, 에너지, 지역개발 관련 발전계획을 관련국 전문가와 함께 수립하고 실질적인 추진을 선도하는 역할을 수행할 수 있을 것이다.[29]

이러한 역할을 성공적으로 수행하기 위해서는 동북아 프론티어 지역에서의 지역 기반시설 구축이 갖는 효과와 의미에 대해서 주변국 모두가 충분히 공감할 수 있는 논리적 설명이 필요할 것이다. 기반시설 네트워크 구축, 즉 지역 간 연계 시 발생할 가장 중요한 효과는 비용 절감에 따른 생산성 향상과 더불어 새로운 산업의 입지, 그리고 범지역적 산업구조 조정에 따른 혁신이 될 것이다.

기반시설의 확충 및 연결이 동북아에서 다자간 협력에 의해 순조롭게 진행될 경우, 동북아 프론티어 지역의 공간구조에도 커다란 영향을 미칠 것으로 예상된다. 예를 들면 시베리아 횡단철도와 한반도 종단철도의 연결과 함께 구축될 천연가스 파이프라인 및 송전선은 이 지역의 기반시설 네트워크와 산업입지에 심대한 영향을 미칠 것이다.

---

29) 예를 들면 '동북아 개발협력체'를 결성하고 '동북아 개발공사'와 같은 재원 조달 기구를 아시아 인프라투자은행과 연계하거나 별도로 설립, 운영할 수 있을 것이다(전홍택·이영섭; 2012).

기반시설 구축과 제도 개선에 따른 초국경 경제지역의 탄생은 경제운영의 지평을 확대시키고, 규모의 경제, 자원의 공동이용과 시장확대를 가능하게 한다. 30) 동시에 새로운 투자기회의 발생, 에너지 및 자원공급원의 추가 확보, 무엇보다도 범지역적인 네트워크 체제의 형성에 따른 생산비용 절감을 통해 관련국 모두의 생산성을 향상시키는 결과를 기대할 수 있다. 31)

　동북아 프론티어 지역에서의 기반시설 구축의 당위성과 효과에 대해서는 누구도 부인할 수 없다. 이러한 당위성과 기대효과에도 불구하고, 현실은 낙관적인 전망을 불허한다. 가장 큰 불확실성은 향후 동북아 질서가 어떻게 재편될 것인가인데, 낙관과 비관이 교차하는 시점에 처한 것이 우리의 현실이다.

　두 번째 관건은 북한이다. 물론 북한이 동북아 신질서 형성에 있어 독립변수는 아닐지라도, 단순한 종속변수로 보기는 어렵다. 단, 한·미·중·일·러 5자 간 북한의 비핵화 과정에서 원만한 협력을 이루어낸다면, 북한은 동북아 체제에 편입될 것으로 예상된다. 그렇지 못할 경우, 한국, 일본, 미국을 비롯한 국제사회에서 북한은 고립된 존재로서 북·중·러 관계 및 남북관계 등에서 변이를 일으

---

30) 유럽에서의 초국경 협력의 주요 논거로는 경제적 상호보완성 활용, 네트워크 경제(연계 효과), 거래비용 감소, 공동자원 이용, 공공재 공급에서의 규모의 경제 달성을 들 수 있다(Cappellin, 1993).
31) 전홍택·이영섭(2012) 참조. 부언하면 수송, 에너지 등 망 체제의 구축은 생산함수의 상향 이동을 의미하며, 이는 한반도·북방 지역에서의 획기적인 생산성 향상을 예상케 한다.

키는 존재로 당분간 존속할 수 있다. 한편 미·중 관계가 협력적인 방향으로 정착되고, 남북 간 협력이 한반도 지경학적 통합으로 이어진다면, 동북아 신질서 형성에서 한국의 역할은 훨씬 커질 수 있다. 따라서 동북아 프론티어 지역에서의 개발공동체 형성은 중국 주도가 아닌 관련국이 모두 공유할 수 있는 비전을 실현하는 방향으로 진행될 수 있다. 이 경우 러시아의 동북아 개발협력 관련 역할 증대를 기대할 수 있다.

결과적으로 남·북·중·러 협력을 중심으로 몽골과 일본이 참여하는 다자개발협력 체제 형성이 가능하다.[32)]

물류와 에너지 자원 수송 중심의 기반시설 구축과 더불어 지역개발이 이루어지면 동북아 프론티어 지역은 새로운 발전의 전기를 맞이하게 될 것이다. 특히 이 지역에서의 초국경 개발협력은 단순히 기반시설 건설과 지역개발이라는 차원을 벗어나, 지역의 평화와 동반발전을 가능케 하는 원동력이 될 것이다. 동북아가 대립구도로 들어서지 않는 한, 기반시설 중심 개발공동체의 형성은 안보와 선순환의 고리를 형성할 수 있다는 논거를 제공한다. 부언하면 경제적 상호보완성, 네트워크경제, 자원공유, 시장확대 등 지경학 협력 논리가 지정학의 논리를 극복하는 상황을 연출해 낼 수 있다.

---

32) 아마 이러한 기대가 어느 정도 실현될지 여부는 북한 비핵화 협상이 진행될 2017~2018년을 전후한 시점에 알 수 있을 것이다.

동북아 프론티어의 건설과 경영

경제나 안보 양 측면에서 동북아 프론티어 지역은 미개척지라고 정의할 수 있다. 역사적으로 보면 이 지역은 이질적 문화와 문명의 접합장소인 동시에 갈등의 요람이었다(Song, 2015). 고구려, 발해, 거란의 요(遼), 여진의 금(金) 등 다수의 왕조가 출현했다 사라졌고, 13세기 몽골은 이 지역과 중원을 포함하여 유럽에 이르는 '동북유라시아'라고 불릴 정도의 제국을 건설했다. 19세기 말 러시아의 만주 진출은 동중국 철도 건설로 이어졌고, 러·일 전쟁 이후 20세기 초 일본의 만주 지배로 이어졌다. 이 지역에서의 잦은 세력 부침은 하나의 국가가 다국가 프론티어를 관리하기 힘들다는 사실을 입증한다.

1990년대 한국과 일본의 환동해 경제권 구상, 유엔 개발계획 지원하의 두만강 개발계획, 중국의 두만강 지역을 중심으로 한 창지투 개발계획과 최근 일대일로의 일환으로 추진 중인 중·몽·러 경제회랑, 러시아의 극동지역 개발계획 등은 모두 이 지역의 대륙과 해양의 관문 및 문명 간의 접합장소로서의 전략적 중요성을 확인해 주는 단서들이다.

1990년대 이후 이들 구상이나 계획이 괄목할 성과를 내지 못한 가장 중요한 이유는 각국의 의도가 다르다는 점에 있다. 국가 간 신뢰의 결여도 장애요인이다. 북한도 중요한 장애요인 중 하나이며, 북한의 핵·미사일 개발은 초국경 개발협력의 동력을 떨어뜨리고 국가 간 불신을 조장하는 핵심적 요인이었다. 보다 거시적으로는 중·러로 대변되는 대륙세력과 미·일이라는 해양세력 간의 지정학적 경쟁구도도 동북아 프론티어 지역의 개발협력을 저해하는 요인으로 작용했다. 결국 북한의 비핵화 및 동북아 프론티어 지역에서의 다자간 협력이 형성되지 않으면 언제라도 다시 동북아의 불안정을 초래할 수 있다는 역사적 교훈을 새길 필요가 있다.

또 한 가지 중요한 역사적 교훈은 "장소는 사람이 가꾼다"는 사실이다.[33] 동북아 프론티어 지역은 과거 이민의 목적지였지만,[34] 최근에는 이민의 원천지 역할을 하고 있다. 최근 통계에 따르면 중국 동북지역은 출산율 저하와 노동력 인구의 순전출로 전체 인구가 감소하는 추세이다(*China Daily*, 2015. 7. 17). 특히 옌벤(延邊) 지역의 한인 교포는 중국 내 타 지역 또는 한국으로의 이민으로 그 수가 1995년 86만에서 2010년 74만 명으로 급격히 감소하고 있다고 한다(최재현·김숙진, 2016). 러시아 극동지역도 소련 해체 이후 주민 수가 급격하게 감소하고 있는데, 1990년과 2012년 사이에 약 178만 명의 인구가 감소했다(제성훈, 2014).

현재 동북아 프론티어 지역 대부분의 국가들이 추진하는 국가 주도의 하향식 개발이나 국가 간 자유무역 등은 이 지역에서의 안정적 지역사회 발전에는 도움이 되지 않을 수도 있다. 동북아 프론티어 지역에서의 인적 자원과 인적 네트워크의 확보가 장기적 발전에 필수적인 까닭이 여기에 있다. 일부에서 주목한 것처럼 한인 교포

---

33) 19세기 말, 20세기 초 시베리아 횡단철도, 동중국 철도, 남만주 철도는 러시아, 중국, 한국, 일본에서 온 기술자와 노동자들이 함께 건설한 것이며, 북방 지역의 쌀농사도 한인 이민자들에 의해 시작된 것이다(Song, 2015).
34) 20세기 중반 중국 동북지역에는 한족 2천만, 한국인 200만, 일본인 166만 명이 거주했다고 한다(Song, 2015).

의 네트워크가 동북아 평화와 남북한 협력에 중요한 역할을 할 수 있을 것이다(Nakata, 2015).

그러나 초국경 민족주의 확산에 극도로 민감한 중국의 입장을 감안할 때, 한인 네트워크는 민간 차원에서 중국인이나 러시아인들을 배제하지 않는 방식으로 구축되어야만 한다. 프론티어 지역에서 '한민족 공동체' 등 용어나 구호를 내걸고, 배타적인 민족주의적 행태를 보이는 것은 되도록 삼가야 한다.[35] 중국인이 일상적으로 쓰고 있는 해외 거주 중국인을 '화교'(華僑)라고 부르지만, 중국 내 거주하는 한인들에 대해서는 '조교'(朝僑)라는 용어 사용을 허락하지 않는다(Freeman, 2010). 따라서 한인 네트워크 구축은 그것이 중국 동북지역이건 러시아 극동지역이건, 해당 지역 한인을 포함한 모든 주민의 복지를 개선하면서 동북아 프론티어 지역 전체의 인적 자원과 혁신에 기여하는 방식으로 추진되어만 거부감 없이 수용될 수 있을 것이다.

북한의 비핵화와 개혁·개방은 이러한 인적 자원 네트워크 형성에 기폭제가 될 수 있고, 동시에 동북아 프론티어 지역의 초국경 개발사업에 필요한 노동력 수요를 충족시키는 데에도 크게 기여할 수

---

[35] 필자의 경험에 의하면 1990년대 초 동북아 협력 논의가 한창일 당시, 한족(漢族)을 배제한 남북한 및 옌볜 거주 한인들이 모여 '우리끼리'를 외친 적이 많았고, 이를 매우 불쾌하게 여긴 중국 당국은 이후 한인들만의 모임이나 공연 등을 허락하지 않던 사례도 보았다. 남북통일이나 동북아 협력에서 한국 정부가 내세운 '민족공동체' 통일방안도 정서적인 호소력은 있을지 몰라도, 한반도 내외의 현실에는 적합하지 않다. 우선 다인종 다문화 사회를 천명한 현실과 동떨어져 있고, 주변국에 불필요한 오해를 불러 올 수 있기 때문이다. 유사한 논의는 손기웅 외(2014) 참조.

있을 것이다. 한국이 1970년대 중동 인력 수출에서 경험한 것처럼, 동북아 프론티어 지역으로의 노동력 수출은 북한 경제 회생에 상당한 기여를 할 수 있다. 북한이 인권 탄압을 중지하고, 북한 노동력을 수입하는 나라들이 인권 보호를 보장한다면, 노예노동이 아닌 북한의 정상적 노동력 수출을 오히려 권장하는 것이 사리에 맞다.[36]

국제 제재에 당면한 북한이 외화 획득을 위해 노동력 수출을 무리하게 확대하는 것은 인권문제를 악화시킬 뿐만 아니라, 북한 경제의 잠재력을 훼손하는 결과를 가져오게 된다. 최소한의 인권은 보장하면서 주변국이나 국제기구의 도움을 통한 교육·훈련을 통해 인적 자원의 질을 높이는 방향으로 북한 스스로 노동력 수출 정책을 재수립해야 한다.[37]

---

[36] 북한인권센터에서 발간한 보고서에서는 북한의 노동력 수출은 수출입국 모두 국제노동기구의 최소 기준을 만족시키는 방향으로 개선되어야 함을 강조한다 (윤여상·이성주, 2015).

[37] 북한의 노동력 해외 수출의 규모는 총 5만 명 이상으로 알려져 있으며, 주요 송출국가는 러시아, 중국, 중동, 몽골이라고 한다(최영윤, 2017; *UPI*, 2017. 3. 27).

제 10 장
한반도 비전과 한국의 전략

한반도 비전과 한국의 전략을 논하기에 앞서, 이 책의 앞 장들에서 제기한 질문과 이에 대한 답변을 크게 7가지로 간추려 본다.

첫째, 안보와 경제의 동학은 단선적이지 않을 뿐만 아니라 상반된 것일 수도 있고 상보적일 수도 있다는 점이다. 안보에만 매몰된 시각이나 경제만 들여다보는 시각 모두 미래의 갈 길을 찾는 데 도움이 되지 않는다. 안보와 경제에 대한 균형 잡힌 시각으로 미래를 성찰하고 나아갈 길을 찾는 것이 필수다.

둘째, 중국의 영향력 증대에 따라 동북아 역학구도의 재편(再編)은 불가피하다. 역내 세력관계는 유동적이 될 것이고, 다양한 합종연횡(合從連橫)이 일어날 수 있다. 동북아의 미래 세력구도는 미·중 양강의 세력균점으로 갈 수도 있고, 중화질서로의 회귀나 다자주의 질서로 진화할 수도 있다. 그러나 중국의 힘이 커질수록 한반도와 주변국에 미치는 그늘은 클 수밖에 없다. 중국몽(中國夢)과

대로(帶路) 구상이 시사하는 바는 과거 중국 중심의 조공체계의 복원과 유사하다. 보편적 가치와 국가 간 동등성을 경시하는 중화주의를 앞세우는 중국으로의 경사전략은 한국의 미래 선택지가 될 수 없다. 적어도 21세기 중반까지는 안미경중(安美經中)이나 연미화중(聯美和中)이 아닌 한·미 동맹 중심의 다자주의로 가야 한다.

셋째, 안보와 경제라는 양축에서 주변 4강의 한반도에 걸린 이해관계는 복합적이고 중층적이다. 우선은 미·중 관계가 동북아의 전반적인 세력구도를 결정짓는 힘으로 작용하겠지만, 중·러, 중·일, 한·중, 한·일, 한·러, 일·러 양자 관계도 한반도의 미래를 형성하는 중요한 동인으로 작용할 것이다.

기본적으로 미국은 한반도를 중국 견제의 교두보로 활용하고, 한반도의 통일을 지지하는 입장이다. 중국은 한반도를 대미, 대일 완충지대로 설정하면서도, 동북아의 경제협력 고리로서의 역할은 인정한다. 물론 중국의 한반도 통일에 대한 입장은 점진적 평화통일 지지다. 일본은 한반도를 대중 완충지대로 묶어 두고, 동북아 경제협력의 중요한 우호세력으로 활용하고자 한다. 중국 경사 한반도가 아니라면 통일을 지지한다는 입장이다. 러시아는 중국과의 전략적 협력을 최우선으로 대미 견제에 동참하면서도, 한국이나 일본과의 경제협력에는 매우 적극적이다. 한반도의 점진적 평화통일을 지지하지만, 러시아의 지정학적 입지 강화와 경제활로 개척에 도움이 된다면 한국 주도의 통일도 적극 반대할 의사는 없어 보인다. 북핵 문제가 외교와 협상을 통해 해결된다면, 한반도를 둘러싼 4강의 안보·경제 이해관계는 안보에서 경제로 이동할 가능성이 매우 크다. 그만큼 한반도의 전략적 운용 공간을 넓혀 줄 것이다.

넷째, 한반도는 그 지리적 위치로 인해 수난의 역사를 겪어 왔고, 한반도의 전략적 가치는 강대국들이 결정했으며, 한국인 스스로 전략적 가치를 능동적으로 펼쳐 본 경험이 거의 없다. 한반도의 입지적 가치를 최대화하여 주변국과 이익을 공유할 수 있는 지혜를 발휘해야 한다. 한반도에 덧씌워진 지정학적 굴레를 벗고, 지정·지경학적 입지를 확고히 할 수 있는 대내외 전략을 모색해야 한다. 한국의 동북아 전략 선택지는 동맹 전략과 함께 지역 다자주의를 택해야 한다. 다자협력체는 안보와 경제 양면에서 구축되어야 하고, 이를 위한 다양한 양자, 3자협력을 부수적으로 추진해야 한다. 주변 4강에 둘러싸인 한국으로서는 역내외 네트워킹은 필수다.

한국은 동북아의 균형자가 아니라 지역 다자협력을 제도화시켜 일방적 패권주의를 방지하고 주변 4강의 갈등을 감소시키는 중개자의 역할이 최상의 선택이다.

다섯째, 동북아와 한반도의 미래에서 가장 큰 장애는 북한이다. 북한의 변화와 남북관계의 재구축 없이는 한반도 비전이나 한국의 전략은 유명무실하다. 북핵을 두고 압박과 제재냐 아니면 외교와 대화냐의 선택은 수단의 문제이지 대북전략의 본질은 아니다. 핵심은 북한의 핵 폐기와 체제변화 유도이다. 현재 시점에서 무엇이 북한의 변화를 유도하는 데 가장 유효한 전략인지 한·미·중 3국 간에 타협점을 찾고 한 방향으로 나가야 한다. 중국과의 대북 공조는 필수인데 한국의 힘으로는 부족하다. 미·중 간의 동북아 세력구도에 대한 타협과 합의가 전제되어야 해결의 실마리가 풀릴 것이다.

한국의 역할은, 미국과 중국에게 한반도의 미래가 곧 동북아의 미래와 직결된다는 점을 설득하고 북한 체제의 변화를 이끌어 낼 수 있는 대북정책을 제시하는 일이다. 그것은 현재 압박과 제재, 그리고 체제변화를 유도하는 관여정책이다. 지금 시점은 섣부른 대화를 제의할 때가 아니다. 2000년처럼 '햇볕 정책'을 펼칠 수 있는 시기도 아니다. 압박과 제재라는 강력한 '땡볕 정책'이 필요한 시점이다.

여섯째, 북한의 핵 폐기와 개혁·개방은 남북 분단 이후 북한의 동북아 '균열' 작용이 '통합'의 매개로 전환될 가능성을 시사한다. 비핵화 과정에서 기존의 6자회담을 동북아 안보협력 체제로 전환하여 동북아의 안정을 구축해야 한다. 이러한 안보 환경의 조성과 함께, 동북아 경제협력을 위한 노력을 지속적으로 추진해야 한다. 기존의 한·중·일 경제협력 협의와 더불어 기반시설을 중심으로 하는 동북아 기반시설 공동체를 관련국 모두와 함께 협의, 추진해야 한다. 정부 간 협의체 또는 유사한 성격의 국제기구가 구성되어 북한, 몽골, 러시아 극동지역에서의 개발협력의 진행과 병행하여, 이들 지역과 한·중·일 자유무역권을 아우르는 '동북아 프론티어' 경제협력체를 구성하는 것이 현실적인 대안이다.

일곱째, 동북아에서 공동체 건설은 요원하다. 동북아의 핵심인 한·중·일 세 나라 모두 안보, 역사·영토, 정체성의 단층선으로 인해 공동체 비전을 공유하고 이를 실현할 도덕적 지도력을 갖추지 못하고 있다. 미국의 동북아 전략의 핵심은 중국 견제이며, 동북아 공동체 또는 지역주의 건설을 주도할 만큼의 관심과 여유가 없다. 러시아도 유럽지역에 비해 동북아는 부차적 관심지역이며, 동북아에서는 러시아의 지정·지경학적 이익 확보가 최우선이다. 치열한 세력구도 다툼을 벌이는 동북아에서는 유럽과 같은 경제 공동체나 안보 공동체의 형성은 기대할 수 없다.

1990년대 말 이후 한, 중, 일 세 나라에서 제시된 동북아 공동체 담론이나 구상들은 국가중심적 시각이 주를 이루었고, 일부는 지나치게 이상적인 담론에 그치고 말았다. 다만, 중국의 대로(帶路) 구상 중 하나인 중·몽·러 경제회랑 계획은 국가 간 합의에 의해 추진 중이고, 광역 두만강 개발계획도 국제기구 주관하에 한국, 중국, 러시아, 몽골이 참여하여 성과는 부진하지만 지속되고 있다.

위 두 가지에 비해 실천력은 떨어지지만 한국이 제안한 동북아 개발 구상, 일본의 연구기관에서 제시한 개발공동체 구상, 그리고 러시아의 개발구상이 가진 공통분모는 기반시설의 건설과 초국경 연결이다. 특히 수송과 에너지 관련 기반시설 구축은 모든 나라의 이해관계가 맞아 떨어지고 있으며, 공동 이익의 창출이 가능하다는 점에서 향후 동북아 경제협력의 방향을 뚜렷이 제시하고 있다.

미로에 빠진 한반도

현재 한국은 지정학적으로 무엇이 언제 어떻게 나타날지 모르는 미로(迷路)와 같은 상황에 처해 있다. 북한과 미국 간 설전은 이미 위험수위를 넘어섰고, 미·중 관계에도 불똥이 튈 수 있는 상황으로 번지고 있다. 미국의 전략은 북한의 핵과 미사일 문제의 외교적 수단을 통한 해결을 우선시 하지만, 여의치 않을 경우 무력 사용도 배제하지 않겠다는 만큼 강경하다. 북한의 대륙간 탄도미사일 보유는 용납할 수 없다는 것이 미국의 금지선(禁止線: *redline*)이다. 일부 미국 내 전문가들이 북한의 핵미사일 동결로 타협의 가능성을 제시하고 있지만, 주류는 압박과 제재를 통한 핵 폐기다.

한편 중국은 북한의 핵 보유에 반대 입장은 분명히 하고 있지만, 북한이라는 완충지대가 사라지는 것을 바라지는 않는다. 설사 북한이 핵 탑재 대륙간 탄도미사일을 보유하더라도, 중국에 크게 불리할 것이 없다고 보는 것이 현재 입장이다. 러시아도 북한의 핵 보유에 반대하지만, 중국의 입장을 좇아 북한의 붕괴를 바라지는 않는다. 일본은 핵을 보유한 북한을 매우 큰 위협으로 받아들이면서 미국과 국제사회의 압박과 제재에 동참하고 있다. 한국의 입장은 조금 애매하다. 전쟁불가를 내세우면서, 딱히 북한의 핵과 미사일에 대한 해법은 제시하지 못하고 있다. 압박과 제재를 유지하면서도 대화를 통해 문제를 해결해야 한다는 원론적 입장을 강조하고 있다.

불행하게도 북한의 핵·미사일문제는 남북 간의 문제를 벗어난 지 오래다. 낭만적 민족주의로 해결될 수 있는 상황은 아니다. 미국의 외교정책 원로 키신저는 북핵문제가 미·중 간의 합의에 의해 해결될 수밖에 없다고 제시한다.[1]

이미 구조적으로 한반도는 미국의 동북아 지배력이 떨어지면서 점차 중국의 그늘 속으로 들어가는 와중이기 때문에 미·중 간 대타협을 통해 미국의 방어선을 중국이 주장하는 제 1 도련선 바깥으로 후퇴시키는 것이 상책이라는 주장도 이미 나왔다(Swaine, 2015.

---

[1] 키신저 전 국무장관은 북핵문제의 해결은 미·중 간 협력에 의해 풀어야 하며, 비핵화 이후 한·미 동맹에 대해서도 주한 미군의 조정을 언급을 한 것으로 알려져 있다(〈한국경제〉, 2017. 7. 31).

4. 20). 비록 동북아 세력판도의 재편에서 한국의 영향력이 미미한 것은 사실이지만, 그렇다고 관망적 자세를 취하는 것은 자포자기에 다름없다. 북핵문제의 해결과정과 동북아 역학구도의 재편에 어떤 방식으로든 적극 대응해나가야 한다. 어떻게 대응하느냐에 따라 한반도의 미래와 한국의 운명이 결정되기 때문이다.

이러한 상황에서 한반도 비전과 한국의 전략이 무엇이 되어야 하는지를 논하는 것은 한가하게 들릴 수도 있지만, 그렇지 않다. 미래에 대한 뚜렷한 비전과 전략이 있어야만, 지금의 위기를 극복할 수 있는 방책을 찾아낼 수 있다.

한반도 비전 수립의 전제

한반도 비전과 전략 수립의 큰 전제는 미래 동북아의 지정학적 구도와 한반도의 통합 또는 통일 여부이다. 동북아의 지정학적 구도의 비관적 시나리오는 냉전 구도로의 회귀다. 즉, '미·일·한' 대 '중·러·북'의 대립구도이다. 낙관적 시나리오는 북한의 핵 폐기와 함께 6자 안보·경제협력이 안착되는 경우이다. 전자인 경우, 북방 삼각과 남방 삼각이 대립하고 중·러가 핵을 보유한 북한을 감싼다면 한반도나 동북아의 비전 설정은 초라해질 수밖에 없고, 한국의 전략적 공간은 크게 위축될 것이다. '중·러·북' 대 '미·일·한'의 신냉전 구도 재현은 동북아 경제협력의 공간마저 축소시킬 것이다. 후자, 즉 북한이 핵을 포기하고 국제사회와 동북아의 일원으로 참여한다면, 한반도와 동북아의 상생과 협력의 가능성은 높아진다. 그만큼 한반도와 한국의 운신의 폭이 커진다.

　여기에서는 주로 낙관적 미래 전망을 기반으로 한반도의 비전과 한국의 전략을 짚어보기로 한다. 비관적 시나리오나 미·중 간 타협에 의해 북한의 핵 보유가 사실상 인정되고 북·미 관계가 정상화되면서, 북한이 개혁·개방을 택하는 시나리오[2]에 대응하는 한국의 전략은 간략하게 짚어 본다.

낙관적인 동북아의 미래

한반도의 비전은 앞의 장들에서 논의한 동북아의 가능한 미래상과 연동되어 결정될 수밖에 없다. 신냉전 구도의 출현을 일단 제외하면, 지금까지 논의된 동북아 또는 동아시아의 비전은 대부분 경제적인 측면에 초점을 둔다. 국가 간 교역과 투자가 자유롭게 일어나면서 동아시아 전체가 번영의 길로 들어선다는 '동아시아 경제공동체' 비전이 대표적이다. [3]

　우리 주변 상황을 잠시 들여다보면, 이러한 비전의 실현 가능성이 낮다는 것을 쉽게 알 수 있다. 특히 동아시아의 핵을 이루는 한

---

[2] 북한의 2017년 9월 6차 핵실험과 거듭된 중장거리 미사일 발사 실험 이후 북한의 핵 보유를 사실상 인정하고 현 상태에서 핵 동결을 목표로 한 북·미 협상의 개연성이 점점 높아지고 있다.

[3] 한국개발연구원 및 대외경제정책연구원에서의 연구결과는 대부분 동아시아 경제통합에 따른 경제공동체를 비전으로 제시한다(이창재·방호경, 2011; 전홍택·박명원 편, 2012).

·중·일 세 나라의 동북아 경제공동체 구성은 국가정체성, 안보, 과거사 및 영토 문제, 그리고 발전 격차 등으로 인해 설사 자유무역협정을 통한 경제공동체가 구성된다고 하더라도 취약한 기반 위에 놓여있게 된다. 달리 말하면, 동북아 지역의 미래에 대한 공동의 비전과 이를 담보하기 위한 안보 협력 및 신뢰 구축이 병행되지 않는다면, 동북아 경제공동체는 지속 불가능하다.

따라서 중장기적으로 안보·경제협력체를 지향하되, 우선적으로는 최소한의 신뢰 구축을 위한 제도적, 실천적 기반 조성이 필수적이다. 동북아 다자안보협력 체제에 대한 논의와 더불어 기반시설 중심의 개발협력 과정에 착수함으로써 신뢰와 이익의 공유를 실현하는 것이 보다 현실적일 것이다.[4] 예를 들면 남·북·중·일·몽·러 간 에너지 및 육상교통 등 기반시설 건설은 일차적으로 동북아 기반시설 협력체[5] 형성을 가능케 하고, 중장기적으로 동북아 경제협력체 형성을 촉진 또는 지원하는 역할을 할 것이다.

이러한 과정은 순차적으로 또는 동시 병행적으로 ① 동북아 안보 협력체 형성, ② 동북아 기반시설 협력체 형성, ③ 동북아 경제협력체 형성으로 요약할 수 있을 것이다.[6] 한편 남북 협력과 통합은

---

[4] 현재 시장주도형 경제협력, 즉 자유무역협정을 통한 한·중·일 간 제도적 경제통합이 이루어진다고 해도, 자유무역협정에 포함되지 못한 북한, 러시아, 몽골과의 지리경제적 통합은 기대하기 어렵다. 이 점에서 개발공동체와 경제공동체는 분명히 다른 함의를 지닌다.

[5] 기반시설 중심의 '개발공동체'는 기반시설 사업과 지역개발을 위주로 하며, 이는 현재 동북아의 발전 수준과 발전 격차를 감안할 때 가장 현실적이고 적합한 대안으로 볼 수 있다. 동북아 개발공동체의 개념에 대해서는 김원배(Kim, W. B., 2006) 및 모리시마(Morishima, 2000) 참조.

<그림 10-1> 동북아 안보 · 경제협력의 복합 추진

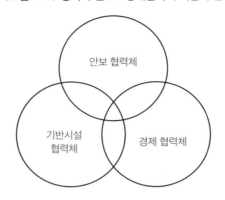

북핵문제의 해결과정에서 6자회담 참가국 간에 다자간 안보협력의 틀이 합의되는 시점에 남북 간 포괄적 경제협정[7]을 통해 남북 간의 제도적 경제통합을 도모할 수 있을 것이다(<그림 10-1>).

비핵화 이후 북한이 본격적인 개혁 · 개방에 나선다면, 한반도와 동북아의 지경학적 통합과정에서 한국은 보다 선도적인 역할을 할 수 있다. 물론 한반도를 둘러싼 미 · 중 관계의 악화나 중 · 일 간 갈등이 심화되어 동북아에서 일시적으로 긴장관계가 발생할 가능성도 배제할 수는 없지만, 중국의 자체 발전을 위한 동북아 안정 필요성과 관련국 모두가 최악의 상황을 원치 않을 것이라고 가정한다면

---

6) 동북아 다자안보협력 체제의 구축 없이는 동북아 경제공동체가 불안정할 수밖에 없으므로, 필자는 중장기적으로 동북아 안보 · 경제 협력기구가 형성되어야만 진정한 동북아 공동체 형성이 가능하다고 본다. 비슷한 주장은 Auton (2010) 참조.

7) 남북한 간 포괄적 경제협정(Closer Economic Partnership Agreement)이나 경제협력 틀 협정(Economic Cooperation Framework Agreement)이 가능한데, 전자는 홍콩과 중국, 후자는 중국과 타이완 간에 체결된 바 있다.

한반도의 대외관계는 북한의 또 다른 모험이나 붕괴 또는 미·중 간 세력경쟁이 우발적 충돌로 이어지지 않는 한 현재보다는 낙관적인 상황으로 전개될 것이다. 따라서 동북아 국가 간 교역은 확대될 것이고 경제협력은 지속될 것이다.

덧붙여 북한이 개혁·개방으로 나아가면 주변국에서 북한으로의 투자가 늘어나고 한반도와 그 주변지역은 '자연적 경제지역'을 이루게 되어 획기적인 교역과 투자기회 증대가 예상된다. 이와 같이 남북 경제통합 또는 통일이 이루어질 경우 한반도와 주변국 간 교역·투자뿐만 아니라 인적, 정보·문화적 교류도 크게 확대될 것이다.

한반도의 비전

'중화민족의 위대한 부흥'이라는 중국의 꿈, '위대한 미국의 재건'이라는 미국의 꿈, 평화국가에서 자위를 넘어선 군사 개입도 가능한 '보통국가'를 추구하는 일본의 꿈, '과거의 영광'을 되찾겠다는 러시아의 꿈이 동북아에서 경쟁하고 있다.

한국의 꿈은 무엇인가? 전쟁 없이 그럭저럭 먹고 사는 것인가? 그렇지 않다. 주변 4강의 과거 지향적 꿈과 달리 한국의 꿈은 한반도가 과거 침략과 속박에서 벗어나 21세기 동북 유라시아의 상생과 협력의 장소로 다시 태어나게 만드는 것이다. 달리 말하면 동북아의 말없는 다수 시민들이 꿈꾸는 평화와 번영의 동북아를 주변국과 함께 만들어 나가는 것이다.

멀게는 수(隋), 당(唐), 원(元), 청(淸)의 침략에서부터 가깝게는 일제의 침략과 지배에 이르기까지 한반도는 수난의 역사를 겪어 왔다. 많은 젊은 세대들이 잊고 있지만, 사실 해방 이후 1980년대 말까지만 해도 한국의 3면은 모두 막혀 있었다. 서해는 죽(竹)의 장막, 동해는 미ㆍ소의 격전장, 북쪽은 휴전선으로 막혀 있었다. 한국의 활로는 남해와 태평양 쪽밖에 없었다. 그래도 우리는 살아 왔고 나름대로 민주화와 경제발전을 이루었음을 기억해야 한다.

북한의 핵 폐기와 체제 변화가 이루어지고 동북아 다자안보 협력이 정착되어, 한반도에 씌워진 지정학적 굴레가 벗겨지는 날에는 한반도는 '수난의 역사'에서 '진출의 역사'로 전환될 수 있을 것이다 (홍철, 1999).

그렇다면 한반도의 비전은 무엇인가? 그것은 바로 동북아의 상생과 협력을 선도하는 가교(架橋) 국가이다. 지정ㆍ지경학적으로 동북아의 가교, 강대국 간의 가교, 경제협력의 가교, 특히 대륙세력과 해양세력 간의 중재와 신뢰를 구축하는 가교 역할이 한국과 한반도의 비전이다(안병준, 1999). 덧붙이면 동북 유라시아의 교류와 협력의 거점, 나아가서 이해관계의 대립과 이질적인 가치를 중재하는 소통의 거점으로 한반도를 세워나가는 것이다. 8)

이러한 비전을 실현하기 위해서는 한반도의 반도성(半島性)을 능동적으로 활용할 수 있어야 하는데, 문제는 우리 역사상 그러한 선례가 별반 없었다는 데에 있다. 만약 반도성 회복이 주변국의 대

---

8) 필자는 한국공학 한림원이 주최한 2014년 '한반도 국토포럼' 기조발표에서 한반도 비전을 '가교와 융합의 세계적 거점'(a global hub of bridging and net-working)이라고 제시한 바 있다.

한반도 영향력의 일방적 확대라는 상황으로 전개되면 이는 곧 한반도의 쇠락을 의미한다. '반도성 회복'이란 한반도가 주도적으로 주변지역과 연계와 협력을 확대하면서 동북아 전체가 상생과 협력의 길로 나아갈 때 진정한 의미를 지닌다.

지전략적(地戰略的) 관점에서 보면, 한반도 통합, 즉 반도성의 회복은 지금까지의 해양 중심적 국가경영에서 대륙과 해양을 포괄하면서 교류의 내용 면에서도 상품이나 자원 중심에서 지식과 정보 및 문화까지도 아우르는 다차원적 국가경영으로의 사고전환을 요구할 것이다. 또한 도시나 지역, 국가 간 경쟁을 강조하는 '경쟁적 개발' 패러다임에서 주변국의 도시나 지역 간 초국경적 협력과 도시 간 차별화를 통한 '동반 발전'의 패러다임으로 옮겨가게 될 것이다.

반도성의 회복은 단순히 물적 토대의 근간을 개조할 기회뿐만 아니라, 정치, 외교, 문화 등, 보다 연성적인 부분에서 한반도의 가교 역할을 강화할 수 있는 기회를 제공하게 될 것이다(김원배, 2014).

한국은 정치, 경제, 문화, 지리 등의 측면에서 동북아의 가교 역할을 수행할 수 있는 잠재력을 충분히 가지고 있다. 한국은 개발주의 시대에 중국과 유사한 권위주의 체제를 이미 경험했고, 일본 사회의 근대화 과정을 일부 수용한 바 있는 한국은 정치적 측면에서 권위주의 체제 중국과 민주주의 체제 일본 간 소통의 교량이 될 수 있다. 경제적 측면에서도 한국은 중·일 양국의 경제공간 확대에 결정적 도움을 제공할 수 있는 위치에 있다. 선진기술산업이나 지역노동 분업에서의 베이징과 도쿄 간의 교량 역할을 서울이 맡아서 수행하면서, 문화적 소통과 융합의 역할도 일부 수행할 수 있을 것이다. 한국은 중국과 유교 전통을 공유하면서 일본과도 문화적 친

화감이 높기 때문이다. 무엇보다 한국은 미국을 비롯한 서구 문화
에 대한 친숙함과 지식을 근거로 세계화와 지역화의 조합을 모색하
는 데 가장 유리한 위치에 있다. 동북아에서 명실상부한 한국의 가
교 역할 정립은 중견국으로서의 한국이 선진국과 개도국, 강대국과
신흥국, 나아가 지역질서와 국제질서의 재정립에도 기여할 수 있도
록 도와줄 것이다. 9)

　이러한 잠재력은 현재 협의 중인 한·중·일 자유무역협정이 진
전을 이루고, 후술할 베세토(BESETO) 회랑이 동북아 지역주의의
표상으로 구축될 때 실현될 수 있을 것이다. 덧붙여 한국이 지식과
정보의 축적을 통해 소통 역량을 강화한다면, 정보와 물류의 중개
기지 역할뿐만 아니라 러시아와 아태지역 간 중개역할, 나아가 미,
중, 일, 러 간의 중개역할도 수행할 수 있을 것이다.

한반도 비전 실현의 전략

첫째, 동북아 지정·지경학적 역학구도에서의 한반도의 전략적 가
치를 확대하기 위해서는 일차적으로 한·미 동맹이 필수다.

　비록 중국과 한국은 유교 문화와 전통적 가치를 공유하지만, 중
국의 부흥을 위해 유교 가치의 선택적 차용과 인류의 보편적 가치

---

9) 이동휘는 이러한 한국의 잠재적 중견국 역할을 강대국과 신흥국 간의 소통자,
　중·일 간의 이해관계를 절충하는 조화자, 미·중 간의 전략적 경쟁을 순화시
　키는 화해자로 정리한 바 있다(이동휘, 2013).

수용을 거부하는 중국과의 신뢰 구축은 한 세대 안에 이루어질 수 없다. 오히려 자유, 민주, 평등, 인권이라는 보편적 가치를 공유하는 미국과의 신뢰는 미국이 추구해 온 가치나 이를 뒷받침하는 연성권력이 급격히 쇠퇴하지 않는 한 장기간 지속될 것이다. 10) 물론 아시아의 중심세력으로 부상한 중국과의 전략적 협력관계를 발전시켜야 함은 당연한 이치다. '결미연중'(結美聯中) 이라고 부르든, '맹미결중'(盟美結中) 이라고 부르든 한 · 미 관계가 가장 우선할 수밖에 없다. 11)

6자회담을 통해 북한의 핵 폐기가 실현되면, 동북아 다자안보협력체를 결성하고 군비 통제와 군사 신뢰 구축 등의 의제를 다루어야 할 것이다. 미 · 북 간 평화협정 체결과 외교관계가 수립되면, 주한 미군의 규모나 성격을 조정하되 반(反) 패권과 비핵화에 대한 보험 정책으로 한 · 미 동맹은 유지되어야 한다(안병준, 1999; Scalapino, 1998).

둘째, 지역다자주의와 가변적 상황에 대비한 유연하고 다양한 양자, 3자협력, 그리고 정치경제적 연대망12) 의 구축이다.

---

10) 조지프 나이는 미국이 세력의 정점은 지났지만. 여전히 막강한 힘을 보유하고 있고 특히 연성권력에서 중국이나 다른 나라가 쫓아오기는 어렵다고 본다 (Nye, 2015. 5. 18).

11) 19세기 청나라 관리의 조선 책략이 친중(親中) 결일(結日) 연미(聯美) 방러 (防러) 였다면, 21세기 전략은 맹미(盟美), 결중(結中), 친일(親日), 연러 (聯러) 인가를 김상배는 묻는다(김상배, 2011).

12) 김상배는 네트워크 이론을 적용한 한국외교의 전략을 제시한 바 있다(김상배, 2011).

동북아의 매우 가변적인 지정·지경학적 상황에서 한국은 유연한 전략을 필요로 한다. 그 요체는 다자주의를 선도하면서 다양한 형태의 양자, 3자협력을 추진하고 역내외 세력들과의 정치 경제적 연대망을 구축하는 것이다.[13] 연대망 구축에서 경제와 군사적 역량이 주변 강대국에 비해 열세인 한국은 나이(Joseph Nye)가 연성권력론에서 주장한 바 있는 지식, 정보, 가치와 규범 등 연성적 힘을 활용하여 주변국과 소통하고 중개하는 역할을 강화해야 한다. 세상은 돈(회유)과 힘(강요)이라는 경성권력만으로 움직이는 것이 아니라, 가치와 문화에서 비롯된 매력(유인)도 중요하다.

중소국이 대국의 경성권력에 미칠 수 없지만, 적어도 지역 및 국제사회의 규범과 표준을 보완하고 조정하는 역할은 할 수 있다.[14] 이러한 연대망의 구축에서 가장 바람직한 동북아 또는 동아시아의 질서는 일극이나 양극 중심체제가 아닌 다중심과 다주변 네트워크 체제일 것이다. 현실적으로 다양한 협력과 연대를 촉진하기 위해서는, 한국의 비교우위에 근거하여 특정 부문이나 분야에서 주변 지역과 상호의존성을 심화해야 한다. 그래야만 네트워크 체제에서 한

---

13) 네트워킹과 소다자주의 협력 강화는 김상배와 김흥규 등, 보다 장소 특정적 소다자협력 강화 주장은 신범식이 주장한 바 있다(김상배, 2011; 김흥규, 2016; 신범식, 2010a).

14) 매력외교란 일종의 표준과 규범을 수립하는 외교로써 지식과 정보를 생산, 전파하고 주변국가로부터 신뢰를 이끌어 내는 소통의 능력에 좌우된다. 이러한 표준 세우기 전략은 규범외교, 틈새외교, 접맥외교의 세 가지 방안을 포함하며, 규범외교는 물리력보다 도덕적 힘에 호소하는 외교이며, 틈새외교는 구조적 공백 메우기 전략이고, 접맥외교는 이미 존재하는 프로그램의 융·복합, 즉 호환되지 않는 기존의 복수 표준들을 중개하고 복합하는 전략이라고 한다. 상세한 논의는 김상배(2011) 참조.

국과 한반도의 중심성이 확보될 수 있을 것이다. 연성적 힘에 의거하여 유럽의 물류 중심 및 경제 거점으로 도약한 네덜란드 사례를 참고할 필요가 있다. 15)

셋째, 동북아의 안보와 경제 아키텍처의 구축이다.

6자회담을 통한 동북아 다자안보협력체, 기반시설의 공동 건설을 통한 동북아 기반시설 공동체, 한·중·일 자유무역협정과 동북아 프론티어 지역을 결합하는 포괄적인 동북아 경제협력체 구축에 매진해야 한다. 이를 위해서는 우선 북핵문제 해결이 시급하다. 한·미·중 간 긴밀한 협의를 통해 5자회담을 조속히 성사시켜, 5자가 동의할 수 있는 대북 해법을 찾아야 한다. 기존의 한·중·일 정상회담이 동북아 안정화에 기여한 것은 사실이다. 3자협력의 동력을 되살리도록 셔틀외교를 통해 한·중·일 3자협력을 활성화시켜 동북아 경제협력에 대한 공동의 비전을 만들어내야 한다.

또한 동북아 기반시설 공동체 형성을 위해 다방면의 노력을 경주할 필요가 있다. 우선 유엔 개발기구 주관하에 추진되어 온 광역 두만강 개발계획을 활성화시킬 방안을 마련하고, 북한의 재가입 및 일본의 가입을 적극 추진해야 한다.

중국 주도로 추진 중인 중·몽·러 경제회랑이나, 러시아가 추진하는 극동지역 개발과 미래 남북통합에 필요한 개발 수요의 공통적 요소를 발굴하고, 이를 통합 조정할 수 있는 역할을 수행해야 한다.

———————

15) 외국어 구사 능력, 국제 비즈니스 관행의 체화, 다문화 경영 능력 등이 연성권력의 기반이 될 수 있다(김원배, 2003).

이를 위해서는 한국이 열린 자세로 민족주의와 지역주의를 잘 결합시킬 필요가 있다.

넷째, 지경학적 차원에서 한국에 주어진 과제는 협력과 교류 공간의 확충이다.

'틈새외교' 전략(김상배, 2011)을 구현할 구체적 장소를 찾아본다면, 우선 환동해권을 꼽을 수 있다. 특히 두만강 지역에서의 남·북·러 3자협력이나 남·북·중·러·몽 다자협력은 북한의 변화유도 및 한반도 안정화와 동북아 협력촉진을 위한 중요한 계기를 제공한다. 현재 한국, 중국, 러시아, 몽골 4국 간 협력이 중심이지만, 북한의 비핵화가 이루어지고 광역 두만강 개발계획의 국제기구화가 성사되면 북한과 일본을 참여시킬 수 있을 것이다. 이러한 방식의 동북아 소(小)다자협력을 다자 지역주의로 발전시켜 나가는 것은 안보와 경제가 복잡하게 얽혀있는 동북아의 경쟁과 갈등구도를 풀어가는 실마리가 될 수 있다.[16] 후술하겠지만, 이러한 틈새외교를 구현할 지리적 장소와 구체적 방안이 세워져야 한다.

다섯째, 한반도의 반도성(半島性) 회복의 관건인 남북한 연계와 통합이다.

가변적인 남북관계에서 단일 전략을 적용하기는 어렵지만, 포괄적인 전략의 기조는 협력과 교류를 통하여 북한 민생경제의 안정과

---

16) 신범식은 소다자협력 촉진을 통해 다자협력으로의 이행을 언급하면서, 특히 러시아의 가능성을 적극 활용해야 한다고 강조한다(신범식, 2010a).

북한 주민의 의식 변화를 유도하여 체제 변화를 이루어내는 것이다. 미·중 합의 또는 5자회담을 통해서이든 북핵문제 해결의 단초가 마련되면 한반도 개발협력 체제를 수립하고 본격적인 경제협력을 착수해야 한다. 여기에는 금강산 관광 재개, 개성공단 재개와 국제화를 포함하여 신의주 -단둥(丹東) 국제도시 개발, 나진·선봉 -훈춘 -하산 지역의 다자 공동개발 등이 1차적 사업으로 포함될 수 있을 것이다. 접경지역에서 출발한 남북 간 개발협력은 중장기적으로 북한의 내부로 확대되어야 할 것이며, 이 과정에서 북한 동서해안에서의 경제특구의 조성은 북한 민생경제의 회생을 조기에 달성하는 데 가장 우선적 사업이 될 것이다. [17)]

동북아와 한반도에서 개발협력체제가 정착된 후에는 특구 간, 또는 도시 간 연계 기반시설, 특히 육상 수송로 및 항만의 확충, 신설이 핵심사업이 될 것이다. 이러한 기반시설 건설은 두말할 필요 없이 한반도 비전 달성을 위한 장기적인 구도에서 추진되어야 그 효과가 배가될 수 있을 것이다. 한반도 발전 전략의 골간은 역시 한반도 동·서 양축에서의 수송 회랑의 구축에 있다(김원배 외, 2007). 이 수송회랑은 단순히 교통만이 아니라, 전력, 천연가스 등 에너지운송 시설, 자원관련 정제, 가공, 보관 및 물류, 그리고 제조 등을 포함한 복합적 기능을 수용하여, 투자의 효율성을 최대화해야 한다.

그러나 북한의 가변성을 감안할 때, 남북만의 협력보다는 동북아

---

17) 북한도 이미 다수의 특구 및 개발구를 지정하고, 특구 개발을 통한 경제발전을 시도하고 있다. 상세 내용은 양문수 외(2015) 참조.

다자적 지역협력의 틀 안에서 북한의 참여기회를 제공하고, 관련국 모두에게 한반도 통합경제 구축에 따른 편익을 공유할 수 있도록 시너지효과를 창출하는 방안을 발굴하고 추진해야 한다.

여섯째, 내부 통합과 역량 강화이다.

'가교와 소통의 거점'이라는 한반도 비전 달성을 위해서는 앞서 언급한 유연한 대외전략의 일관된 추진도 중요하지만, 우리 내부의 합의와 역량 강화가 무엇보다 중요할지 모른다. 현재 사안마다 분열된 사회구조로는 동북아 지역에서 제대로 된 역할을 기대하기가 어렵다는 것은 누구나 인정할 수밖에 없을 것이다. 1997년 외환위기 직후 우리 사회에 일어났던 일련의 자성(自省)노력이 무엇보다 필요한 시점이다. 우리 모두의 철저한 자성과 치열한 준비를 통해 백년대계는 아니더라도 자라나는 젊은 세대에게 한국과 한반도에서의 미래가 개척 가능하며, 이러한 개척의 성과를 그들이 향유할 수 있다는 믿음을 주어야 할 것이다.

현재 한국사회는 민족주의 성향과 지역(국제)주의 논조가 혼재되어 갈등을 낳고 있다. 민족과 통일 우선주의자들은 주변국의 안보이해관계를 도외시하고 민족과 통일만을 강조하고, 지역주의자들은 동북아 역학구도를 활용한 북한문제 해결 및 장기적으로 한반도와 동북아의 평화와 협력에 기여하는 통일에 관심이 있다. 물론 가장 바람직한 길은 한반도 경제통합과 동북아 경제통합이 상호 선순환을 일으키면서 동시 추진되는 것이다. 그러나 이러한 한반도 비전이 실현되기 위해서는 민족주의 정서를 극복할 수 있어야만 한다.

이에 덧붙여 율곡 이이 선생의 10만 양병론을 되새겨 본다면, 우선 북한의 핵 위협에 대응하는 신뢰할 수 있는 자위력을 확보해야 한다. 덧붙여 미군의 전략자산 상시 배치든, 전술핵 재배치든, 북한 도발의 억지와 협상 국면에서의 가능한 수단을 모두 검토해야 한다. 이러한 군사적 수단 이외에도 안보 외교 및 장기 전략 수립을 위한 일관된 정책이 반드시 갖추어져야 한다. 또한 이 책에서 제시한 한국 또는 한반도의 가교 국가 비전을 실현하기 위해서 한국 정부가 당장 할 수 있는 일은 주변 4강과 북한, 그리고 주요 세계 지역에 대한 전문가 양성이다. 현재 국내 지역전문가의 수는 턱없이 부족하며, 얇은 전문가 층으로 인해 정치적 바람에 쉽게 휩쓸리고 있어 제대로 된 장기전략을 수립할 역량이 없다. 국내뿐만 아니라 700만 명이 넘는 재외동포들을 활용하는 방안도 포함해야 한다.

틈새외교 전략의 구현:
동북아 소권역 협력의 활성화

동북아의 국제관계는 유동성과 구조적 공백 또는 신뢰 부족을 특징으로 한다. 유동성이란 세력 전이과정의 부산물이다. 한국 일부에서의 연미화중(聯美和中) 주장도 유동성을 극복하기 위한 전략의 사례다. 구조적 공백이라 함은 국제관계가 없거나 있더라도, 신뢰 관계에 매우 낮은 수준에 머물러 있는 상황을 의미한다(신범식, 2010a; 김상배, 2011). 이러한 유동성과 구조적 공백을 메우는 틈새 외교 전략을 상황에 따라 유연하게 적용한다면, 한국에 유리한 전략이 될 수 있다.

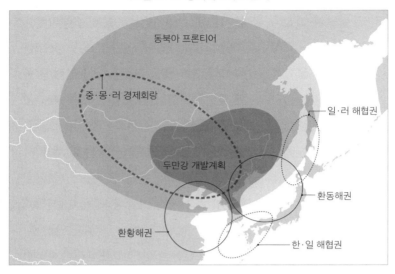

〈그림 10-2〉 동북아 5개 소권역

동북아 프론티어

중·몽·러 경제회랑

두만강 개발계획

일·러 해협권

환동해권

환황해권

한·일 해협권

　　구체적으로 동북아에서 이러한 틈새외교를 적용할 수 있는 지리적 장소는 한반도를 중심으로 봤을 때 4가지가 있다. 바로 동북아 프론티어, 환(環) 황해, 환동해, 한·일 해협권이다. 여기에 일본과 러시아가 마주하고 있는 일·러 해협권을 추가하면, 다섯 개의 소권역이 동북아에 존재한다. 이들 5개 권역은 동북아의 세력구도 변동에서 각기 다른 양상의 부침을 보일 가능성이 매우 크다.

　　북핵문제 해결의 국제 공조로 미·중이 협력하고, 미·러 관계가 개선되는 상황에서는 동북아 프론티어, 환동해권, 한·일 해협권, 일·러 해협권 모두 부상할 가능성이 크고, 특히 환동해권이 주목받을 가능성이 높다. 또한 한·중·일 협력이 추동력을 받아 환황해권에서의 협력 긴밀화 및 제도화가 진행될 가능성이 크다.

　　반면 동북아가 진영 구도로 회귀하거나 안보 우선의 국면에 들어가면, 환동해권이나 일·러 해협권의 부상 가능성은 크게 줄어들게 된다. 다만, 미·중 관계의 갈등이 심화되면서 미·러 관계가 개선되는 상황에서는 환동해권이나 일·러 해협권의 협력이 부분적으로 진행될 수도 있다. 러시아의 역할이 중요해질 수 있다는 의미다. 현재 이들 소권역에서 발현되고 있는 지정·지경학적 갈등과 협력의 추이를 살펴보자.

동북아 프론티어권과 두만강 지역

동북아 프론티어 권역 내 중국, 러시아, 몽골, 북한 간의 표면적으로 두드러진 지정학적 갈등은 없다. 북한과 중국 간의 동맹관계가 유지되고 있고, 러시아도 북한과의 관계도 복원을 위한 노력이 진행 중이다. 중국과 러시아, 중국과 몽골, 그리고 러시아와 몽골 모두 전략적 협력관계를 맺고, 중국 주도의 개발계획, 즉 중·몽·러 경제회랑 건설이 경제적 상호보완성의 활용을 위해 국가 간 합의로 참여하고 있다.

물론 잠재적 갈등요소가 전혀 없지는 않다. 예를 들면, 무역의 비대칭성이나 산업구조의 격차, 그리고 중국의 몽골 경제나 극동러시아 경제의 사실상 지배 우려로 인한 갈등요인이 존재한다. 비록 중국, 러시아, 몽골, 북한 네 나라는 사회주의 유산을 공유하지만, 이들 국가 간의 신뢰가 높다고 볼 수 없다. 또한 폐쇄체제 북한을 제외하더라도, 러시아 극동지역이나 중국 동북지역 및 몽골의 개방도는 그다지 높은 편이 아니다.

동북아 프론티어권과 환동해권에 부분적으로 걸쳐 있는 두만강 지역은 별도의 권역으로 볼 수는 없지만, 동북아에서 유일하게 유엔 개발계획이라는 국제기구 주관하에 지역개발 계획을 정부 간 협의하에 수립하고 집행해 왔다는 측면에서 별도의 언급이 필요하다. 이 지역은 동북아 프론티어권과 마찬가지로 강한 경제협력 유인이 존재하지만, 신뢰 수준이나 개방 수준이 낮다. 동북아 프론티어권 및 두만강 지역과 나머지 소권역들과의 차이는 비록 공동의 비전은 아니더라도, 권역 개발을 위한 계획과 추진기구가 존재한다는 점이다.

중국의 동북 3성, 러시아 극동지역, 몽골, 북한을 포함하는 동북아 프론티어는 저개발 지역인 동시에 긴장도가 높은 지역이긴 하나, 자원 기반의 발전 잠재력을 가진 지역으로 기반시설 확충과 자원 개발 및 공동 이용에서 개발협력의 가능성이 가장 높은 지역이다. 세계에서 아마도 유일하게 남은 프론티어 지역인지도 모른다. 중국은 자국의 동북지역 개발과 주변지역 안정을 위해 몽골, 극동 러시아, 북한 북부지역과 지경학적 일체화 작업을 이미 시작했다. 그 핵심은 대로(帶路) 구상의 일환으로 추진 중인 중·몽·러 경제회랑이다. 이외에도 중·북 협력사업인 황금평·위화도와 나진·선봉지역 공동 개발, 압록강 신대교 건설, 나진항 개발 등 지경학적 일체화 작업과 함께 중·러 협력을 강화하면서 러시아 극동지역과 몽골로 동북지역의 외연을 확대시키고 있다. 물론 러시아도 러·북 협력을 통해 나진 -하산 철도 연결과 전력 연결, 에너지 수송사업 등 북방 내륙권에서의 영향력을 일정 부분 유지하려는 노력을 전개 중이다.

한편 북한은 수동적인 자세로 외화 획득이라고 하는 단기적 목표에서 중국과 러시아 주도 사업에 편승하고 있는 수준이다. 북한은 늘 그랬듯이 한 국가에 대한 지나친 의존도를 줄이기 위해 양자협력을 통한 경합상태를 연출하고 있다.[18)]

미래 한반도에 있어 동북아 프론티어권의 중요성은 지대하다.[19)] 설사 남북 통합이 된다고 하더라도 동북아 프론티어권과 단절된 한반도는 경제공간의 축소로 인해 생존 자체가 위협당할 수도 있다.

환동해권

한편 1990년대 가장 주목을 끌었던 환동해권은 요소 부존의 상호보완성에 근거한 경제협력 유인이 존재함에도 불구하고, 국가 간 신뢰관계 부재로 경제적 협력이 매우 부진한 상태에 있다. 가장 큰 이유는 북한발 안보 불안이다. 러시아의 왜곡된 시장경제, 러·일 간 영토갈등 등도 부진의 원인이었다.

그간의 경제교류는 주로 지자체나 민간 차원이었으며, 정부 간 협력은 한·러, 일·러 등 양자 간 협력 논의를 제외하면 전무했다. 교류의 밀도가 가장 떨어지는 권역인 만큼, 협력이 시작되면 혜택 창출이 상대적으로 클 수가 있다.

---

18) 이런 측면에서 북한정권은 나름대로 이이제이의 원리를 잘 구사하고 있다고 할 수 있다.

19) 다수의 전문가들이 북방지역에서의 다자간 협력의 필요성에 대해 공감하고 있으나, 구체적 방안에 대해서는 다소 미흡하다. 원동욱 외 (2015) 는 최근 연구보고서에서 한반도와 중국 동북지역 및 러시아 극동지역을 포함하는 북방지역에서의 경제회랑 제안을 내놓았다.

환동해권을 구성하는 대부분의 지역은 자국 내 낙후지역으로서 관련 지방정부들은 교류 협력의 기회를 고대하고 있다.[20] 최근 중국 정부의 동북 3성 개발과 러시아 정부의 극동지역 개발, 그리고 중·몽·러 경제회랑 건설로 환동해권은 새로운 전기를 맞이했지만 북한발 안보위기로 협력의 동력이 떨어지고 개발의 방향도 왜곡되고 있다. 물론 인구나 시장규모, 산업기반에서 환황해권에 비해 약세지만, 풍부한 에너지 자원, 토지, 저개발로 인한 상대적으로 청정한 자연환경 등을 환동해권의 잠재력으로 꼽을 수 있다. 만약 중국이나 러시아의 개발투자가 북한의 개방·개혁과 맞물리게 되면, 환동해권은 도약의 기회를 맞이할 것이다. 특히 에너지 자원 개발, 가공 및 수송, 관광·물류, 해양자원 개발 등에서 환동해권은 새로운 성장기회를 찾을 수 있을 것이다.[21]

한국의 부산·울산·포항·동해, 북한의 나진·선봉·청진·원산, 중국의 훈춘, 러시아의 나홋카와 블라디보스토크, 일본의 니가타·도야마 등이 각국 중앙정부의 정책 조율로 일련의 개방(자유)지역 연계망을 형성할 수 있게 되면, 항만도시 간 다양한 분야에서의 협력기제를 만들 수 있을 것이다(김원배·박형서·이상준·이성수, 2005).

---

20) 실제로 환동해권 지자체들은 '동북아 자치단체연합' '환동해 지사성장회의'등을 조직하여 20여 년 넘게 지방 간 교류와 협력을 도모해 오고 있다.
21) 환동해권의 중점 협력분야로 물류수송, 농림수산, 관광, 에너지환경으로 적시한 바 있다(김원배·박형서·이상준·이성수, 2005).

환황해권

한반도의 서쪽인 환황해권은 1992년 한·중 수교 이래 가장 큰 진전을 이룬 권역이지만, 최근에 중국 경제의 추격으로 인한 한·중·일 3국 간 산업구조의 동조화로 경쟁적 요소가 등장했다. 1990년대 이후 진행된 환황해권의 협력은 산업분야뿐만 아니라 환경, 물류, 관광 등 다양한 방면으로 확대되어 왔다. 그러나 제도적 협력의 수준은 2015년에 발효된 한·중 자유무역협정을 제외하면, 국가 차원이 아닌 정부 부처 및 지자체 간 협력에 그치고 있다. 물론 지자체나 민간 차원에서의 협력이 지속된다는 점에서 신뢰 수준이 비교적 높고 개방도가 높다는 긍정적 측면을 보인다.

한·중·일 세 나라 간의 과거사나 영토문제가 걸림돌이 되는 점에서, 격상된 국가 간 합의에 의한 협력 가능성은 단기에 기대하기는 어렵다. 북한을 둘러싼 안보 불안이 진정되면, 한·중·일 3국 협력의 본격화를 기대할 수 있다.

환황해권은 역사적으로 한반도와 중국 간 해상교역의 중심을 이룬 지역이며, 중국의 개혁·개방 정책과 한·중 수교 이후 한국의 대중국 투자가 집중되어 온 지역이다. 일본도 20세기 초 만주 지배라는 역사적 연고에 따라 다롄을 포함한 랴오닝 지역에 투자가 비교적 집중되어 있다. 초기 한국이나 일본의 대중국 투자는 저비용 생산기지로서 중국을 활용했으나, 21세기에 들어서면서 점차 중국 내수시장을 겨냥한 투자로 전환되고 있으며, 교역의 형태도 산업 간 교역에서 산업 내 교역으로 이행하고 있다(김원배 외, 2008).

환황해권은 도시 간 항공연계 이외에 항만도시 중심의 해상연계가 활발한 지역이며, 실제 항만도시를 중심으로 도시 간 네트워킹이 꾸준히 이어지고 있다. 대표적으로 권역 내 항만도시 중심의 '동아시아 경제교류추진기구'가 작동 중이다. 이외에도 중앙정부 부처가 참여하는 '환황해권 경제산업회의'가 진행되고 있다(OECD, 2009). 이러한 협력기구의 존재에도 불구하고, 환황해권에서 긴밀한 생산네트워크 구축이나 도시 간 협력이 괄목할 만한 성과를 도출하고 있지는 못하다. 주된 이유는 한·중·일 참가도시의 이해관계의 상호 불일치라는 측면도 있지만, 중국 중앙정부의 소극적 태도에도 기인한다. 22)

중국 정부가 북방 지역에서의 경제중심을 육성하고자 하는 의도로 개발한 톈진 빈하이신구(浜海新區)는 협력의 상대가 여타 환황해권 도시가 아니라 전 세계적 차원이다. 그럼에도 불구하고 한반도의 입장에서는 중국의 톈진이나 상하이, 그리고 일본의 환황해권 도시들과 생산, 기술, 혁신의 공동체제를 구축하는 것이 이들 도시와의 경쟁 일변도의 구도를 돌파할 수 있는 한 가지 방안이 될 것이다. 23)

---

22) 첸샹밍과 류창은 중국 정부의 소극적 대응은 기본적으로 세계경제 속에서의 중국의 지위를 향상시키기 위한 경제발전 전략에서 비롯되나, 결과적으로 환황해권에서 상하이와 톈진이라고 하는 핵심지역이 한국과 일본을 포함하는 동아시아 국가들과의 접촉면을 확대하는 결과를 초래할 수 있다고 주장한다 (Chen & Liu, 2010).

23) 도시나 지역 간 경쟁 패러다임은 이미 시효를 다한 것인지도 모른다. 한반도의 비전에서 제시한 대로 가교와 소통의 거점을 실현하기 위해서는 필자는 경쟁 일변도의 논리에서 벗어나 경쟁과 협력의 통합적 패러다임을 선택할 필요가 있다고 주장한 바 있다. 보다 구체적으로 초국경적 협력을 위한 '공유도시' *interface city*)라는 개념을 제시한 바 있으며, 최근 새만금 지역에서 한·중 공

추가적으로 중국이나 일본과 제조업보다는 신산업이나 서비스업에서 보완적인 분업을 모색하는 것이 더욱 유리할 것이다. 최근 중국발 스모그가 한반도에 미치는 영향을 감안할 때, 환경관리나 환경산업 분야에서의 협력은 필수다.[24] 이러한 협력의 필요성은 점차 심각해질 황해에서의 해양오염을 감안하면 더욱 절실하다고 하겠다. 적어도 환경분야에서의 한·중·일 3국 협력은 정치를 벗어나 공동의 문제해결을 위한 틈새를 제공해 준다.

한·일 해협권

환동해권 및 환황해권 모두에 걸쳐 있는 한·일 해협권은 일·러 해협권과 마찬가지로 두 나라만 포함한다는 점에서 다른 권역에 비해 협력이 용이하다는 이점이 있다. 그럼에도 불구하고, 양 권역 모두 영토문제로 인한 갈등을 안고 있고, 한·일 해협권은 양국 간 과거사 갈등에도 추가적인 영향을 받고 있다.

한·일 해협권은 동북아 프론티어나 환동해권과 같은 요소부존에 따른 경제적 협력 유인은 거의 없다. 단, 한국의 부산·울산·경남권과 규슈 북부지역 간 공동의 비교우위나 새로운 경쟁우위를 활용할 가능성은 존재한다.[25] 이 권역에서의 신뢰 수준이나 개방

동개발과 공동이용이라는 목표하에 이러한 공유도시의 실천을 추진하고 있다 (Kim, W. B., 2010).

24) OECD 보고서(2009)에서는 환황해권 내 인적·문화적 네트워크 형성, 환경협력 및 기후변화 공동대응, 초국경적 협력 거버넌스 역량 강화를 주요 과제로 제시한 바 있다.

도는 높지만, 과거사와 영토분쟁 요인을 극복하지 못하고 있다. 또한 지자체 중심의 협력만으로는 초국경 경제권을 형성하기에는 역부족이다.

한반도가 가진 해양과 대륙 간 가교 역할이라는 측면에서 일본과의 협력은 중요한 의미를 지닌다. 특히 동북아가 진영 구도로의 회귀 조짐을 보인다면 그 중요성이 배가될 수 있다. 현재 위안부 문제 등으로 소원한 국면에 처한 한·일 관계가 정상화되어야만 하겠지만, 그 이전에라도 한·일 해협권이라는 소권역에서 협력을 강화, 유지할 필요가 있다.26) 한국과 일본은 동북아에서 유일하게 자유민주주의 체제를 갖춘 두 나라로서 제도적 상이성도 크지 않아 협력이 비교적 용이하다고 평가된다.27)

수년 전부터 부산시가 추진하는 '부산-후쿠오카 초국경 경제지역' 구상은 단순한 친목이나 선언적 차원에 그치지 않고, 양 시의 지자체 간 협력으로 꾸준히 추진해야 한다.28) 그 기본 논리는 단순

---

25) 연계 비교우위나 경쟁우위는 단순히 생산요소의 보완성이 아닌 지역통합에 의한 규모의 경제 및 또는 협력에 의한 경쟁우위의 가능성을 의미한다. 부산과 울산, 그리고 규슈지역에 산재한 자동차산업의 초국경적 통합이나, 양 지역을 기반으로 한 새로운 서비스 활동의 조직을 예로 들 수 있다(김원배·박형서·이성수, 2005).

26) 한·일 해협권에는 한·일 해협연안 시도현 교류지사회의가 1992년부터 운영되고 있다.

27) 로즈만은 한·일 해협권을 동북아 초국경적 협력의 시범모형으로 추진할 수 있다고 주장한 바 있다(Rozman, 2011b).

28) '부산-후쿠오카 초광역권 경제협력회의'는 2008년에 창설되었고, 그 목표는 산업협력의 심화와 인적·지식 교류의 강화를 통해 동일한 경제·문화·교육권을 형성한다는 것이다(김원배 외, 2009).

히 양 도시 간 요소비용의 차이를 활용하는 것이 아니라, 양 도시의 자산과 강점을 연계하여 활용하거나 공동으로 새로운 경쟁우위를 창출하는 데 방점을 두어야 할 것이다. 물론 제도 및 언어 장벽, 초국경 거버넌스의 문제 등을 극복해야 하고, 무엇보다 부산과 후쿠오카 양 도시, 나아가 한국의 남해안권과 규슈권이 공유할 수 있는 비전을 만들어내는 것이 중요하다. 29) 한·일 양국의 정치구조상 중앙정부의 지원 없이는 이러한 지방 차원의 제안이 성과를 거두기 힘든 만큼, 시기가 무르익으면 중앙정부 간의 협의와 지원이 제공되도록 제도적인 정비가 이루어져야 할 것이다.

일·러 해협권

일본과 러시아 간 해협권은 양국의 지정·지경학적 이해관계의 접점을 찾기 위한 노력의 일환으로 특히 아베 정부와 푸틴 정부가 들어선 이후 새로운 전기를 맞이했다. 일본은 북방 도서(島嶼)의 반환과 극동지역 개발 참여 및 중·러 간의 밀착을 이완시키려는 의도를 가지고 있으며, 러시아는 북방 도서 반환에는 부정적이지만 극동지역 개발에의 일본 참여를 바라면서 미·일 간의 거리를 벌리려는 의도를 드러내고 있다(Brown, 2017. 7. 7).

양국 간 걸림돌인 영토 문제와 관련하여 아베 정부는 2개 도서 반환에 대한 반대급부로 러시아 극동지역 개발에 대한 일본의 투자를

---

29) 이외에도 금성근은 부산-후쿠오카 초국경 지역건설에서 신뢰 구축이 무엇보다 중요함을 역설하고 있다(Keum, 2011).

포함한 경제협력으로 해결하면서 양국 간 평화협정을 체결한다는 '신접근'을 표방했다(Brown, 2016. 6. 18). 아베 정부는 2016년 소치 정상회담에서 8개 항의 경제협력 구상, 남쿠릴 열도의 공동개발 및 관리, 그리고 외교·국방 장관급의 이른바 '2 + 2' 회담을 통해 신뢰 구축의 방안을 제시한 바 있다(Abiru, 2017. 5. 22). 그러나 러시아가 안보문제를 최근 다시 제기하고, 미국의 양해를 구해야만 하는 일본의 입장에서 일·러 해협권에서의 돌파구를 찾기는 그다지 쉬운 일이 아니다. 즉, 경제적 유인만으로는 일·러 관계개선이 용이하지 않음을 시사한다(Rozman, 2016. 11).

어쨌든 일·러 해협권에서의 관계 진전은 동북아 지정학적 구도, 한·러 관계 및 환동해권 협력에도 상당한 영향을 미칠 수 있다. 한국정부는 일·러 간 관계개선의 새로운 접근을 주시하면서, 환동해권에서의 한·러 및 한·일·러 협력전략을 신중하게 짜야 할 것이다.[30]

이상의 5개 권역에 대한 논의를 종합하면 〈표 10-1〉과 같다. 신뢰 수준이라는 측면에서 한·일 해협권과 환황해권을 제외한 모든 권역은 구조적 공백을 보이고 있다. 다만, 동북아 프론티어권과 그 하부지역인 두만강 지역에서는 중국이 주도하는 신뢰구축 과정이 진행되고 있지만, 아직 그 결과를 예단하기에는 이르다. 만약 북한이 동북아 프론티어 권역에 참여하게 되면, 상황은 더 복잡해질 수 있다. 환황해권은 그간 한·중 경제협력을 통해 상당한 신뢰를 쌓

---

30) 러·일 경제관계 진전과 한국에 대한 시사점은 박정호 외(2017) 참조.

<표 10-1> 동북아 소권역의 현황

소권역	지경학적 요인	지정학적 요인	공동계획 · 구상	신뢰 수준	개방 수준	협력 주체
동북아 프론티어	강한 경제협력 유인	중국 주도 우려	중 · 몽 · 러 경제회랑	낮음	낮음	국가
두만강 지역	강한 경제협력 유인	중국 주도 우려	광역 두만강 개발계획	낮음	낮음	국제기구 · 국가 · 지자체 · 민간
환동해권	강한 경제협력 유인	중 · 러 대 미 · 일 잠재 갈등	지자체 중심 교류	낮음	낮음	지자체 · 민간
환황해권	협력과 경쟁	한 · 중 · 일 간 역사 · 정체성 갈등	산업 · 환경 · 물류 등 기능별 협력	중간	비교적 높음	부처 · 지자체 · 민간
한 · 일 해협권	협력	과거사 · 영토 갈등	부산 · 후쿠오카 초국경 경제권	높음	높음	지자체
일 · 러 해협권	강한 협력 유인	영토 갈등	철도 · 가스관 연결 및 지역개발 구상	낮음	낮음	국가 · 지자체 · 민간

았지만, 사드 배치를 둘러싼 중국의 일방적 보복으로 신뢰의 기초가 흔들리는 상황이다. 개방의 정도에서도 한 · 일 해협권과 환황해권을 제외한 나머지 권역은 낮은 수준을 보여, 경제협력을 통한 신뢰 구축과 외교적 연결고리 형성에 많은 비용을 지불해야 할 것이다.

북한이라고 하는 거대한 함몰구의 존재는 동북아 전역에 걸쳐, 특히 동북아 프론티어 지역과 환동해권에서의 한국의 전략적 공간 확보에 커다란 장애요인으로 작용했고, 북핵문제의 해결이 이루어질 때까지 그러할 것이다. 제8장에서 다룬 바와 같이 동북아에서 가장 취약국가인 북한이 동북아 모든 소권역의 구조적 공백을 만들어 내는 매우 비정상적인 상태를 만들어 내고 있다. 결국 북한문제의 해결이 동북아 협력의 관건임을 입증한다.

한·중·일 협력의 상징: 베세토 회랑

위에서 논의한 소권역별 협력과 다소 중첩되지만, 한·중·일을 잇
는 베세토 회랑은 동북아의 낙관적 미래를 대변하는 상징이 될 수 있
다. 1990년대 이후 북한발 안보불안 및 지정학적 구도 싸움에도 불
구하고, 한·중·일 3국 간 경제를 중심으로 지역화는 급속하게 진
행되어 왔다. 그러나 한·중·일 3국 간 지정학적 차원에서의 신뢰
수준은 그다지 높지 않다. 또한 역사, 영토, 정체성 등의 문제로 3국
간의 지역주의나 공동체 구축은 어렵다.

이를 인지한 한·중·일 세 나라 모두 아세안을 통한 우회 협력
을 추구한 것이 저간의 정황을 말해 준다. 그러나 동북아의 상생과
협력이 보다 안정적인 기반을 갖추려면 3국 간 협력이 필수적이다.
한·중·일 정상회담이 동력을 잃지 않고 진전을 이루기 위해서는
베세토 회랑과 같은 상징을 확보해야 한다. 북한이 핵을 포기하지
않고 체제변화를 거부하는 현 상황에서는 베세토 회랑의 전면적 건
설 가능성은 희박하지만, 적어도 지식과 정보, 문화교류의 회랑으
로서의 실현 가능성은 존재한다.

지리와 경제적 차원에서 중간자적 입장에 처한 한국은 3국 간의
이질적인 제도나 관행들을 접목, 융합시켜 세계 표준은 아니더라도
적어도 지역 표준으로 만들어 낼 수 있어야 한다.[31] 이는 바로 한국
의 가교와 소통의 거점이라는 비전에 매우 근접하는 경로이면서 중

---

31) 김상배는 이를 접맥외교라는 매우 어려운 용어를 사용하여 설명한다(김상배,
2011).

〈그림 10-3〉 베세토 회랑

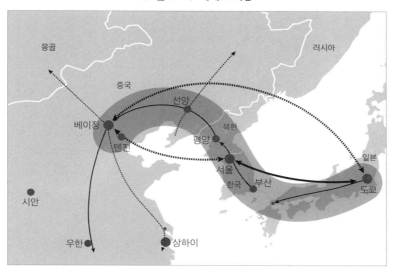

자료: 김원배 외(2007) 재구성.

견국으로서의 위상을 확보하는 방안이다. 만약 북한의 핵 폐기와 개
혁·개방이 이루어진다면, 베세토 회랑은 교통로,[32] 그리고 3국의
수도 간 대화와 소통의 통로를 만들어 낼 수 있다. 다행히 중국이나
일본의 일부 전문가들도 베세토 회랑이 상징하는 이념에 동의한
다.[33] 관건은 한·중 간 및 한·일 간 관계 개선을 이루면서, 한국

---

32) 베세토 교통회랑은 북한 구간만 건설되면 한·중·일 3국의 기존 고속철도망
    과 쉽게 연결될 수 있으며, 이는 동북아 사람들의 일상생활에 획기적인 변화를
    가져올 수 있는 사업이다.
33) 국토연구원에서 중국의 공간계획 지역경제연구소, 일본의 총합연구개발기구
    와 2006년부터 2007년까지 공동으로 진행한 연구(김원배 외, 2007)에서 건설
    의 시기나 구체적 연결방법에 대한 이견은 있었지만, 큰 틀에서는 베세토 회랑
    구축에 동의한 바 있다.

이 이러한 비전을 실천할 수 있는 창의적인 안을 제출할 수 있는가에 달려있다.

동북아의 비관적 미래

대륙세력과 해양세력의 대립상황에서 우리가 해야 할 일은 무엇인가? 또 어떤 전략을 택해야 한반도의 저주를 벗어날 수 있는가?

한반도를 둘러싼 대립과 협력의 전선은 크게 세 가지로 볼 수 있다. 첫째는 남북 대립의 휴전선이고, 둘째는 북·중, 북·러 간 전략적 협력과 지원이 행해지는 압록강 유역과 두만강 유역, 셋째는 미·중 간 경쟁과 협력이 공존하는 한국 - 일본 - 타이완 - 필리핀 - 호주를 잇는 태평양 해양선이다.

한국의 전략은 위 세 가지 전선에서 대립과 갈등을 감소시키면서, 상생과 협력의 공간을 확대하는 것임은 누누이 강조한 바 있다. 미·중 간 대립과 갈등이 심화되는 최악의 경우에는 한국의 생존을 위해 제3선은 반드시 지켜야 할 생명선이다.

세 가지 전선을 둘러싼 최근 동향을 살펴보면, 제1 전선을 둘러싼 남북한의 힘겨루기는 지난 30년 가까이 협력과 대립이 공존하는 양상으로 전개되었다. 2000년대 초 금강산 관광과 개성공단의 개발로 시작된 접경지역에서의 협력은 금강산 관광객 피살, 천안함 폭침, 연평도 포격으로 이어지는 북한의 일련의 도발적 행위로 중단 또는 축소되었다. 개성공단은 2013년 4월 북한의 인력 철수라는 강수로 가동이 중단되었다가 정상화 합의로 동년 9월 재가동, 2016

〈그림 10-4〉 한반도의 세 가지 전선

년 북한의 4차 핵실험 이후 폐쇄되었다. 제 1 전선에서의 대립은 북한으로 하여금 제 2 전선에서의 협력을 선택할 수밖에 없는 결과를 낳았다. 북·중, 북·러 간 협력은 과거 사회주의 동맹국 간의 협력이라는 관성도 있지만, 관련국의 지정학적 이해관계에서 비롯되는 바가 크다. 북한은 생존을 위해 중국이나 러시아와 협력할 수밖에 없는 상황에 처해 있으며, 중국은 동북지역의 개발과 관련하여 북한의 자원과 항만을 이용하려는 동기가 크고, 러시아 또한 북한과의 협력을 통하여 극동지역의 개발을 촉진하려는 의도가 분명하다. 북한, 중국 동북지역, 러시아 극동지역, 그리고 몽골을 포함하는 동북아 프론티어 권역에서의 국가 간 협력은 각기 자국의 경제적 이익을 취하기 위해 이루어지고 있으나, 협력의 주도권은 중국 정부가 쥐고 있다는 점을 주목해야 한다.

중국은 2011년에 '중·북 간 압록강 및 두만강 지역에 대한 협력'에 합의했다. 그러나 이어진 북한의 도발로 급기야 두만강 지역개발의 출해항(出海港)을 북한 나진에서 러시아 연해주 자루비노로 선회했다. 동시에 중국이 야심차게 추진하는 중·몽·러 경제회랑 건설에서도 북한은 제외되었다. 그만큼 중국도 북한 위험도를 높게 보고 있다는 의미다.

제3 전선에서는 미국의 '아시아 회귀 정책', 일본의 집단적 자위권 확보, 그리고 이에 맞선 중국의 '아시아 운명공동체'와 '대로 구상'이 있다. 제3 전선에서의 미·중 간 힘겨루기는 이미 시작되었다. 미국은 동중국해 센카쿠/댜오위다오 열도 및 남중국해 분쟁과 관련하여, 친 서방국가 편을 들면서 중국의 팽창을 견제하고 있음은 주지하는 바와 같다. 한편 중국은 동중국해 및 남중국해에서의 당사국 간의 해결원칙을 주장하면서 미국의 개입을 거부하고 있다. 세력의 균형추가 어느 쪽으로 기울지는 안보와 경제 양 측면에서 각국의 이해관계가 어떻게 전개되는가에 달려 있다.

제3 전선에서의 상황변동은 장기적으로 한반도의 안보상황에도 심대한 영향을 끼칠 수도 있다는 점에서 각별한 주의를 요한다. 한국 정부의 입장에서는 최악의 상황 방지를 위해 일본과 러시아와의 협력을 위한 방안을 미리 강구해 두어야 한다. 즉, 한·일 해협권과 환동해권에서의 협력 네트워크를 다양한 각도에서 분석하고, 한·일, 한·러 및 한·일·러 협력까지도 염두에 둔 틈새외교를 준비해야 한다(신범식, 2015b). 뿐만 아니라 역외 국가들, 즉 동남아시아, 오세아니아, 남아시아 국가들과의 연대 강화로 한국의 전략

공간을 확보해야만 한다.

　동북아 질서의 유동성과 불확실성을 감안할 때, 비록 북한으로 막힌 현재 상태에서도 제2전선인 중국이나 러시아 지역에 동북아 프론티어권의 협력 거점을 미리 구축할 필요가 있다. 단둥, 옌지, 훈춘, 우수리스크 또는 블라디보스토크 등을 동북아 협력거점으로 조성한다면, 남북관계가 정상화되고 북한에 대한 개발지원이 본격화되는 시점에 한반도발 개발협력을 중국 동북지역이나 러시아 극동지역으로 용이하게 확산시킬 수 있을 것이다.

　한국으로서 가장 곤혹스러운 상황은 북핵 협상이 동결로 끝나면서 북한의 핵 보유가 사실상 용인되고 북한이 개방·개혁에 나서는 경우이다. 한국은 북한과 협력해야 하나? 중국이나 러시아를 경유한 간접 협력이나, 북한에 대한 임가공 투자가 아마도 한국 정부가 허용할 수 있는 한계가 될 가능성이 높다. 유엔이나 광역 두만강 개발계획이라는 다자협력 기구를 통한 대북 지원은 북한의 개혁·개방 파급효과에 따라 차등적 지원이 가능하도록 세밀한 계획을 수립할 필요가 있다. 이 경우 북한에 대한 경제지원이나 협력에서 철저한 제도적 개혁이 이루어지도록 감시되어야만 북한체제의 변화를 유도할 수 있을 것이다.[34] 결국 제3자를 경유한 이러한 간접지원이나 협력은 북한의 한국 '인질화'를 저지하면서, 북한체제 변화를 유도하는 방편으로 삼아야 한다는 뜻이다.

---

34) 미국의 한반도 전문가 해거드와 놀런드는 대북 경제지원의 내부화를 강조한 바 있다(Haggard & Noland, 2008).

한반도 미래를 위한 준비와 각오

현재 동북아에서는 과거의 영광을 재현하겠다는 중국과 러시아는 물론, 심지어 미국까지도 과거회귀의 경향을 띠고 있다. 여기에 잘못된 과거를 반성하기보다 일본의 침략을 역사에서 빈번하게 발생했던 전쟁의 하나로 재해석하려는 일본도 미래 개척의 의지가 있다고 보기 어렵다.

한국은 어떤가? 돌아갈 과거가 별로 없다. 오히려 현재 강대국의 틈바구니에서, 더욱이 북한의 핵·미사일 개발 완성단계로 한국의 입지는 줄어들고 있다. 1980년대 말부터 동북아 평화와 협력을 위한 여러 가지 구상을 제안해 오기는 했지만, 북한이라는 벽, 최근에는 중국이라는 벽에 막혀 이마저도 동력을 잃고 있다. 한국 내에서는 '낭만적 민족주의'에 물든 성급한 남북 대화론이 슬며시 고개를 내밀고, 이를 거부하는 동맹 중심의 대북 강경론과 다투고 있다. 어느 누구도 주변국의 동의는커녕 모든 국민이 합의할 수 있는 미래 한반도와 동북아 전략을 제시 못하고 있는 안타까운 현실이다.

정치권에서는 북한과 주변 4강의 현재와 미래, 그들의 전략에 대해 제대로 파악하려는 노력보다는 어설픈 지식과 막연한 기대에 근거한 아전인수(我田引水) 식 해석이 주를 이룬다. 한반도의 미래를 개척하기 위해서는 한국이 처한 상황과 능력의 한계를 알고, 주변 강대국의 한반도 및 동북아 이해관계와 그들의 전략적 의도를 제대로 읽을 수 있어야만 한다. 동북아의 상황변동에 대응할 수 있도록 유연한 동북아 및 한반도 전략을 수립해야 한다. 또한 주변국들과 대화를 통해 새로운 길을 개척하고 동행하도록 설득할 능력을 갖추어야만 한다.

당면한 북핵문제에 대해 북한이 핵을 포기할 것인지 아니면 핵보유국으로 사실상 인정받고 중국의 방패막이 노릇을 계속할 것인지는, 불행하게도 아무도 확실한 답을 갖고 있지 않다. 모든 가능한 상황에 대비한 철저한 준비가 있어야만 하고, 만약의 경우 핵을 보유한 북한을 관리할 수 있는 치밀한 전략이 요구된다. 또한 북핵문제의 해결과정에 어떤 방식으로든 적극 대응해야 한다.

평화는 바람직하지만, 준비 없이 달성할 수 없다. 주변 어느 나라도 한반도의 평화와 한국의 생존을 보장해 줄 수 없다. 조금은 고통스럽고 희생이 따르더라도 스스로를 지킬 수 있어야 주변국의 도움을 받을 수 있다.

북한의 핵 위협을 앞에 두고 한반도 비전과 전략을 운위하는 것은 성급한지도 모른다. 그렇다 하더라도 미래를 개척하기 위한 노력을 게을리할 수 없다. 동북아 질서재편의 다양한 시나리오를 검토하고, 시나리오 별로 한국과 한반도의 입지강화 전략을 준비하면서 신냉전 구도로의 회귀라는 최악의 경우에서도 최소한의 생존공간 확보를 위한 대책을 세워놓아야만 한다.

모두가 원하는 대로 북한의 비핵화가 이루어진다고 하더라도 동북아 평화와 협력은 장기간의 시간을 요한다. 왜냐하면 역사 및 영토, 정체성의 문제를 신뢰구축과 미래지향적 자세를 통해 극복해야만 하고, 체제와 제도의 상이성을 점차적으로 해소해 나가야 하기 때문이다. 시간과의 싸움에서 얼마나 인내심을 가지고 버티면서, 일관된 전략을 펼치는가에 따라 한국과 한반도의 미래는 결정될 것이다.

참고문헌

기미야 다다시(木宮正史) (2015). "한일 외교협력의 전개와 50년의 평가", 〈한국과 국제정치〉, 31(1) : 1~26.

김규판(2012). "중국경제의 부상과 일중관계", 〈일본비평〉, 6: 124~151.

김근식(2014). "남북관계의 제도화를 위한 근본적 접근: 포괄적 평화", 김영재·최신욱·박인휘 엮음. 《한반도 평화통일, 어떻게 만들 것인가?: 제네바 합의 이후 20년의 교훈과 과제》(통일연구원 국제학술회의 총서 14-01). 통일연구원.

김기정(2005). "21세기 한국 외교의 좌표와 과제: 동북아 균형자론의 국제정치학적 의미를 중심으로", 〈국가전략〉, 11(4) : 149~174.

김상배(2011). "한국의 네트워크 외교전략: 행위자-네트워크 이론의 원용", 〈국가전략〉, 17(3) : 5~40.

김석진(2015). "해방 이후 북한 경제체제와 경제실적 종합평가", 〈수은북한경제〉, 2015 봄. 한국수출입은행.

김애경(2016). "중국의 '일대일로(一帶一路)' 구상 분석: 제기배경, 추진현황, 함의 고찰을 중심으로", 〈민주사회와 정책연구〉, 29. 민주사회정책연구원.

김원배(2003). "동북아 중심 구상의 재검토", 〈창작과 비평〉, 31(2) : 28~39.

_____ (2014). "한반도 비전과 국토전략", 제 7회 '한반도 국토포럼' 기조발표 자료. 한림공학원 주최.

_____ (2015). "통일 한반도 비전과 국토전략", 〈국토〉, 399: 6~13.

김원배·박형서·이성수(2005). 《한·일해협권 통합 지역경제 기반 구축을 위한 전략》. 국토연구원.

김원배·박형서·이상준·이성수(2005). 《환동해경제권 형성을 선도하기 위한 동해안 지역의 대외전략》. 국토연구원.

김원배·이성수·류재영·박상우(2006). 《한반도 기반시설 개발의 기본구상 연구(Ⅰ)》. 국토연구원.

김원배·류재영·오성호·이성수·서민호(2007). 《베세토 비즈니스 회랑 구축 제안》. 국토연구원.

김원배 · 조진철(2008). 《동북아 핵심경제 지역의 발전 전망과 연계망 구축 (Ⅱ)》. 국토연구원.

김원배 · Douglass, M. · 박세훈 · 김민영(2009). 《동아시아 초국경적 지역 형성과 도시 전략》. 국토연구원 .

김지영(2015). "김정은 시대 중국 대북정책의 변화와 지속: '중국 대북포기 론'의 담론과 실천", 2015 국제정치학회 동계학술대회 패널발표.

김지윤 · 강충구 · 이지형(2017. 1. 23). "미 · 중 패권경쟁 속 한국인의 사드 (THAAD) 인식", 〈이슈브리프〉. 아산정책연구원.

김천규 · 이상준 · 김흠(2011). "중국 동북지구 지역발전계획의 특성분석 연 구", 〈경제 · 인문사회연구회 협동연구총서 11-03-06〉. 경제 · 인문사 회연구회.

김천규 · 이상준 · 임영태 · 이백진 · 이건민(2014). 《동북아 평화번영을 위한 두만강유역 초국경협력 실천전략 연구》. 국토연구원.

김학기 · 김석환 · Korostelev, D. (2016). "러시아의 극동 선도개발구역 및 자유항 정책과 한-러 협력 방향", 〈정책자료 2016-269〉. 산업연구원.

김한권(2015). "중국의 주변외교에서 본 '일대일로(一帶一路)'의 전략적 의 미", 〈정책연구시리즈 2015-11〉. 국립외교연구원.

김홍규(2016). "동북아 안보협력과 한국의 전략", 〈동북아 신협력시대 구축 방안 연구〉: 117~121. 경제 · 인문사회연구소.

나카니시 히로시(中西寬)(2015). "한일관계의 구조변화와 미래: 일본의 시 각", 〈동아시아재단 정책논쟁〉, 34.

라미령 · 김제국(2017). "역내 포괄적 경제동반자협정(RCEP)의 추진 현황과 시사점", 〈KIEP 오늘의 세계경제〉, 17(5). 대외경제정책연구원.

박동훈(2010). "두만강 지역개발과 국제협력: 중국 '창지투 선도구' 건설의 국제환경 분석", 〈한국동북아논총〉, 57: 191~211.

박번순(2004). "중국의 부상과 동아시아 지역발전모델의 변화", 《이슈 페이 퍼》. 삼성경제연구소.

박영자(2016). "쿠바와 북한의 하이브리드(Hybrid) 정치경제"〈KDI 북한경 제리뷰〉, 18(4).

박영준(2005). "'동북아 균형자'론과 21세기 한국외교", 〈한국정치외교사논 총〉, 28(1): 161~191.

박인휘(2014. 11. 17). "아시아 패러독스와 동북아 평화협력 구상", 〈e-행 복한통일〉.

박정호·강부균·민지영(2017). "러·일 경제관계 진전과 한국에 대한 시사점"〈KIEP 오늘의 세계경제〉, 17(19). 대외경제정책연구원.

박종철·박영호·정영태·최수영·이기동·장용석·차문석(2013). "김정은 체제의 변화 전망과 우리의 대책", 〈KINU 연구총서 13-3〉. 통일연구원.

박철희(2015). "한중일 어디로 가고 있는가?", 〈동아시아재단 정책논쟁〉, 40.

배정호(1999). 《탈냉전기 일본의 국내 정치 변동과 대외정책》. 통일연구원.

배종렬(2009). "두만강 지역개발사업의 진전과 국제협력과제", 〈수은북한경제〉, 23.

성기영·김지영·엄상윤·은용수(2014). 《신동북아 질서 시대의 중장기 통일 전략》. 통일연구원.

성채기(2013). "북한의 '경제-핵 병진노선' 평가; 의도와 지속가능성", 〈동북아 안보정세분석〉. 한국국방연구원.

손기웅·고상두·고유환·김학성(2014). "'행복한 통일'로 가는 남북 및 동북아 공동체 형성을 위한 통합정책", 〈통일연구원 연구총서 14-05〉. 통일연구원.

손 열(2017). "신정부 중견국 외교를 위한 제언", *JPI PeaceNet*, 49. 제주평화연구원.

신각수(2013). "꼬인 한일관계 어떻게 풀어야 하나?: 21세기 새로운 파트너십 구축을 위한 제언", 〈EAI 논평〉, 30. 재단법인 동아시아연구원.

신동익(2015). "'동북아평화협력구상'의 현주소와 향후 발전 방향 및 한국의 역할", 〈IFANS Focus〉, 2016-46K.

신범식(2010a). "러-중 관계로 본 '전략적 동반자관계': 개념과 현실 그리고 한계", 〈한국정치학회보〉, 44(2) : 135~160.

_____(2010b). "한-러 '전략적 (협력) 동반자관계'에 대한 비판적 검토", 〈한국과 국제정치〉, 26(1) : 235~278.

_____(2013). "북-중-러 접경지대를 둘러싼 초국경 소 지역 개발협력과 동북아시아 지역정치", 〈국제정치논총〉, 53(3) : 427~463.

_____(2015a). "러시아의 신동방정책과 동북아 지역정치", 〈KDI 북한경제리뷰〉, 17(12) : 3~29.

_____(2015b). "통일한국 등장과 동북아 지역질서 변화: 러시아의 역내 전략적 행위자로서의 가능성과 한국의 대응", 〈전략연구〉, 22(1). 한국전략문제연구소: 61~87.

신종호 외(2016). "전환기 남북관계 영향 요인 및 향후 정책 방향", 〈KINU 연구총서 16-19〉. 통일연구원.

안병준(1999). "동북아 지역 정치경제의 구조와 전망", 홍철·김원배 엮음. 《21세기 한반도 경영전략: 지경학적 접근》. 국토연구원.

양문수(2008). "북한 무역의 제도와 실태", 한국개발연구원 연구자료.

_____(2015). "북한의 경제발전 전략 70년의 회고와 향후 전망", 〈통일정책연구〉, 24(2): 33~66.

_____(2016). "최근의 북한경제 해석과 평가를 둘러싼 몇 가지 논쟁", 〈KDI 북한경제리뷰〉, 18(12).

양문수·이석기·김석진(2015). 《북한의 경제 특구·개발구 지원방안》. 대외경제정책연구원.

양평섭·이승신·문익준·여지나·노수연·정지현(2012). 《중국·대만·홍콩의 경제통합과 정책적 시사점》. 대외경제정책연구원.

엄태암(2013). "박근혜정부의 동북아 평화협력 구상: 전망과 추진전략", 〈주간국방논단〉, 1466. 한국국방연구원.

왕후이(汪暉), 이욱연 외 옮김(2003). 《새로운 아시아를 상상한다》. 창비.

우원화(2015). "'일대일로' 전략을 통한 유라시아 교통운송 통합과 중한 협력 전망", 2015 유라시아 교통·에너지 컨퍼런스.

원동욱(2009). "북중경협의 빛과 그림자: '창지투 개발계획'과 북중 간 초국경 연계개발을 중심으로", 〈현대중국연구〉, 13(1).

_____(2015). "중국의 '일대일로'와 '유라시아 이니셔티브': 한중협력을 위한 제언", 〈수은북한경제〉, 2015 가을. 1~30.

_____(2016). "중국의 지정학과 주변외교: '일대일로'를 중심으로", 〈현대중국연구〉, 17(2): 293~320.

원동욱·강승호·이홍규·김창도(2013). 《중국의 동북지역 개발과 신북방 경제협력의 여건》. 대외경제정책연구원.

원동욱 외(2015). 《국제운송회랑의 새로운 지정학: 유라시아 실크로드 구축을 위한 협력방안 연구》. 대외경제정책연구원.

외교통상부(2009). 《한국외교 60년》.

오버홀트, 윌리엄(2016). "한국은 미-중 경쟁에서 살아남을 수 있는가?"〈동아시아재단 정책논쟁〉, 45.

윤여상·이성주(2015). 《북한 해외노동자 현황과 인권실태》. 북한인권정보센터.

윤영관(2015). 《외교의 시대》. 미지북스.

이기백(1976). 《한국사 신론》. 일조각.

이동휘(2013). "글로벌 거버넌스의 재편과 중견국 외교의 중요성", 〈2012년 정책연구과제 Ⅰ〉. 국립외교원 외교안보연구소.

_____(2017). "협상론적 관점에서 본 북한 핵문제", *JPI PeaceNet*, 46. 제주 평화연구원.

이상준·이백진·이현주(2015). 《한반도 북방 지역 인프라 개발계획과 협력 전망》. 국토연구원.

이상현(2013). "동북아 평화협력구상 이행을 위한 과제와 전략", 〈정세와 정책〉, 12월호. 세종연구소.

이 석(2013). "전략적 남북경협과 대북정책에의 시사점", 〈정책연구시리즈 2013-14〉. 한국개발연구원.

_____(2015). "총괄: 북한경제, 정말 좋아지고 있는가?", 〈KDI 북한경제리뷰〉, 17(8) : 3~21.

_____(2016). "총괄: 2016년 상반기 북한경제의 동향 개관 및 평가", 〈KDI 북한경제리뷰〉, 18(7).

이정철·백준기·김재관·이남주(2013). 〈러시아-북한-중국 삼각관계'의 전략적 함의: '미국요인'과 한국에의 시사점〉. 대외경제정책연구원.

이종석(2013). "동북아 평화협력을 위한 제언: 거시적 관점에서", 〈정세와 정책〉, 12월호: 5~8.

이재영(2016). "'동방경제포럼'과 한러 정상회의: 평가 및 제언", 〈정세와 정책〉, 10월호: 12~15.

이재영·이철원·민지영(2017). "한국의 대유라시아경제연합(EAEU) 투자 현황과 비즈니스환경 분석", 〈KIEP 오늘의 세계경제〉, 17(16).

이재영 외(2015). 〈한·러 경제협력의 평가와 중장기 비전〉. 대외경제정책연구원·Russian Foreign Trade Academy.

이재호·김상훈(2015). "남북중 3각 협력 사업의 모색: 가능성과 타당성", 〈KDI 북한경제리뷰〉, 7월호: 16~30.

이창재·방호경(2011). "동북아 경제협력에서 동아시아 경제통합까지: 동아시아 시대를 향하여", 〈연구보고서 11-02〉. 대외경제정책연구원.

이철호(2007). "국제관계의 공간적 변용과 지역개념의 재고", 〈국제관계연구〉, 12(2) : 83~110.

_____(2012). "일본의 동아시아공동체론과 중국", 〈일본비평〉, 6: 98~123.

이현주·이백진·어은주·김원배·송쿠이(2016). 《일대일로에 대응한 초국경 개발협력 추진전략 연구: 중·몽·러 경제회랑을 중심으로》. 대외경제정책연구원·국토연구원.

임강택(2013). "대북경제제재에 대한 북한의 반응과 대북정책에의 함의", 〈통일정세분석〉, 2013-5. 통일연구원.

임수호·최장호·이효영·최지영·최유정(2016). 〈남북한 CEPA 체결의 중장기 효과분석 및 추진방안 연구〉. 대외경제정책연구원.

전성훈(2012). "미국의 대한 핵우산정책에 관한 연구", 〈KINU 연구총서 12-01〉. 통일연구원.

전재성(2016). "북한의 핵능력 고도화와 대북 경제제재 심화에 따른 동북아 국제관계 변화", 〈통일정책연구〉, 25(2): 1~24.

전재성·김성배(2014). "통일의 외교안보 편익분석 및 대주변국 통일외교 전략", 〈중장기통상전략연구〉, 14-07. 대외경제정책연구원.

전홍택·이영섭(2012). "동북아 경제협력과 남북한 경협의 연계", 전홍택·박명호 엮음. 《동아시아 통합전략 3: 협력의 심화·확대와 새로운 도전》. 한국개발연구원.

정재호(2011). 《중국의 부상과 한반도의 미래》. 서울대학교 출판문화원.

정여천(2013). "신북방 경제협력의 필요성과 추진방향", 〈연구보고서 13-13〉. 대외경제정책연구원.

조동호·박 진·정연호·신지호·김현종·김은영(2002). 〈북한경제 발전전략의 모색〉. 한국개발연구원.

조명철·김지연(2010). 《GTI의 추진 동향과 국제협력 방안》. 대외경제정책연구원.

조 민(2015). "미일 신밀월시대와 동아시아 국제정세의 향방: 표류하는 한국, 한반도는 어디로?", *KINU Online Series CO*, 15-12.

조한범 외(2016). "북한에서 사적경제활동이 공적경제부문에 미치는 영향 분석", 〈KINU 연구총서 16-11〉. 통일연구원.

주 희(朱熹), 한상갑 옮김(1982). 《맹자·대학: 사서집주 1》. 삼성출판사.

진징이·진창이·삐야오인쩌(2014). "한반도 통일이 중국에 미칠 편익비용 분석", 〈중장기통상전략연구〉, 14-02. 대외경제정책연구원.

제성훈(2014). "러시아 극동개발의 지정·지경학적 의미와 한·러 협력의 발전방향", 한·러 극동 협력과 유라시아 이니셔티브. 제9차 KIEP-ERI 공동 국제세미나 발표 자료.

제성훈・나희승・최필수・Dolgormaa, L. (2016). 《중・몽・러 경제회랑의 발전 잠재력과 한국의 연계방안》. 대외경제정책연구원.

제성훈・민지영・강부균・Lukonin, S. (2014). 〈러시아의 극동・바이칼 지역 개발과 한국의 대응방안〉. 대외경제정책연구원.

최 강(2017). "북핵, 가보지 않은 길도 가야 한다", 아산정책연구원 블로그, 9월 11일.

최영윤(2017). "북한 해외 노동자 현황: 통계데이터를 중심으로", 〈KDI 북한경제리뷰〉, 19(2), 101~119.

최장호・이보람・김준영・張慧智・朴英愛・王簫軻(2016). "동북아 초국경 인프라 개발과 재원조달: 중국 동북지역을 중심으로", 〈연구자료 16-09〉. 대외경제정책연구원.

최재헌・김숙진(2016). "중국 조선족 디아스포라의 지리적 해석: 중국 동북3성 조선족 이주를 중심으로", 〈대한지리학회〉, 51(1): 167~184.

하영선・전재성・박원곤・조동호(2013). "신대북정책 제안: 신뢰 프로세스의 진화를 위하여", *2013 EAI Special Report*. 동아시아연구원.

한석정(1999). "대동아공영권과 세계체제론의 적용에 대한 시론", 〈한국사회학〉, 33: 917~936.

한정민(2015). "아시아 경제통합을 향한 메가 FTA의 추진 현황과 시사점", 〈KIET 산업경제〉, 12월호: 87~97. 산업연구원.

홍 철(1999). "한국의 선택과 과제", 홍철・김원배 엮음. 《21세기 한반도 경영전략: 지경학적 접근》. 국토연구원.

姜尙中(2001). 《東北アジア共同の家をめざして》. 이경덕 옮김(2002). 《동북아시아 공동의 집을 향하여》. 뿌리와 이파리.

公孟萍・宋周鶯・劉衛東(2015). "中國與'一帶一路'沿線國家貿易的商品格局", 〈地理科學進展〉, 34(5): 571~580.

杜鈴玉(2014). "習近平 中國夢 之深討", 〈展望與探索〉, 13(3): 40~64.

杜維明(2005). 《對話與創新》. 김태성 옮김(2006). 《문명들의 대화》. 휴머니스트.

李新(2016). "中俄蒙經濟走廊推進東北亞區域經濟合作", 〈西伯利亞研究〉, 43(1): 12~22.

李勇慧(2015). "中蒙俄經濟走廊的戰略內涵和推進思路", 〈北方經濟〉, 335(9): 23~26.

北東アジア・グランドデザイン研究會 엮음(2003).《北東アジアのグランド
　　デザイン: 發展と共生へのシナリオ》. 日本經濟評論社.

范麗君(2015). "俄羅斯'歐亞聯盟'与'中蒙俄經濟走廊'构建",〈2015年 戰
　　略評估報告〉, 來源:〈和訊网〉.

森嶋通夫(1999).《なぜ日本は沒落するか》. 장달중 외 옮김(1999).《왜 일
　　본은 몰락하는가》. 일조각.

小川雄平(2004).《東アジア地中海の時代》. 明石書店.

伊集院敦(2015). "求められる北東アジア戰略の再構築 ― 地域協力の可能
　　性と課題",〈北東アジアの經濟連携 ― 戰後70年, 変わる經濟地図〉.
　　日本經濟研究センタ.

鄭蕾・劉志高(2015). "中國對'一帶一路'沿線直接投資空間格局",〈地理科
　　學進展〉, 34(5): 563~570.

澤井安勇(2005). "北東アジア・グランドデザイン研究の今後の展開方向",
　　日本總合研究開發機構(NIRA).《北東アジアのグランドデザイン: 共
　　同發展に向けた機能的アプローチ》.

Abrahamian, A. (2015). "Tumen Triangle Tribulations", US・Korea Insti-
　　tute at SAIS.

Akaha, T. (2006). "Japan's multilevel approach toward the Korean penin-
　　sula after the cold war", in Armstrong, C. K., Rozman, G.,
　　Kim, S. S., & Kotkin, S. ed., *Korea at the Center: Dynamics of
　　Regionalism in Northeast Asia*. Armonk: M. E. Sharpe.

Akamatsu, K. (1961). "A theory of unbalanced growth in the world
　　economy", *Weltwirtschaftliches Archive*, 8(6): 196~215.

Armstrong, S. (2015). "Sino-Japanese economic embrace is warm enough
　　to thaw the politics", *East Asia Forum Quarterly*, 7(3).

Auton, G. (2010). "The Korean Peninsula and multilateral security and
　　economic frameworks for Northeast Asia", Unpublished Paper.

Barme, G. R. (2013). "Chinese dreams", *The China Story*.

Bazhanov, E. P. (2006). "Korea in Russia's post-cold war regional
　　political context", in Armstrong, C. K., Rozman, G., Kim, S.
　　S., & Kotkin, S. ed., *Korea at the Center: Dynamics of Regionalism*

in Northeast Asia. Armonk: M. E. Sharpe.

Beeson, M. (2000). *Regionalism and Globalization in East Asia.* Basingstoke & New York: Palgrave Macmillan.

Behrstock, H. A. (1995). "Prospects for Northeast Asian economic development: UNSDP's conceptual and practical perspective", Conference Proceedings, Fifth Meeting of Northeast Asia Economic Forum.

Benett, B. (2013). *Preparing for the Possibility of North Korean Collapse.* Santa Monica: RAND Corporation.

Berger, T. (2004). "Japan's international relations: The political and security dimensions", in Kim, S. S. ed., *The International Relations of Northeast Asia*: 135~169. Lanham: Rowman & Littlefield Publisher.

Bremmer, I. (2016). "After the G-Zero: Overcoming fragmentation", *Eurasia Group.*

Bremmer, I., & Roubini, N. (2011). "A G-zero world", *Foreign Affairs, 90*(2): 2~7.

Calder, K. E. (2004). "U. S. foreign policy in Northeast Asia", in Kim, S. S. ed., *The International Relations of Northeast Asia.* Lanham: Rowman & Littlefield Publisher: 225~248.

Calder, K., & Ye, M. (2010). *The Making of Northeast Asia.* Stanford: Stanford University Press.

Campbell, K. M. (2016). *The Pivot: The Future of American Statecraft in Asia.* New York: Twelve, Hachette Book Group.

Cappellin, R. (1993). "Interregional cooperation and the design of a regional foreign policy", in Cappellin, R., & Batey, P. W. J. ed., *Regional Networks, Border Regions, and European Integration.* London: Pion.

Cha, V. (2001). "Japan's grand strategy on the Korean peninsula: optimistic realism", in Sokolski, H. D. ed., *Planning for a Peaceful Korea.* Honolulu: Strategic Studies Institute, US Army War College: 227~266.

Chen, X. (2000). "Both glue and lubricant: Transnational ethnic social capital as a source of Asia-Pacific subregionalism", *Policy Sciences*, 33: 269~287.

Chen, X., & Liu, C. (2010). "The Pan-Yellow Sea sub-region: Chinese perspectives", in Kim, W. B., Yeung, Y. M., & Choe, S. C. ed., *Collaborative Regional Development in Northeast Asia: Towards Sustainable Regional and Sub-regional Futures*: 217~243. Hong Kong: The Chinese University Press.

Cossa, R. A. (2009). "Northeast Asian regionalism: A (possible) means to an end for Washington", Council on Foreign Relations.

Dadush, U., & Stancil, B. (2010). "The world order in 2050", Carnegie Endowment for International Peace.

Delury. J., Moon, C. I., & Terry, S. M. (2014). "A reunified theory: Should we welcome the collapse of North Korea", *Foreign Affairs*, 93(6).

Denney, S. C. (2012). "Understanding 21st century East Asia: the bifurcated regional order and competing-hubs theory", *PEAR*, 4(2): 241~266. Seoul: Yonsei University Press.

Dethomas, J. M. (2016). "Sanctions' role in dealing with the North Korean problem", *North Korea's Nuclear Future Series, January 2016*. Washington: US-Korea Institute at SAIS.

Djankov, S. (2016). "The rationale behind China's Belt and Road Initiative", *PIIE Briefing 16-2*. Peterson Institute for International Economics.

Dollar, D. (2015). "China's rise as a regional and global power: The AIIB and the 'One Belt, One Road'", *Horizons, Summer 2015*(4): 162~172.

Duus, P. (2008). "The greater East Asian co-prosperity sphere: Dream and reality", *Journal of Northeast Asian History*, 5(1): 143~154.

Eberstadt, N. (1993). "North Korea: Reform. muddling through, or collapse?", *NBR Analysis*, 4(3).

_____(2017). "From 'engagement' to threat reduction: moving toward a North Korea policy that works", American Enterprise Institute. http://www.ari.org/wo-comtent/.

Ernst, D. , & Kim, L. (2002). "Global production networks, knowledge diffusion, and local capability formation", *Research Policy*, *31*(8): 1417~1429.

Godement, F. , & Kratz, A. ed. (2015). "'One Belt, One Road': China's great leap outward", *China Analysis, June 2015*. European Council on Foreign Relations.

Fairbank, J. K. , & Goldman, M. (2006). *China: A New History*. 2nd Enlarged Edition. Cambridge: The Belknap Press of Harvard University Press.

Fingar, T. (2011). "Alternative trajectories of the roles and the influence of China and the United States in Northeast Asia and the implications for future power configurations", in Flake, G. ed. , *One Step Back? Reassessing an Ideal Security State for Northeast Asia 2025*. Washington: The Maureen and Mike Mansfield Foundation.

Fitzpatrick, M. (2014). "Asia's slippery slope: Triangular tension, identity gaps, conflicting regionalism, and diplomatic impasse toward North Korea", *Joint US-Korea Academic Studies*, 25. Korea Economic Institute

Frankopan, P. (2016). *The Silk Roads: A New History of the World*. New York: Alfred A. Knopf.

Freeman, C. (2010). "Neighborly relations: the Tumen development project and China's security strategy", *Journal of Contemporary China*, *19*(63): 137~157.

Friedman, G. (2011). *The Next 100 Years*. New York: Anchor Books.

Ghiasy, R. , & Zhou, J. (2017). "The Silk Road Economic Belt: Considering security implications and EU-China cooperation prospects", Stockholm International Peace Research Institute.

Gifford, R. (2007). *China Road: A Journey into the Future of a Rising Power*. New York: Random House.

Gipouloux, F. (1998). "Integration or disintegration? The spatial effects of foreign direct investment in China", *China Perspective*, *17*: 6~15.

Glaser, B. S. , & Billingsley, B. (2012). "Reordering Chinese priorities on the Korean Peninsula", *CSIS Report*.

Gordon, B. (2000). "Greater East Asia co-prosperity sphere", http://wgordon.web.wesleyan.edu/papers/coprospr.htm.

Gries, P. H., Zhang, Q., Masui, Y., & Lee, Y. W. (2009). "Historical beliefs and the perception of threat in Northeast Asia: Colonialism, the tributary system, and China-Japan-Korea relations in the twenty-first century", *International Relations of the Asia-Pacific*, 9(2): 245~265.

Haggard, S., & Noland, M. (2008). "A security and peace mechanism for Northeast Asia: The economic dimension", *Policy Brief*, 8(4). Peterson Institute.

Hamashita, T. (1990). *Kindai Chugoku no Kokusaiteki Keiki (The International Moment of Modern China)*. Tokyo: Tokyo University Press.

_____(1997). "The intra-regional system in East Asia in modern system", Katzenstein, P. J., & Shiraishi, T. ed., *Network Power: Japan and Asia*. London: Cornell University Press.

_____(2008), Grove, L., & Selden, M. ed., *China, East Asia and the Global Economy*. London & New York: Routledge.

Han, S. J. (2015. 8. 13). "Grand strategy for Korea? An overview", *The Asan Forum*.

Haruki, W. (2008). "Maritime Asia and the future of a Northeast Asian community", *The Asia-Pacific Journal Japan Focus*, 6(10): 1~8.

Hawksworth, J., & Cookson, G. (2008). "The world in 2050", Pricewaterhouse Coopers.

Hendrix, C. (2016). "Rough patches on the silk road? The security implications of China's Belt and Road Initiative", *PIIE Briefing 16-2*. Peterson Institute for International Economics.

Hettne, B. (1999). "Globalization and the new regionalism: The second great transformation", in Hettne, B., Inotai, A., & Sunkel, O. ed., *Globalism and the New Regionalism*. New York: St. Martin's Press.

Hughes, C. W. (2000). "Tumen River Area Development Programme: Frustrated micro-regionalism as a microcosm of political rivalries", *CSGR Working Paper*, 57(100). Coventry: The University of

Warwick.

Huntington, S. (1996). *The Clash of Civilizations and the Remaking of World Order*. New York: Simon and Schuster.

Ikenberry, G. J. (2004). "American hegemony and East Asian order", *Australian Journal of International Affairs*, *58* (3): 353~367.

_____(2014). "The illusion of geopolitics: the enduring power of the liberal order", *Foreign Affairs*, *94* (3): 80~90.

_____(2016). "Between the eagle and the dragon: America, China, and middle state strategies in East Asia", *Political Science Quarterly*, *131* (1):9~43.

_____(2017). "The plot against American foreign policy: Can the liberal order survive?", *Foreign Affairs*, *96* (3): 2~9.

Januzzi, F. (2016). "Opinion: Less patience, more strategy", *Kyodo News*. http://english. kyodonews. jp/.

Jash, A. (2016). "The optics of China-Japan relations from the politics of 'historical memories'", *Journal of Contemporary Asian Studies*, *1* (2). http://utsynergyjournal. org/.

Kang, D. (2007). *China Rising: Peace, Power, and Order in East Asia*. New York: Columbia University Press.

Kaplan, R. (2010). "The geography of Chinese power: How far can Beijing reach on land and sea?" *Foreign Affairs*, *89* (3): 22~41.

Keohane, R. O., & Nye, J. (2000). "Introduction", in Nye, J., & Donahue, J. D. ed., *Governance in a Globalizing World*. Washington DC: Brookings Institution Press.

Keum, S. K. (2011). "The Busan-Fukuoka trans-strait zone", in Kim, W. B., Yeung, Y. M., & Choe, S. C. ed., *Collaborative Regional Development in Northeast Asia: Towards Sustainable Regional and Sub-regional Futures*: 287~305. Hong Kong: The Chinese University Press.

Kim, D. J. (1994). "Is culture destiny? The myth of Asia's anti-democratic values", *Foreign Affairs*, *73* (6).

Kim, H. H., & Sohn, B. H. (2014). "Economic integration vs. conflicts in Northeast Asia: a role of Confucianism", *Asian Social*

Science, *10*(13)： 155~168.

Kim, S. S. (2004). "Northeast Asia in the local-regional-global nexus： Multiple challenges and contending explanations", in Kim, S. S. ed., *The International Relations of Northeast Asia*. Lanham： Rowman & Littlefield Publisher.

_____(2006). "Inter-Korean relations in Northeast Asia geopolitics", in Armstrong, C. K., Rozman, G., Kim, S. S., & Kotkin, S. ed., *Korea at the Center： Dynamics of Regionalism in Northeast Asia*. Armonk： M. E. Sharpe.

Kim, S. H. (2009). "Northeast Asian regionalism in Korea", *Council on Foreign Relations*, *December*.

Kim, W. B. (2006). "Alternative future of Northeast Asia and their implications for infrastructure development", *A Grand Design for Northeast Asia： 2005* (*NIRA Research Report*, *0602*). National Institute for Research Advancement.

_____(2010. 3. 10). "Global cities and mega-city regions in East Asia", 2010 Seoul Global Forum.

_____(2011). "The rise of China and repositioning of Asian NAEs", *Seoul Journal of Economic*, *24*(2)： 99~123.

Kissinger, H. (2011). *On China*. London： The Penguin Press.

Kojima, K. (2000). "The 'flying geese' model of Asian economic development： Origin, theoretical extensions and regional policy implications", *Journal of Asian Economics*, *11*(4)： 375~401.

Kuhrt, N. (2015). "Is Sinocentrism putting Russia's interests at risk?", *East Asia Forum Quarterly*, *7*(3).

Lankov, A. (2017). "Why nothing can really be done about North Korea's nuclear program", *Asia Policy*, *23*： 104~109.

Lee, C. J. (2010). "The impact of the global financial crisis on regional integration and the development of regional economic infrastructure in Northeast Asia", in Flake, G. ed., *Toward an Ideal Security State for Northeast Asia 2025*. Washington： The Maureen and Mike Mansfield Foundation

_____. (2017). "China-Japan-Korea FTA and RCEP", The Second East

Asia Economic Partnership Forum.

Luft, G. (2016). "It takes a road: China's One Belt One Road Initiative, an American response to the new Silk Road", Institute for the Analysis of Global Security.

Lukin, A. (2006). "Regionalism in Northeast Asia and prospects for Russia-US cooperation", in Azizian, R., & Reznik, B. ed., *Russia, America and Security in the Asia-Pacific*. Honolulu: Asia-Pacific Center for Security Studies.

MacIntyre, A., & Naughton, B. (2005). "The decline of a Japan-led model of the East Asian economy", Pempel, T. J. ed., *Remapping East Asia*. Ithaca: Cornell University Press: 77~100.

Manning, R., & Przystup, J. (2015). "Asian stability hangs in the balance of Japan-China relations", *East Asia Forum Quarterly, 7*(3).

Matsmoto, S. (2007). "Yukichi Fukuzawa: His concept of civilization and view of Asia", *Profile of Asian Minded Man: The Developing Economies, 5*(1): 156~172.

McCormack, G. (2005). "Community and identity in East Asia: 1930s and today", *East Asian History, 30*: 107~118.

Mead, W. R. (2014). "The return of geopolitics: The revenge of the revisionist powers", *Foreign Affairs 93*(3): 69~79.

Mimura, J. (2011). "Japan's new order and greater East Asia co-prosperity sphere: Planning for empire", *The Asia-Pacific Journal Japan Focus, 49*(3): 1~9.

Miner, S. (2016). "Economic and political implications", *PIIE Briefing 16-2*. Peterson Institute for International Economics.

Mitchell, R. (2015). "Clearing up some misconceptions about Xi Jinping's 'China Dream'", *The World Post*. http://www.huffington-post.com/.

Moon, C. I. (2012). *The Sunshine Policy: In Defense of Engagement as a Path to Peace in Korea*. Seoul: Yonsei University Press.

_____(2017). "Managing North Korean nuclear threats: in defense of dialogue and negotiations", *Asia Policy, 23*: 71~82.

Morishima, M. (2000). *Collaborative Development in Northeast Asia*.

Basingstoke: Macmillan Press.

Mullen, M., & Nunn, S. (Chairs), Mount, A. (Project Director) (2016). "A sharper choice on North Korea: Engaging China for a stable Northeast Asia", *Independent Task Force Report, 74.* Council on Foreign Relations.

Nakata, S. (2015). "Northeast Asia: Regional perspectives for the White Paper on Peacebuilding", *White Paper Series, 8.* Gnenva Peacebuilding Platform.

Noland, M. (1997). "Why North Korea will muddle through", *Foreign Affairs, 76*(4):105~118.

_____(2000). *Avoiding the Apocalypse: The Future of the Two Koreas.* Washington: Institute for International Economics.

Nye, J. (2002). *The Paradox of American Power: Why the World's Only Power Can't Go It Alone.* Oxford: Oxford University Press.

OECD (2009). *OECD Territorial Review: Trans-border Urban Cooperation in the Pan Yellow Sea Region, 2009.* Paris: OECD.

Okonogi, M. (1979). "The shifting strategic value of Korea, 1942~1950", *Korean Studies, 3*(1): 49~80.

O'Neill, J., & Stupnytska, A. (2009). "The Long-Term Outlook for the BRICs and N-11 Post Crisis", *Global Economics Paper, 192.* Goldman Sachs.

Otgonsuren, B. (2015). "Mongolia-China-Russia Economic Corridor Infrastructure Cooperation", *ERINA Report, 127:* 3~6.

Pempel, T. J. (2005). "Introduction: Emerging webs of regional connectedness", in Pempel, T. J. ed., *Remapping East Asia.* : 1~28. Ithaca: Cornell University Press.

_____(2014a). "Introduction: The economic-security nexus in Northeast Asia", in Pempel, T. J. ed., *The Economic-Security Nexus in Northeast Asia:* 1~22. New York: Routledge.

_____(2014b). "Regional institutions and the economic-security nexus", in Pempel, T. J. ed., *The Economic-Security Nexus in Northeast Asia:* 146~163. New York: Routledge.

_____(2014c). "Domestic drivers of Northeast Asian relations", *Inter-*

national Journal of Korean Unification Studies, 23(2) : 65~95.

Pohl, K. H. (2016). " 'Western learning for substance, Chinese learning for application': Li Zehou's thought on tradition and modernity", in Ames, R., et al. ed., *Li Zihou and Confucian Philosophy*. Honolulu : University of Hawaii Press.

Pollack, J. (2011). *No Exit : North Korea, Nuclear Weapons and International Security*. Abingdon : Routledge.

PwC (2016). "China's new silk route : The long and winding road", www. pwc. com/gmc.

Radchenko, S. (2015a). "Alternative Scenarios Negative scenario I : This triangle will not take place", *The Asan Forum*.

_____. (2015b). "Alternative Scenarios Negative scenario II : This triangle will not take place", *The Asan Forum*.

Ramachandran, S. (2015). "China and Sri Lanka : In choppy waters", *China Brief*, 14(10) : 10~13. The Jamestown Foundation.

Rawski, E. S. (2015). *Early Modern China and Northeast Asia : Cross-Border Perspectives*. Cambridge : Cambridge University Press.

Reischauer, E. O. (1974). "The Sinic world in perspective", *Foreign Affairs*, 52(2).

Reeves, J. (2016). "Mongolia's place in China's periphery diplomacy", *The Asan Forum*.

Rhee, S. W. (2014). "Korea's responses to the changing regional order in Northeast Asia", *Diplomacy*, 108. *Korea Focus*.

Rinna, A. (2016). "Mongolia makes the most of the middle position", *East Asia Forum*.

Rosen, K., Margon, A., Sakamoto, R., & Taylor, J. (2016). "Breaking Ground : Chinese Investment in U. S. Real Estate", An Asia Society Special Report.

Rozman, G. (2004). *Northeast Asia's Stunted Regionalism*. Cambridge : Cambridge University Press.

_____ (2010). *Chinese Strategic Thought Toward Asia*. New York : Palgrave Macmillan.

_____ (2011a). "Chinese strategic thinking on multilateral regional security in Northeast Asia", *Orbis*, *55*(2): 298~313.

_____(2011b). "Sub-regional development and community building", in Kim, W. B., Yeung, Y. M., & Choe, S. C. ed., *Collaborative Regional Development in Northeast Asia: Towards Sustainable Regional and Sub-regional Futures*: 179~194. Hong Kong: The Chinese University Press.

_____(2015a). "Alternative scenarios, positive scenarios I: This triangle will take shape", *The Asan Forum*.

_____(2015b). "Alternative scenarios, positive scenarios II: This triangle will take shape", *The Asan Forum*.

Scalapino, R. (1992). "The politics of development and regional cooperation in Northeast Asia", in Kim, W. B., Campbell, B. O., Valencia, M., & Cho, L. J. ed., *Regional Economic Cooperation in Northeast Asia: Proceedings of the Vladivostok Conference, 25~27 August*. Northeast Asian Economic Forum.

_____(1998). "Role of a unified Korea in Northeast Asia", in Kim, W. B. ed., *Restructuring the Korean Peninsula for the Twenty-first Century*. Anyang: Korea Research Institute for Human Settlements.

Seldon, M. (2009). "East Asian regionalism and its enemies in three epochs: Political economy and geopolitics, 16th to 21st centuries", *Asia-Pacific Journal Japan Focus*, *7*(9): 1~29.

Schell, O., & Shirk, S. L. (2017). "US Policy toward China: Recommendations for a new administration", *Task Force Report*. Asia Society & University of California San Diego.

Shambaugh, D. (2003). "China and the Korean peninsula: Playing for the long term", *The Washington Quarterly*, *26*(2): 43~56.

_____(2013). *China Goes Global*. Oxford: Oxford University Press.

_____(2016). *China's Future*. Cambridge: Polity Press.

Shen, D. (2006). "North Korea's strategic significance to China", *China Security*, *19*(34). World Security Institute.

Snyder, S. (2009). *China's Rise and the Two Koreas*. Boulder: Lynne Rienner Publishers.

_____(2015a). "Addressing North Korea's nuclear problem", *Policy*

Innovation Memorandum, 54. Council on Foreign Relations

_____(2015b). "Three geopolitical constraints on South Korea's foreign policy", Council on Foreign Relations.

Snyder, S., & Byun, S. W. (2011). "North Korea and community building in East Asia", presented at the 1st East Asian Community Forum on "Rising China and the Future of East Asian Community".

Snyder, S., Draudt, D., & Park, S. J. (2017). "The Korean pivot: Seoul's strategic choices and rising rivalries in Northeast Asia", *Discussion paper.* Council on Foreign Relations.

Song, J., & Yu, S. (2014). "Rethinking East Asian community building", *China International Studies, 45*: 71~84. China Institute of International Studies.

Song, N. (2015). "Northeast Eurasia as historical center: Exploration of a joint frontier", *The Asia-Pacific Journal Japan Focus, 13*(44): 1~13.

Sorensen, C. T. N. (2015). "The significance of Xi Jinping's 'Chinese dream' for Chinese foreign policy: From 'tao guang yang hui' to 'fen fa you wei'", *Journal of China and International Relations, 3*(1): 53~73.

Stanton, J., Lee, S. J., & Klingner, B. (2017). "Getting tough on North Korea", *Foreign Affairs, 96*(3): 65~75.

Stokes, J. (2015). "China's road rules", *Foreign Affairs.*

Sturgeon, T. J. (2002). "Modular production networks: a new American model of industrial organization", *Industrial and Corporate Change 11*(3): 451~496.

Swaine, M. (2014). "Chinese views and commentary on periphery diplomacy", *China Leadership Monitor, 44.* Hoover Institution.

_____(2015). "Chinese views and commentary on the 'One Belt, One Road' initiative", *China Leadership Monitor, 47.* Hoover Institution.

Tang, J. T. H. (2011). "Northeast Asia without the United States: towards Pax Sinica?", in Flake, G. ed., *One Step Back? Reassessing an Ideal Security State for Northeast Asia 2025.* Washington: The Maureen and Mike Mansfield Foundation.

Terry, E. (2002). *How Asia Got Rich: Japan, China and the Asian Miracle.*

Armonk: M. E. Sharpe.

Vernon, R. (1966). "International investment and international trade in the product cycle", *Quarterly Journal of Economics*, *80*: 190~207.

Vogel, E. (2011). *Deng Xiaoping and the Transformation of China*. Cambridge: Harvard University Press.

Qi, X. (2006). "Maritime geostrategy and the development of the Chinese Navy in the early twenty-first century", *Naval War College Review*, *59*(4): 47~67.

Yan, X. (2014). "From keeping a low profile to striving for achievement", *The Chinese Journal of International Politics*, *7*(2): 153~184.

Yun, P. (2002). "Foreigners in Korea during the period of Mongol interference", in Academy of Korean Studies ed., *Embracing the Other: The Interaction of Korean and Foreign Cultures*, *Proceedings of the First World Congress of Korean Studies 2002*. Seoul: Academy of Korean Studies.

Zakaria, F. (1994). "A conversation with Lee Kuan Yew", *Foreign Affairs*, *73*(2).

Zhang, Y. (2015). "From modernization to great-power relations", *East Asia Forum Quarterly*, *7*(3).

Zhao, T. (2009). "A political world philosophy in terms of all-under-heaven(tian-xia)", *Diogenes*, *56*(1): 5~18.

기사 및 보도자료

기획재정부(2017). 제 17차 광역두만강개발계획(GTI) 총회 보도자료.
김상배(2014. 3. 14). 〈조선일보〉 기고문.
〈동아일보〉(2013. 10. 19). "朴대통령 '유라시아 단일시장 만들자'".
예영준(2016. 12. 19). "달라이라마 만났다고 몽골 차량에 '통행세'… 중국 보복외교", 〈중앙일보〉.
윤상호(2016. 2. 16). "전술핵 국내 반입 지렛대로 '북핵과 동시 폐기' 협상 가능", 〈동아일보〉.
윤영관(2014. 1. 29). 〈조선일보〉 기고문.

이귀원(2017. 7. 31). "키신저, 북한 붕괴 후 상황 미국·중국 합의 시 북핵 기회", 〈한국경제〉.

전성훈(2017. 7. 3). "북핵폐기와 평화통일을 위한 북한 관리전략", 〈이슈 브리프〉. 아산정책연구원.

해거드, 스테판(2016. 3. 12). "김정은은 탈출구를 발견할 수 있을까", 〈중 앙일보〉.

葛劍雄(2015. 3. 10). "一帶一路的歷史被誤讀", 〈FT中文网〉.

中國發展改革委員會(2016). "中蒙俄 經濟走廊 建設 規劃綱要".

〈和訊网〉(2015. 1. 17). "張燕生: '一帶一路'戰略改變中國和世界大格局".

Abiru, T. (2017. 5. 22). "Russo-Japanese relations on track for confidence building", *The Diplomat.*

Ahmad, T. (2016. 6. 3). "Who's afraid of One Belt One Road?", *The Wire.*

The Asan Forum (2016. 11. 1). The Asan Forum Editorial Staff. "Synopsis of the Seoul Forum for International Affairs, September 23, 2016".

Babones, S. (2017. 6. 22). "American Tianxia: When Chinese philosophy meets American power", *Foreign Affairs.*

Babson, B. (2016. 3. 21). "UNSCR 2270: The good, the bad and the perhaps surprising opportunity for the North Korean economy", *38 North.*

_____ (2017. 2. 27). "Changes in Northeast Asia geopolitics and prospects for unification", presented at the Korean Unification: Prospects and Global Implications workshop. Center for Applied Macroeconomic Analysis, Australian National University, Asiatic Research Institute, Korea University, Korea Institute for International Economic Policy, Center for East Asia Policy Studies, Brookings Institution.

Bader, J. A. (2017. 8. 8). "Why deterring and containing North Korea is our least bad option", *Brookings, Order from Chaos.*

Bajpaee, C. (2016. 3. 28). "Japan and China: The geo-economic dimension", *The Diplomat.*

Blackwill, R., & Tellis, A. (2015). "A new US grand strategy towards China", *National Interest.*

Bordachev, T., & Kanayev, Y. (2014. 9. 23). "Russia's new strategy in Asia", *Russia in Global Affairs.*

Brown, J. D. J. (2016. 6. 18). "Japan's 'new approach' to Russia", *The Diplomat.*

_____(2017. 7. 11). "Abe, Putin meet at G-20 as disputed northern territories recede into distance", *The Diplomat.*

Brown, K. (2015. 4. 2). "Can diverse Asia truly forge shared values and a common destiny?", *South China Morning Post.* http://www.scmp.com/.

Bush, R. (2017. 8. 9). "The real reason a North Korean nuclear weapon is so terrifying — and it's not what you think", *Brookings, Order from Chaos.*

Cai, C. (2017. 4. 7). "Chinese investment in US: A record $45.6 billion in 2016 and growing", *China Daily.*

Callahan, W. A. (2014. 12. 8). "What can the China dream 'do' in the PRC?", *The Asan Forum.*

Campi, A. (2015. 8. 18). "Mongolia's place in China's 'one belt and one road'", *China Brief, 15* (16).

Caprara, D. L., Moon, H. S., & Park, P. (2015. 1. 20). "Mongolia: Potential mediator between the Koreas and proponent of peace in Northeast Asia", *Brookings, Op-Ed.*

Cavas, C. P. (2016. 2. 1). "Powers jockey for Pacific Island Chain influence", *Defense News.*

CCTV News (2015. 3. 31). "One belt and one road: a strategy for regional growth", Youtube, 2015. 6. 3 접속.

Cha, V. (2015. 10. 8). "A path less Chosun: South Korea's new trilateral diplomacy", *Foreign Affairs.*

Cha, V., & Gallucci, R. (2016. 1. 8). "Stopping North Korea's nuclear threat", *New York Times.*

Chang, F. (2016. 10. 3). "Who benefits from China's One Belt, One

Road initiative?", *Geopoliticus*: *The FPRI Blog*.

China Daily (2014. 3. 8). Full Text of PRC Foreign Minister Wang Yi's News Conference.

_____(2015. 7. 17). "Low fertility rate, labor outflow hampers NE China's development".

CGTN America (2017. 1. 17). Full Text of Xi Jinping keynote at the World Economic Forum.

Ding, R. (2017. 7. 18). "Belt and Road Initiative meshes with South Korea's Northern Policy", *Global Times*.

The Economist (2015. 1. 3). "The north-east: Back in the cold".

Einhorn, R. (2017. 8. 14). "Approaching the North Korea challenge realistically", *Brookings*, *Brookings Report*.

Ferchen, M. (2016. 3. 8). "China Keeps the Peace", *Foreign Affairs*, *Snapshot*.

Fu, Y. (2017. 6. 22). "China's vision for the world: a community of shared future", *The Diplomat*.

Galperovich, D. (2015. 4. 8). "Rossiia-Kitai: partenrstvo v zhiostikh ramkaka", *Golos Ameriki*.

Gobena, L. (2008. 12. 4). "The implications of 'Taianxia' as a new world system: William Callahan examines tianxia, a world view that has received wide attention among Chinese intellectuals", *USC US-China Institute*.

Goulunov, S. (2016. 8. 3). "Russia's Korean policy since 2012: New hopes, achievements, and disappointments", *The Asan Forum*.

Grimes, W. (2016. 4. 15). "The Belt and Road Initiative as power resource: Lessons from Japan", *The Asan Forum*.

GTI (2010). Background Brief: Greater Tumen Initiative. http://www.tumenprogram. org/.

Haas, R. (2017. 8. 4). "Seizing the initiative on North Korea", *Brookings*.

Haas, R., & Dollar, D. (2017. 8. 3). "Making sense of the Trump administration's possible economic actions against China", *Brookings*.

He, J. (2016. 10. 28). "East Asian geopolitics could affect China's economy", *Global Times*.

HKTDC (2015. 7. 9). "Mid-term roadmap for development of trilateral cooperation between China, Russia and Mongolia" (in Chinese). http://www. gov. cn/xinwen/.

_____ (2016. 9. 13). "The Belt and Road Initiative", http://china-trade-research. hktdc. com/business-news/.

Hwang, B. (2017. 1. 14). "What South Korea thinks of China's 'Belt and Road' ", *The Diplomat.*

_____ (2017. 2. 24). "The limitations of 'global Korea's' middle power", *The Asan Forum.*

Jia, Q. (2017. 9. 11). "Time to prepare for the worst in North Korea", *East Asia Forum.*

Kennedy, S. , & Parker, D. A. (2015. 4. 3). "Building China's 'one belt, one road' ", *CSIS.*

Kim, Y. K. (2014. 2. 2). "Rethinking energy security in northeast Asia", *NAPSNet Special Reports.*

Klingner, B. (2015. 9. 28). "Allies should include Japan in Korean unification plans", *Backgrounder, 3065.* The Heritage Foundation.

Kuhn, R. L. (2013. 6. 5). "Xi Jinping's Chinese dream", *New York Times.*

Lee, R. , & Lukin, A. (2017. 1. 21). "Russia can curb North Korea's nuclear ambitions", *East Asia Forum.*

Mendee, J. (2015. 5. 8). "Potential Northeast Asian economic corridors: Differing Chinese and Russian priorities", *Mongolia Focus.* http://blogs. ubc. ca/mongolia/.

Ministry of Foreign Affairs of Japan (2016. 5. 7). Japan-Russia Summit Meeting.

Minton, M. (2015. 4. 30). "A stronger Korea-Mongolia link in a changing Northeast Asia", *The Asan Forum.*

Minnoick, M. (2015. 4. 11). "China's 'one belt, one road' strategy", *Defense News.*

NDRC (2015). "Vision and actions on jointly building Silk Road Economic Belt and 21st Century Maritime Silk Road", Ministry of Foreign Affairs and Ministry of Commerce of the People's Republic of China.

NIRA(2008). "The East Asian corridor and the implications of EU's experience for East Asia", http://www.nira.or.jp/.

Nilsson-Wright, J. (2016. 4. 29). "Navigating historical tensions: Pragmatic leadership, empathy, and the United States factor in Japan-South Korea relations", *The Asan Forum*.

Noland, M. (2013. 11. 18). "What should North Korea's trade pattern look like?", *North Korea Witness to Transformation*. Peterson Institute for International Economics.

Nye, J. (2015. 5. 18). "The American century will continue but it won't look the same", *Politico*.

O'Hanlon, M. (2016. 1. 11). "How to dismantle North Korea's nuclear arsenal", *The National Interest*.

Pillalamarri, A. (2015. 4. 26). "China's Most Powerful Dynasties", *The National Interest*.

Pollack, J. (2014. 9. 29). "The strategic meaning of China-ROK relations: How far will the rapprochement go and with what implications?", *Brookings*.

_____(2016. 3. 28). "China and North Korea: The long goodbye?", *Brookings*.

Reuters(2017. 5. 12). "China to complete Russian oil, gas pipeline sections by end 2018: vice governor".

Revere, E. J. R., & Pollack, J. D. (2017. 9. 5). "Decision time: North Korea's nuclear and missile threat and U. S. policy", *Brookings*, *Order from Chaos*.

Rolland, N. (2017. 6. 5). "Eurasian integration 'a la Chinese': Deciphering Beijing's vision for the region as a 'community of common destiny'", *The Asan Forum*.

Rozman, G. (2014. 10. 29). "Asia for Asians: Why Chinese-Russian friendship is here to stay", *Foreign Affairs*.

_____(2016. 11). "Will Japan and Russia reach a breakthrough at the Yamaguchi summit?", *Brookings*, *Op-Ed*.

Sahashi, R. (2016. 2. 23). "Japan's vision for the East Asian security order", *East Asia Forum*.

Sigal, L. V. (2016. 1. 18). "Why did North Korea test?", *Global Asia*.

Signh, A. (2016. 6. 7). "Chinese corridors and their economic, political implications for India", *Swarajya*.

Snyder, S. (2016. 3. 31). "Will China change its North Korea policy?", *CFR*.

_____(2016. 9. 23). "Japan-South Korea relations in 2016: A return to the old normal", *Asia Unbound*. Council on Foreign Relations.

Stafford, T. (2016. 10. 6). "How to rethink the US' failing North Korean strategy", *The Diplomat*.

Swaine, M. (2015. 1. 14). "China: The influence of history", *Carnegie Endowment for International Peace*.

_____(2015. 4. 20). "Beyond American predominance in the Western Pacific: The need for a stable U.S.-China balance of power", *Carneigie Endowment for International Peace*.

Takahara, A. (2015. 9. 9). "Are Japan-China relations sweetening or souring?", *East Asia Forum*.

Toloraya, G. (2017. 6. 8). "Can a Russia-China axis help find a solution to problems on the Korean Peninsula?", *38 North*.

UNESCO. 'Silk Road', Dialogue, Diversity & Development.

UPI (2017. 3. 27). Shim, E., "Russia, North Korea sign 'labor immigration accord'".

Wan, M. (2013. 8. 2). "Xi Jinping's 'China Dream': Same bed, different dreams?", *The Asan Forum*.

Wang, R. (2014. 9. 9) "What hinders the rise of Chinese culture?", *The China Story*.

Wang, Y. (2014. 3. 21). "China's new foreign policy: transformations and challenges reflected in changing discourse", *The Asan Forum*.

Winter, T. (2016. 3. 29). "One belt, one road, one heritage: Cultural diplomacy and the Silk Road", *The Diplomat*.

White, H. (2016. 4. 18). "Need to face the facts in Asia", *East Asia Forum*.

Xi, J. (2013. 4. 7). "Working together towards a better future for Asia and the world", Keynote speech at the Boao Forum for Asia.

_____(2013. 10. 25). Speech at the Conference on the Diplomatic

Work with Neighboring Countries.

_____(2014. 5. 21). "New Asian Security Concept for New Progress in Security Cooperation", Remarks at the Fourth Summit of the Conference on Interaction and Confidence Building Measures in Asia, Ministry of Foreign Affairs of the People's Republic of China.

_____(2015. 3. 28). "Towards a Community of Common Destiny and a New Future for Asia", Keynote Speech.

_____(2017. 1. 17). Full text of keynote at the World Economic Forum, *CGTN America*.

Xie, T. (2015. 6. 2). "Can the Chinese Dream and the American Dream Coexist?", *The Diplomat*.

_____(2015. 12. 16). "Is China's 'Belt and Road' a strategy?", *The Diplomat*.

Xinhuanet (2014. 5. 21). "Xi Jinping's Speech at the Fourth Summit of the Conference on Interaction and Confidence Building Measures in Asia".

Yan, X. (2017. 1. 25). "China can thrive in the Trump era", *New York Times, Op-Ed*.

Yang, J. (2013. 9. 10). "Implementing the Chinese dream", *The National Interest*.

Yun, S. (2017. 2. 9). "Uncertain futures: China, Trump and the two Koreas", *38 North*.

Zhang, F. (2015. 9. 18). "Xi Jinping's Real Chinese Dream: An 'Imperial' China?", *The National Interest*.

Zhang, L. (2013. 11. 21). "China's traditional cultural values and national identity", *Window into China*. Carnegie-Tsinghua Center for Global Policy.

찾아보기(용어)

ㅊ ~ ㅍ

ㅎ

찾아보기(인명)

422